¿POR QUÉ NO FLUYE EL AMOR EN MI VIDA?

Ana Mercedes Rueda

¿Por qué no fluye el amor en mi vida?

Sana tus bloqueos emocionales con la ayuda
de Dios y de los ángeles

Grijalbo

Título original: *¿Por qué no luye el amor en mi vida?*
Primera edición: febrero, 2017
Primera reimpresión: mayo, 2017
©2017, Ana Mercedes Rueda
© 2017, de la presente edición en castellano para todo el mundo:
Penguin Random House Grupo Editorial, S. A. S.
Cra. 5a. A N°. 34-A-09, Bogotá, D. C., Colombia
PBX (57-1) 7430700
www.megustaleer.com.co

Impreso en Colombia—*Printed in Colombia*

ISBN: 978-958-9007-52-5

Compuesto en caracteres Garamond y Avenir Next
Impreso en Nomos Impresores, S. A.

Penguin
Random House
Grupo Editorial

Contenido

Agradecimientos

Como siempre y como debe ser, comienzo expresando mi eterna gratitud y amor a Dios y a los angelitos. El amor que siento por Dios crece cada día más y mi meta es lograr que las personas que se crucen en mi camino puedan llegar a amarlo de la misma manera. Doy gracias a los angelitos, pues su presencia en mi vida fue el punto de partida en mi acercamiento al Padre Celestial.

Doy gracias a mi mami hermosa, mi angelita terrenal, mi amiga, confidente, cómplice y el mejor apoyo que cualquier persona quisiera tener en su vida: ser concebida y llegar al mundo a través tuyo fue el primer regalo que recibí en mi vida de parte de Dios.

Doy gracias a mi papi querido, pues a través de ti he podido aprender muchas cosas de la vida: has sido un gran maestro y doy también gracias a Dios por haberme permitido elegirte como papá.

A ambos, a mi papi y a mi mami, les doy las gracias por haber sembrado en mí las semillas de las relaciones afectivas.

Doy gracias a mis hermanos queridos, a quienes con el paso de los años he aprendido a querer cada vez más y más. En verdad soy una persona totalmente bendecida con la familia que Dios me regaló.

A mis cuñados, y en especial a mi cuñadito de la vida y del amor, gracias por estar en mi vida.

A mis sobrinos y sobrinos/nietos, gracias. ¡Los quiero muchísimo!

A mis amigos y clientes, gracias por aceptarme como soy y por estar ahí apoyando mi misión.

Gracias a mis "hijitos felinos", Fletcher Alberto, Pumpkin Alberto y Buffy María: ¡ustedes han traído mucha alegría y gozo a mi vida y cada día ponen una sonrisa en mi rostro! ¡Gracias por acompañarme mientras escribía mi libro en la cocina y la oficina!

Como este libro habla del amor, quiero dar un agradecimiento especial a mi alma gemela, a mi adorado Steve, mi esposo, amigo y compañero. Los años que he vivido contigo han sido absolutamente maravillosos. Gracias por hacerme reír cada día con tus chistes y apuntes jocosos, gracias por apoyar mis locuras y dejarme ser como soy; gracias por entender lo que hago y respetarlo, así a veces no compartamos las mismas ideas y creencias. Gracias por estar en mi vida, ser mi maestro, confidente y gran amor. Tú eres esa recompensa y regalo de Dios para mí; siempre lo he visto así y lo seguiré viendo. Estoy súper orgullosa de ti, y admiro los dones que Dios te regaló y la manera sencilla en que los pones al servicio de quienes amas. Gracias a ti, entendí y aprendí lo que es el verdadero amor de pareja. Te amo con todo mi corazón.

Gracias a Penguin Random House por su apoyo en la publicación de este libro, pues a través de él puedo llegar con mi mensaje a miles y miles de personas en el mundo.

No quiero terminar sin agradecerte a ti, querido lector, por haber tomado la decisión de adquirir mi libro. Quizás te conozca o no, pero de cualquier manera, siento que tú y yo estamos conectados a través de estas letras; gracias por apoyar mi trabajo y con el corazón en mi mano deseo que Dios toque el tuyo y puedas sentir su energía poderosa en tu vida, para que alcances la felicidad que anhelas en el amor.

¡Que Dios los bendiga a todos hoy y siempre!

Ana Mercedes

Antes de iniciar la lectura de este libro…

…quisiera compartirte la siguiente oración para que le pidas a Dios que te entregue un mensaje útil al leerlo, y que puedas entender lo que Él te quiere decir de una manera totalmente clara y precisa:

Señor, te doy gracias por estar siempre en mi vida; gracias por manifestarte en cosas pequeñas y grandes; sé que estás siempre conmigo, Padre Santo, y por eso sé que tú pusiste este libro en mis manos, pues quieres hablarme a través de él, Señor Dios. Por eso, al iniciar su lectura, te pido que tu Espíritu Santo me acompañe para así poder entender claramente tus mensajes y discernirlos, para aplicarlos de manera práctica en mi experiencia de vida, Dios amado.

Que tus ángeles me rodeen con su luz y me muestren lo que tú me quieres decir, Señor, para que nada se me pase por alto, te lo pido.

Te doy gracias de nuevo por siempre estar junto a mí, y te prometo que tendré el corazón abierto y dispuesto a recibir tu guía y tu amor a través de estas páginas.

Te amo y te alabo hoy y siempre, Señor.

Amén.

Introducción

Cómo puede ayudarte este libro a mejorar tu vida emocional y afectiva

¡Tú mereces ser feliz en el amor!

En mis más de treinta años de experiencia entregando mensajes de Dios mandados a través de sus ángeles a hombres y mujeres, he podido comprobar que el aspecto emocional y de pareja es quizás el ganador en cuanto a sus inquietudes y lo que en gran forma los motiva a buscar una guía de tipo espiritual para alcanzar la armonía y estabilidad que tanto anhelan.

"¿Por qué, si yo soy una persona buena, bonita/guapa e inteligente, no he logrado tener suerte en el amor?", "¿Por qué siempre termino en una decepción?" o "¿Por qué mi pareja no me ama como yo la amo a ella?", son solo algunas de las preguntas que repetidamente escucho durante mis consultas.

No hay una única respuesta, pues cada uno de nosotros vive experiencias particulares y tiene un proceso de crecimiento interior, personal y espiritual diferente, así que, dependiendo de lo anterior, las situaciones en nuestra vida afectiva cambiarán. Sin embargo, al recibir las respuestas que Dios entrega a quienes plantean esas inquietudes, he podido encontrar varios temas comunes que busco presentarte en este libro para que así puedas tener mayor claridad sobre los posibles bloqueos que en forma de sentimientos o pensamientos guardas dentro de ti, y que han afectado —o continúan haciéndolo— tu vivencia en el tema emocional y afectivo.

A lo largo de estas páginas encontrarás una lista de aquellas inquietudes que quizás tú mismo te has formulado y que en momentos de angustia o desconsuelo has incluso gritado a Dios desde lo más profundo de tu alma. "La respuesta está dentro de ti", he escuchado siempre por parte del Padre Celestial a través de sus ángeles. Por lo tanto, mi propósito es ayudarte a encontrar esas respuestas, para que puedas dar un giro total a tus emociones y puedas encontrar y sentir el amor verdadero, ¡pues tú lo mereces!

Cómo usar este libro

En la primera parte te doy una explicación detallada de lo que he llamado los enemigos y los bloqueos en el amor. Con frases y expresiones que he escuchado —o que yo misma en algún momento he dicho—, hago una presentación de aquellos sentimientos, ideas, creencias, actitudes y comportamientos que quizás te han acompañado desde tu infancia y que han tenido un efecto nocivo en la manera en que te has relacionado con los demás.

Es muy importante que leas esta sección con detenimiento y calma, pues mi objetivo es que encuentres esos enemigos escondidos y seas más consciente de lo que te ha limitado en el amor. De esa manera, podrás enfocar tu atención en ellos y comenzar un proceso de liberación y desintoxicación emocional que permitirá que el amor fluya libremente en tu vida.

En la Parte II encontrarás una guía con las herramientas que te ayudarán a prepararte para la acción. Podrás identificar cuál es tu estilo de amar y verás como Dios y tus ángeles te apoyan en la manifestación de tus sueños en el amor. Aprenderás a reconocer una relación de alma gemela, cómo limpiar tu energía para darle la bienvenida al amor y, en general, conocerás los diferentes pasos que tienes a disposición para atraer aquello que tanto anhelas en el amor.

La Parte III explica los otros tipos de relaciones que existen, como las relaciones de familia, amigos y compañeros de trabajo, con consejos prácticos y ejercicios para identificar los aprendizajes que cada una de ellas te quiere entregar para ayudarte en tu evolución interior y como ser humano.

Finalmente, en la Parte IV encontrarás ejercicios que te ayudarán puntualmente a cerrar la energía del desamor y a abrir la puerta al amor verdadero, así como varias oraciones dirigidas a Dios pidiéndole armonía, protección y estabilidad afectiva y emocional, y un resumen de los *tips* celestiales más efectivos para manifestar la relación que has soñado.

A lo largo del libro encontrarás textos destacados con mensajes que los ángeles me han entregado en el transcurso de los años con respecto al amor, y que a nivel personal me ayudaron enormemente, no solo para mi crecimiento interior, sino, especialmente, para la manifestación de aquello que siempre había soñado vivir a nivel emocional. ¡Quise compartírtelos pues sé que te pueden ayudar! Si lo deseas, acude a ellos en forma de oráculo, tomando el libro regularmente y abriéndolo de forma aleatoria, para que así Dios, por medio de tus ángeles, te entregue el mensaje que necesitas recibir en ese momento de tu vida afectiva.

Mi objetivo primordial con estas páginas es decirte que aunque parezca que no hay solución, sí la hay; y que, aunque creas que no existe una oportunidad para que seas feliz en el amor, sí existe. Si te sientes o piensas así, te entiendo; yo me sentí y pensé de esa manera por varios años. Sin embargo, cuando comencé a prestar atención a lo que Dios me decía a través de mis ángeles, todo comenzó a cambiar para bien. En el momento en que tomé acción buscando una transformación interior en mí para atraer el amor, mi energía se desbloqueó y el amor llegó a mi vida. Si yo lo logré, ¡tú también puedes!

Dios desea más que nadie que seas feliz; Él te creó para que en tu vida como ser humano puedas conocer y experimentar el sentimiento del amor. Lo importante es que nunca dejes de creer en esta promesa y que humildemente aceptes aquello que se ha interpuesto en tu camino para que puedas de una vez por todas eliminarlo de tu vida, ¡y así ser tan feliz como quieres serlo!

PARTE I

¿Qué bloquea tu vida afectiva?

Capítulo 1

¿Por qué soy "de malas" en los temas del corazón?

Un día, mientras escribía este libro, estaba sentada en frente de la pantalla de mi computador sintiendo un poco el bloqueo del escritor (¡como se suele denominar a esos momentos en los cuales la musa de la inspiración parece estar en un sueño profundo!). Pedí a los ángeles una frase que expresara lo que quizás la mayoría hemos sentido en algún momento de nuestra vida afectiva y emocional.

Al primer intento, no sentí ninguna respuesta, pero luego de un rato lo volví a intentar y, de un momento a otro, sentí mis ojos moverse instintivamente hacia un archivo que tengo en el escritorio del computador, en el cual guardo preguntas que recibo por parte de mis seguidores en redes sociales. "Casualmente" (si has leído mis libros anteriores sabes por qué pongo esta palabra entre comillas, y es porque soy una total convencida de que todo sucede por causalidad), dentro del texto estaban unas preguntas que varias personas me hacían sobre el tema del amor. Una de ellas era: ¿por qué duele tanto el amor si es algo tan hermoso? Desde ese momento, esas palabras quedaron grabadas en mi mente y corazón, y forman parte de los cimientos de este libro.

Quizás tú mismo te has formulado la misma pregunta en algún momento en el cual amar a alguien te ha causado dolor. ¿Por qué amar duele tanto a veces?, ¿por qué, si es lo más hermoso que existe, tiene que hacernos sufrir?

No hay una única respuesta y créeme que quisiera tener esa varita mágica para entregarte la solución perfecta y eliminar ahora mismo los retos que debes afrontar en tu vida emocional y afectiva (¡ya quisiera ser un hada madrina!); infortunadamente, ni yo puedo hacerlo, ni nadie más. Solo tú con la ayuda de Dios puedes lograr un cambio real y de raíz. No obstante, lo que Dios y los ángeles sí me han permitido es recibir mensajes que puedan aclararte un poco más ese panorama, que posiblemente ves un poco o muy oscuro, ¡y mostrarte que siempre hay una luz y una salida!

¿Cómo se elimina esa oscuridad? Con la luz que trae la claridad. Por ello, mi propósito fundamental es guiarte hacia la forma en que puedas encontrar respuestas que te ayuden a entender por qué las cosas en el amor no te han salido como tú las has querido o, en otras palabras, por qué has tenido la "suerte" que has tenido hasta el momento.

¿Qué puede ocasionar la "mala suerte" en las relaciones afectivas?

Cuando las cosas no funcionan, no solamente en el campo emocional sino en todos nuestros asuntos en general, es muy común utilizar la expresión "Soy de malas". En la mayoría de los casos, repetimos estas palabras de una manera mecánica, sin darnos cuenta del poder que tiene pronunciarlas. En unos casos, se convirtió en una especie de hábito o costumbre social describir las cosas que no salen como queremos de esta manera; en otros, es algo que las personas pueden llegar a sentir en lo profundo de su corazón y, por lo tanto, lo dicen con el total convencimiento de que hay una fuerza superior e inexplicable que hace que las cosas les salgan al revés. Más adelante te explicaré la importancia del pensamiento y la palabra para ver hechos materializados en tu vida.

Si sientes que has tenido o tienes "mala suerte" en el amor, es, en realidad, una actitud hacia lo que vives. No es algo que llega de la nada, sino es la manera en que has manejado las cosas y, dependiendo de dicho manejo, esa "mala suerte" puede durarte mucho o poco tiempo.

La frase anterior forma parte de una explicación que recibí de los ángeles cuando pregunté a Dios por las posibles causas de la "mala suerte" en los temas del amor. Aunque pareciera que esta proviene de algo externo y que cuando quiere atacar no tienes escapatoria, en realidad ha sido creada por ti.

¡Espera, no cierres el libro pensando que te estoy echando la culpa de que Saturnina te haya dejado por otro! Permíteme explicarte lo que quiero decir: Dios te regaló el libre albedrío, ¿verdad? Pues bien, cuando algo no sale como esperas, tú tienes el poder de decidir con qué ojos quieres ver la situación: ¿quieres verla como un fracaso o un problema, o, por el contrario, la quieres tomar como un aprendizaje que, aunque exigente, busca mostrarte que hay algo diferente y mejor para ti?

Esta forma de interpretar lo que te sucede marca tu "buena" o "mala" suerte en el amor. Si, por ejemplo, las cosas con Saturnina no resultaron y en lugar de aceptar ser tu novia eligió a tu peor enemigo como pareja, tienes dos opciones: 1. Enfurecerte contra Dios y contra la vida y gritar a los cuatro vientos que todo está en contra tuya y siempre vas a terminar igual; 2. Tener fortaleza interior, ver la situación como un aprendizaje, entender que la relación con Saturnina no formaba parte de tu proceso espiritual, y confiar en que muy seguramente Dios tiene a alguien mucho mejor para ti.

Con la primera actitud estás contribuyendo a crear tu "mala suerte" y, lo que es peor, a que esta perdure, pues entre más resistencia ejerzas hacia algo, más tiempo permanecerá en tu vida. Por el contrario, si asumes una actitud madura y más positiva, lograrás disminuir el efecto del factor "suerte" en lo que te sucede.

La mala suerte no existe, ni forma parte de la experiencia humana. Es, más bien, la manera en que los ojos humanos ven las situaciones de aprendizaje; es un conjunto de energías creadas por ti mismo de acuerdo a como te sientes con respecto a un suceso, a la fe que tengas sobre su desarrollo o desenlace, al grado de resistencia que le pongas al aprendizaje de dichas situaciones y, como has visto, al manejo que tu libre albedrío les dé. Es así como el infortunio en el amor se genera o manifiesta por unas razones muy puntuales:

- Vas en contravía de lo que realmente te conviene vivir. Cuando asumes esta actitud estás imponiendo tu voluntad sobre la voluntad de Dios. Te niegas a aceptar que las cosas pueden darse de una manera distinta a como tú las tienes planeadas.
Conclusión: al ver que las cosas no se dan como tú quieres, sientes que eres de malas.
- Buscas en el lugar equivocado. Te empeñas en querer encontrar el amor en personas que no son las que pueden llegar a ayudarte a evolucionar y crecer como ser humano y ser espiritual.
Conclusión: al no tener el tipo de relación que quieres, sientes que eres de malas.
- El polo opuesto a lo anterior: dejas que los demás sean los que decidan por ti en tu vida. Te dejas manipular. No tomas decisiones propias.
Conclusión: al sentir que la vida se impone sobre ti, sientes que eres de malas.

Como puedes observar, la "mala suerte" se puede resumir en querer ir en contra de la corriente o dejarse llevar completamente por ella y no tomar control sobre tus experiencias. Es fundamental que encuentres un punto medio en tu vida para que el amor fluya como deseas; no se trata de imponer tu voluntad ni de ser una marioneta de Dios o del Universo, como otros lo llaman. Él quiere que tú crees tu vida con Él, y de esa manera, experimentar la creación contigo. Dios no te impone su voluntad; te la muestra y te la hace entender, pero al final tú decides. Por lo tanto, la mala suerte no es algo que Él te envía en forma de castigo o porque le guste verte sufrir; por el contrario, su mayor deseo es que vivas en amor, pero no debes olvidar que como coinventor que eres de tu vida, tú también tienes una responsabilidad en cómo esta se desarrolla.

Ahora bien, ¿qué pasa en aquellas situaciones en las cuales otras personas hacen algo en contra tuya y dichas acciones crean tu "mala suerte"? ¿Qué puedes hacer cuando no eres tú quien ha creado tu infortunio en el amor, sino que ha sido la envidia o rabia de otras personas hacia ti o tu pareja? Sin querer profundizar demasiado en este punto, pues deseo enviarte un mensaje positivo y de esperanza y no adentrarme en campos que se alejan de la luz (los cuales no son muy agradables), puedo responder esta inquietud con un recuerdo que me llega de una película que vi hace años. No recuerdo su título, pero nunca olvidaré la escena final: la hija del protagonista había muerto y él se encontraba en una lucha feroz contra las fuerzas del mal; cuando todo parecía que iba a ser una derrota para él, el espíritu de la niña aparece como un hermoso ángel blanco y ayuda a su padre a vencer al enemigo. Luego de ganar la batalla, ella le dice a su papá: "No hay oscuridad que pueda contra la luz". Este es el mensaje que deseo entregarte: si en algún momento sientes que energías externas afectan el desarrollo de tu vida emocional, puedes estar seguro de que la luz del amor de Dios puede vencer cualquier obstáculo y que si no decaes en tu fe, sino, por el contrario, te aferras más a Él, aquello que llamas "mala suerte" cambiará. En casos así, la oración es el arma más poderosa que derrota cualquier energía negativa, por indestructible que parezca.

Una variación de la influencia de otros sobre tu vida afectiva es cuando se dan situaciones que no creas tú directamente, sino otros conectados a ti en sangre, y que tienen un efecto indirecto sobre lo que experimentas en el amor. Este tema es más complejo, pero te lo explicaré de una manera sencilla para que me entiendas. Cuando alguien de tu linaje o familia genera una situación de dolor llevado por el odio, malos sentimientos, orgullo, etcétera, dicha vibración puede tener un impacto en sus descendientes directos o indirectos. Para darte un ejemplo: si tu abuelo realizó malas acciones de manera consciente, dichas acciones pueden tener un eco en ti e incluso en tus hijos. No hay que interpretar esto como una maldición inevitable, sino la forma como las enseñanzas van pasando de generación en generación, o como la acción equivocada de una persona puede afectar directa o indirectamente la vida de sus descendientes. Te ilustro lo anterior: una persona es infiel a su pareja y tiene hijos fuera de su matrimonio, pero lo mantiene como un secreto; cuando la persona fallece, esos hijos se dejan conocer para pedir su parte de la herencia. Esta acción del pasado obviamente les genera inconvenientes a su viuda y sus hijos legítimos, e incluso a los hijos de estos, al tener que discutir con los otros hijos naturales —de cuya existencia no tenían antes conocimiento— la manera en que ha de ser repartida la herencia; sin sumar, obviamente, los efectos sicológicos, emocionales y espirituales que una situación así puede crear en los involucrados.

Lo que sientes marca tu "suerte"

Sea porque lo dices con total convencimiento o sin él, ser infeliz o "de malas" en el amor puede indicar ciertas emociones y creencias en tu interior que están manifestando esa "suerte" y que es importante reconocer para poder convertir tu destino emocional en un destino feliz. Para hacerlo, te invito a que te respondas las siguientes preguntas con total honestidad.

1. ¿Crees que tu "mala suerte" en el amor fue algo que "te llegó" y, por lo tanto, sientes que la vida te está castigando?

2. ¿Crees que eres una persona bendecida en la vida?, o, por el contrario, ¿tiendes a pensar que las cosas nunca te salen bien, especialmente en el tema del amor?

3. ¿Crees que Dios desea que seas feliz?, o, por las situaciones que has debido afrontar en tu vida emocional, ¿crees que Él se olvidó de ti y no te ha ayudado a ser feliz en el amor?

4. ¿Crees que lo que has tenido que vivir es para siempre?, o, por el contrario, ¿crees que las cosas pueden mejorar?

5. ¿Crees que tu familia tiene un karma en el tema del amor y que por lo tanto tú "no te has escapado" de él?

6. ¿Crees en el amor verdadero?, o, por el contrario, ¿crees que eso solo se ve en las telenovelas?

7. ¿Viste una relación estable y bonita en tus padres?, o, por el contrario, ¿lo que viste en tu hogar fue conflicto y falta de amor?

8. ¿A pesar de las situaciones difíciles que has vivido, crees aún que hay alguien bueno para ti? ¿O ya perdiste la fe en esa posibilidad?

9. ¿Crees que no eres lo suficientemente bueno/atractivo/inteligente/ exitoso como para poder atraer a una persona buena a tu lado?

10. ¿Eres una persona de fe, segura de ti misma, con un alto amor propio, buena con quienes te rodean y sin sentimientos negativos en tu corazón pero, a pesar de todo ello, las cosas no te han resultado bien en el tema del amor de pareja?

11. ¿Hasta hace un tiempo este aspecto de tu vida funcionaba bien pero de un momento a otro cambió y todo se tornó oscuro y difícil para ti y no has vuelto a lograr una estabilidad emocional con nadie?

La sugerencia que te doy es que te detengas en esta sección el tiempo que sea necesario y respondas cada pregunta a profundidad. En la medida en que lo hagas podrás empezar a descubrir detalles en ti que quizás conscientemente no has visto hasta el momento y que te ayudarán a tener una mayor claridad de por qué has enfrentado ciertas situaciones en tu vida emocional.

Es muy importante tener clara tu creencia sobre lo que vives. ¿Crees que tus experiencias son algo que te ha tocado vivir?, o ¿crees en el poder de tu libre albedrío? Nunca olvides que aquello en lo que crees es lo que tarde o temprano terminas atrayendo a tu vida. Por lo tanto, es importante primero determinar si sientes que tu "mala suerte" es debida a algo interno o si, por el contrario, es algo con lo que la vida te está castigando y por tanto no tienes salida (aunque te adelanto que siempre hay un factor a nivel interno que influye en esos resultados; esto lo veremos más adelante).

¿Crees que el tipo de persona que se interesa en ti es el único al que realmente puedes llegar a atraer? Analiza qué tipo de persona ha pasado por tu vida o está en ella. ¿Qué factores, características o actitudes han tenido en común? Este paso es fundamental para determinar la energía que estás irradiando y por tanto atrayendo hacia ti. La buena noticia es que si sientes que hasta el momento has atraído al tipo de persona equivocado, tienes el poder de cambiar esta situación, darle un giro a la energía que irradias hacia los demás, ¡y así atraer a una persona que realmente pueda llegar a hacerte feliz!

Por último, revisa si hay sentimientos negativos en tu corazón. ¿Te falta perdonar?, ¿tienes odio contra tu expareja y no has logrado superar este sentimiento?, ¿detestas tu cuerpo? Todo sentimiento negativo, por insignificante que parezca, tiene una incidencia en cómo nuestra vida se desarrolla, lo cual aplica obviamente a la parte afectiva y de relaciones interpersonales. Si trabajas constantemente en tener un corazón limpio, ten la seguridad de que también atraerás personas con corazones limpios. Aquello que eres es aquello que atraerás.

¿Hay salida o debo resignarme a vivir siempre así?

¡Por supuesto que hay salida! La explicación que he recibido a través de mensajes puntuales y que te compartí ha sido una de las enseñanzas más transformadoras para mi vida y me ayudó a entender que aquello que comúnmente denominamos "pruebas" en nuestra vida afectiva son en realidad situaciones que de una u otra forma hemos generado con nuestros comportamientos, actitudes y sentimientos, los cuales, por su parte, pueden haber sido inculcados por otros, heredados o creados por nuestra propia mente.

En la medida en que creas que las cosas pueden tomar un rumbo diferente y trabajes cada día en ser un mejor ser humano sintiendo cada vez más amor hacia Dios, hacia ti mismo y hacia los demás, ten la plena seguridad de que podrás compartir ese sentimiento con alguien especial. Lo fundamental en todo es la fe. Los seres humanos tendemos a olvidar fácilmente la importancia de mantener una fe firme para progresar y ver tanto pequeños como grandes milagros, así que nunca es demasiado tarde para repetir esta afirmación.

———————— ❦ ————————

*C*uando una puerta se cierra, otra se abre. Siempre hay una salida. Lo importante es reconocer aquello que puede estar afectando tu proceso y, en la medida en que lo tengas identificado, podrás transformarlo de manera consciente, con fe y con amor.

———————— ❦ ————————

No importa tu edad cronológica, estrato social, educación, talentos o belleza física. Si crees que puedes llegar a ser feliz en el amor, Dios te ayudará. Si crees que Él tiene a alguien maravilloso para ti, esa persona se manifestará. Si crees que mereces experimentar el amor verdadero, así será. Lo importante es no decaer en esa convicción y mantenerla viva en lo más profundo de tu alma para que así llegue a manifestarse. Más adelante te compartiré un método que te ayudará a lograrlo.

Capítulo 2

Los principales enemigos del amor

En este capítulo te describiré lo que he definido como los "enemigos" del corazón o, dicho de otra forma, las raíces que crean los bloqueos, las cuales es importante descubrir y entender para poder ver un cambio positivo, no solo en tus relaciones con los demás, sino, primeramente, en la relación contigo mismo.

La buena noticia —y este es uno de los principales mensajes que deseo entregarte— es que, por ser aspectos que están dentro de ti, ¡tienes todo el poder para cambiarlos y eliminarlos de tu vida! Recuerda: el enfoque de este libro es descubrir y tener claridad sobre los bloqueos que tienes en el amor para ver un cambio positivo en tus relaciones interpersonales; ni tú, ni yo, ni nadie, tiene la capacidad de cambiar a otra persona, así que no pienses que puedes llegar a cambiar a tu pareja para que tu relación funcione, porque tal vez te lleves una desilusión. Si alguien cambia, es porque ha tomado la decisión de hacerlo. Ahora bien, es justo mencionar que con amor, paciencia y ejemplo puedes sembrar una semilla de cambio en otra persona, pero nunca olvides que al final cada quien toma la decisión de cambiar y, sobre todo, de ponerse manos a la obra para manifestar esa transformación. En la medida en que tengas esto claro podrás tener objetivos realistas con respecto al amor.

Si cambias positivamente, tus experiencias cambiarán positivamente. Si vibras con amor, atraerás personas y situaciones que vibran de esa manera también. Si tienes fe en el amor, este se manifestará. Si crees que Dios te dará la oportunidad de experimentar el amor de verdad, ten la seguridad de que eso es lo que tus ojos verán.

Teniendo presente lo anterior, a continuación paso a explicarte los enemigos que generan los bloqueos en el amor. Al leerlos, te irás dando de cuenta de que muchos bloqueos tienen denominadores comunes.

Baja autoestima

Dios y los angelitos me enseñaron que el punto de partida o base para experimentar el amor es quererse a sí mismo. El concepto del amor propio es universal y no se limita a creencias religiosas o filosofías específicas; nos toca a todos como seres humanos. No importa la raza, color o creencia; al final, todos buscamos el amor en alguna de sus expresiones y deseamos vivirlo a plenitud.

---❦---

No debes esperar que el amor llegue a ti, sino que primero sale de ti hacia el exterior y luego regresa a ti engrandecido y ampliado.

---❦---

Si te sientes feo, sin gracia y en general poco atractivo o "poca cosa", eso es precisamente lo que le estás diciendo al mundo sin usar ni una sola palabra. Así no las veas con tus ojos físicos, las energías existen y todos somos capaces instintivamente de percibirlas (aunque no creamos en "esas cosas"). ¿Cuántas veces no te ha pasado que llegas a un lugar y por alguna razón que no puedes explicar te sientes incómodo, tenso y lo que deseas es irte inmediatamente de allí?, o, ¿cuántas veces quizás te ha sucedido que una persona especial está triste y aunque no te diga nada tú sientes en tu interior que no está bien y al preguntarle te confirma que es así? O ¿cuántas veces quizás te ha sucedido que alguien te propone un trabajo o negocio y "sientes" que no te está mostrando toda la realidad de la situación y por lo tanto es algo que no te conviene, para darte cuenta más adelante que estabas en lo correcto? Si esto te ha sucedido, ¡es porque, a través de tu intuición, percibiste las energías de ese lugar y de esas personas!

El enemigo de la baja autoestima se expresa a través de emociones o ideas como "Soy feo y por eso nadie quiere estar conmigo", "Hay personas mucho mejores que yo y por eso mi pareja no es feliz", "Ya estoy muy viejo para poder encontrar a alguien", "Dios me hizo así y me toca conformarme a no ser feliz en el amor" o "Si esto es lo que me tocó vivir es porque me lo merezco". Estas son solo algunas de las frases que los ángeles señalan con una bandera roja inmediatamente las escucho, para alertarme sobre el bajo nivel de amor propio que poseen quienes las están expresando.

Digamos que quizás, para tus estándares, no seas la persona más guapa o atractiva del mundo y por lo tanto, esto que te estoy diciendo no te sirva de nada para cambiar ese concepto. "Sabes" que eres feo, pues te miras en un espejo todos los días, y eso es lo que ves. "¡Esa es la realidad!", puedes estar pensando en este instante. Te entiendo, pues en algún momento de mi vida estuve en ese lugar y me sentí así. Mi autoestima era súper baja. Me sentía fea y sin ningún atractivo; todas mis amigas tenían pretendientes o novios, ¡mientras que yo estaba sola como una ostra!

En esa época estaba en mi adolescencia y obviamente, al verme y sentirme así, tan diferente a las demás chicas por no estar ennoviada, me deprimí y entré en una especie de túnel emocional en el que veía todo oscuro. En pocas palabras, me convertí en una adolescente amargada.

Intenté todo lo que puedas imaginarte para ver si "mi suerte" en el amor cambiaba, tanto métodos tradicionales como alternativos. Mi mami siempre estuvo a mi lado, apoyándome en todo y aconsejándome, a pesar de mi actitud negativa hacia mí misma y hacia el amor.

———— ❧ ————

Aquello en lo que pienses es lo que atraerás a ti.

———— ❧ ————

Recibí esta frase como mensaje de Dios y los angelitos —el cual ya me habían enviado varias veces a través de mi mamá pero, como pasa en muchas ocasiones y quizás te ha sucedido a ti, no le presté atención—. Al recibirlo sentí una especie de "sacudón espiritual" que me hizo reaccionar y darme cuenta de que mi actitud estaba generando esas experiencias negativas en mi vida; en conclusión, yo era la causante de mi soledad en el amor. Te explicaré esto a profundidad en el Capítulo 5. Sin embargo, te lo menciono aquí pues si crees que eres feo o te sientes poca cosa y lo repites constantemente de manera verbal o mental, ten la plena seguridad de que sin querer estás contribuyendo en un altísimo porcentaje a su manifestación en tu vida.

No solo hay que trabajar en tener una buena autoestima cuando se está buscando una pareja, sino que debes fortalecerla constantemente para que tus relaciones funcionen de manera adecuada. Así tengas una relación estable, si tu amor propio se debilita, ten la plena seguridad de que este cambio puede conmocionarla. Y lo más importante: un nivel alto o bajo de autoestima no solo afecta las relaciones interpersonales, sino que puede llegar a tener un impacto en los demás aspectos de tu vida, incluso el económico. ¡Así es! Piénsalo por un momento: si no confías en quien eres y en lo que eres capaz de ofrecer, ¿no crees que esto puede llegar a afectar tu desempeño profesional y, por lo tanto, redundar en el éxito que puedes alcanzar?

Bien sea porque aún estás buscando tu alma gemela, o porque deseas que tu relación actual mejore, tener una autoestima fuerte es ese cimiento que te permitirá dar lo mejor de ti para que tus relaciones actuales y futuras funcionen como tú lo deseas.

Una baja autoestima puede expresarse de distintas maneras. Algunas de ellas son:

Sumisión

Respetando obviamente la manera de vivir de cada pareja, la sumisión se convierte en un enemigo del amor en los casos en los cuales quien está sometido sufre en silencio por esa situación, es infeliz y se encuentra en total desventaja con respecto a lo que es su deseo y voluntad, pues es la voluntad de su pareja la única que cuenta en la relación o en el hogar. En otras palabras, es cuando la persona básicamente es un cero a la izquierda. Por lo general ha sido una actitud aprendida o heredada, pues esa era la norma.

Por ejemplo, la mujer era criada para ser mamá y esposa; nada más. El concepto de llegar a estudiar o ser profesional ¡era impensable, y hasta prohibido! Afortunadamente, las cosas han evolucionado, y el sexo femenino se ha empoderado muchísimo más. Sin embargo, aunque quizás a nivel profesional e intelectual muchas mujeres han alcanzado lugares muy altos, a nivel afectivo y emocional muchas se encuentran aún en posiciones sumisas con respecto a sus parejas. ¿Por qué?

- Porque fueron enseñadas a que someterse a sus esposos era lo correcto.
- Porque no confían en sus propias capacidades y por lo tanto crean una dependencia emocional, física, intelectual y sicológica hacia su pareja.
- Porque tienen una autoestima muy débil y sienten que no merecen más de lo que tienen.
- Porque se creen "poca cosa" y por lo tanto no podrían conseguir a alguien mejor que las valore.

En resumen, una actitud de sumisión en una persona refleja un amor propio débil y manipulable. Como los ángeles me enseñaron, respetar a tu pareja no significa ser sumisa y perder tu autoestima, sino apreciar y admirar a quien está contigo, escuchar y aceptar sus opiniones, sin perder tu identidad. Con el paso de los años se ha generado una confusión entre ser una persona respetuosa y ser una persona sumisa. Muchos toman estos dos términos como sinónimos, pero son diferentes.

Falta de cuidado de ti mismo

Esta expresión de baja autoestima envía un mensaje un tanto contradictorio, pues, por un lado, la persona se queja constantemente de como es, como se ve y de que nada le luce bien y por lo tanto quisiera ser o verse diferente, pero, por el otro, no hace un esfuerzo real de aumentar el cuidado de sí mismo o mejorar su apariencia.

Un amor propio débil "apaga" el motor de la motivación para buscar una mejora a nivel interior y exterior; la persona no cuida su salud, consume alimentos "basura", no hace ejercicio, ni se preocupa por lucir mejor; se mantiene en una especie de círculo vicioso en el que rechaza quién es y lo que es, pero no lucha por generar una transformación positiva que la haga sentirse mejor consigo misma.

En este momento, mira a tu alrededor y analiza la vida que tienes y las experiencias que estás viviendo; si no te gusta lo que ves y te sientes triste, esa es la influencia que el poco amor que sientes hacia ti mismo ha tenido; tus ojos físicos están comprobando lo que tu baja autoestima puede crear. Si te amas más, esa realidad puede cambiar. Está en ti tomar la decisión de arriesgarte y buscar un cambio a través de un fortalecimiento del sentimiento de amor hacia tu propio ser. Acepta la aventura; vale la pena.

Este mensaje que recibí de los ángeles me ayudó a darme cuenta de que si no tomaba una acción para cambiar, iba a continuar igual, sintiéndome mal conmigo misma y, lo peor de todo, irradiando ese sentir a los demás. La pregunta que le hice a mi corazón fue: ¿quiero seguir sintiéndome así, o me arriesgo a buscar algo nuevo y diferente? Opté por lo último, ¡y funcionó! Si yo lo pude hacer, ¡tú también puedes!

Tener una autoestima alta no es simplemente mirarse al espejo y sentirte "bonito" o "guapo". Es mucho más que eso. Es valorarte, darle gracias a Dios por lo que eres y por como eres, por tu pelo, tus ojos, tu cuerpo, tus brazos, piernas, pies y manos; en una palabra, por todo. Es aceptar con amor tu apariencia física y no quejarte de como luces; es considerarte y sentirte bendecido por lo que eres y no darlo por hecho, pues hay muchas personas que no cuentan con la misma fortuna que tú. Amarte a ti mismo es sentir que eres inteligente y que cada día te estás esforzando por serlo mucho más; es preocuparte por tu salud, alimentarte y hacer ejercicio; es cuidar tu cuerpo como se lo merece, pues no olvidas que Dios te lo regaló, que es el templo de tu alma y espíritu y que debes darle lo mejor; es recordar con humildad que Dios puso en ti dones y regalos que debes compartir con otros con amor y que es un orgullo poder hacerlo.

Si tienes una autoestima fortalecida, no volverán a atravesarse por tu mente pensamientos como "Soy feo y por eso nadie me mira", o "Hay muchas personas mejores que yo y por eso no puedo conseguir a alguien que me quiera"; por el contrario, tus pensamientos van a ser algo como "Tengo valores y cualidades que son atractivos para los demás" o "Dios me dio este don y eso me ayuda a sobresalir".

El otro secreto que Dios me compartió a través de los angelitos durante mi época de depresión causada por bajo amor propio fue adiestrar mi mente para evitar que se soltara y se fuera solamente hacia el lado de los pensamientos negativos. Los ángeles me enseñaron la siguiente práctica: cada vez que pensaba algo feo sobre mí misma, imaginaba una luz roja de alerta (yo visualizaba un semáforo en rojo, pero tú puedes crear otro símbolo), señal de que debía frenar en seco ese pensamiento.

Para lograr un cambio real es crucial aprender a identificar los pensamientos negativos de manera consciente. Si lo analizas, los seres humanos tendemos a pensar de forma mecánica e incluso robótica. Haz la prueba: pregúntale a alguien cercano qué pensamientos está teniendo en un momento dado, y muy seguramente será capaz de decirte solo uno o dos de los cientos y hasta miles que tiene en cuestión de segundos.

Te comparto otro ejercicio que me enseñaron los ángeles para dominar mis pensamientos: si tienes una idea negativa, repítela, pero ahora de manera consciente, prestando atención a todas y cada una de las palabras que contiene. Por ejemplo, si tienes un pensamiento de baja autoestima como "Soy muy feo", detente por un par de segundos y repítelo verbal y lentamente. Para un mayor impacto, hazlo mirándote al espejo, y te darás cuenta la cara que estás haciendo cuando lo dices (¡yo lo hice y no me gustó ni cinco la expresión que tenía en mi rostro!). Si así es como te ves al espejo, ten la seguridad de que así es como los demás te ven.

No estoy contradiciendo lo que te he explicado antes de lo importante que es detener los pensamientos negativos; esta práctica busca ayudarte a reconocer la manera en que piensas y luego te expresas en palabras. Es un método muy útil, sobre todo en el comienzo del proceso, cuando estés empezando a entrenar o adiestrar tu mente, para transformar el chip de pensamientos negativos en uno de ideas con vibración positiva. (Nota: una variación de esta práctica es decir palabras positivas en frente del espejo. ¡Te darás cuenta de cómo la expresión de tu rostro es diferente y cómo luces mucho mejor!)

Estos ejercicios te ayudarán a tener una mayor consciencia de las palabras que salen de tu boca y, por lo tanto, de lo bonitos o feos que son tus pensamientos. Al alcanzar ese reconocimiento, podrás imaginar más fácilmente esa luz roja del semáforo que te indicará si estás diciendo o pensando algo que va en contra de tu amor propio y podrás detenerte a tiempo, en lugar de pasarte la alerta y correr el riesgo de un accidente. Sería un accidente, por ejemplo, que tu mente siga pensando esa idea hasta que se convierta en una creencia que, como ya sabemos, atraerá lo negativo que estás imaginando.

Deseo compartirte una afirmación positiva que Dios me enseñó para neutralizar la energía negativa de los pensamientos que tenía sobre mí misma. Repítela todos los días, mínimo dos veces al día (mejor si es al despertarte y cuando te estés quedando dormido), durante de tres a cinco minutos. Si lo haces con constancia y disciplina, te sorprenderás de los resultados. Yo lo hice, ¡y me ayudó en un 100%!

Me amo y me valoro. Soy feliz por ser como soy y por lucir como luzco. Amo todo lo que soy. Gracias, Dios, por haberme hecho como soy.

Miedo

Todos los enemigos del amor son complejos, desafiantes y exigen bastante de nuestra parte para eliminarlos, pero el miedo, en mi opinión, es uno de los más recios. En un mensaje, los ángeles me explicaron que el miedo es el verdadero infierno, pues puede hacernos absolutamente miserables: nos frena, nos confunde, nos estanca, nos bloquea en nuestros procesos, nos hace cometer mil errores, nos hace actuar compulsiva e impulsivamente; en pocas palabras, ¡es el peor consejero!

Sin embargo, ¡no es invencible! ¿Conoces la historia bíblica de David y Goliat? David, un chico de unos diez y siete años de edad, que todos veían como un ser totalmente vulnerable e inexperto, fue capaz de vencer al gigante Goliat, experto guerrero, ¡solo con una honda y una piedra! Pero lo interesante de la historia es que no fue la piedra como tal la que tumbó al gigante, sino que David fue capaz de vencer el miedo y usó su inteligencia para saber disparar la piedra al punto exacto que haría que el hombre grande se desplomara.

A lo largo de los años los ángeles me han mostrado diferentes manifestaciones del miedo en las personas con respecto a su vida emocional y afectiva, los cuales puedo agrupar así:

Miedo al cambio
Este miedo se produce por dos razones:

Miedo a perder la libertad
He escuchado a muchos decir: "Me encantaría tener una relación de pareja pero me da pánico perder mi independencia" o "El matrimonio es sinónimo de restricción y me da miedo asumir esa responsabilidad, pues siempre he sido muy independiente". Para este tipo de persona, una relación estable es un final en lugar de un comienzo, es decir, ven el compromiso como un freno absoluto a lo que tienen o desean tener en la vida, en lugar de verlo como una continuación de ese proceso en compañía.

— ⊗ —

Algo no es bueno o malo por sí mismo, sino que depende de los ojos con que lo mires y la intención que le des.

— ⊗ —

Esta frase me la dieron los ángeles hace mucho tiempo y ha permanecido conmigo desde ese entonces, pues me ayudó a entender que yo soy quien califica las cosas como buenas o malas según la forma en que las vea. Por ejemplo, mientras que para algunas personas el número trece tiene una connotación de mala suerte, para otras es un número de la buena suerte; o mientras que para alguien ver una vela negra es señal de algo negativo o incluso diabólico, para alguien más puede ser simple y llanamente un elemento decorativo.

¿Cómo se relaciona lo anterior con este tipo de miedo emocional? Si ves el matrimonio o la convivencia con una pareja como algo que va a acabar con tu libertad e independencia, tendrá un contexto negativo y eso será lo que atraerás; pero, si por el contrario, para ti representa un comienzo de una etapa linda, de un compartir y de un luchar hombro a hombro con alguien para lograr objetivos, lo percibirás como algo positivo y eso será lo que se manifestará en tu vida.

Miedo a lo incierto

Este es el caso típico en el que la persona, aunque está en una relación que no la hace feliz, prefiere quedarse allí por el temor a enfrentarse a lo desconocido. Aquí aplica el adagio popular que dice "Más vale malo conocido que bueno por conocer". La persona se queda en esa zona de confort —que de confortable no tiene nada en realidad, pues sufre y no es feliz—, porque le da miedo enfrentarse sola a un nuevo inicio.

Miedo a sufrir

En este caso, aunque la persona desea con todas las fuerzas encontrar una pareja estable, evade la situación por temor a que la relación no funcione y termine sufriendo un gran desencanto. Esto lo he podido observar principalmente en quienes ya han pasado por experiencias dolorosas, y no te niego que hasta cierto punto es lógico quedar con ese "trauma" —un término un poco extremo—. Sin embargo, escabullirse de una experiencia afectiva no es la solución; por el contrario, lo que estás provocando es un retraso en tu proceso de aprendizaje emocional y espiritual y, por tanto, una demora en la manifestación de aquello que anhelas.

El secreto que los ángeles me enseñaron para superar el miedo a sufrir fue no generalizar. Esto significa que si bien alguien no te valoró, no todos aquellos que se atraviesen en tu camino van a hacer lo mismo. "Así como hay personas que no son muy buenas, existen otras que sí lo son", me dijeron los seres de luz. Desde el momento en que recibí esta frase la convertí en una especie de mantra o afirmación positiva, y la repetía constantemente, hasta que se transformó en una creencia, que luego se manifestó en forma de nuevas personas que comenzaron a llegar a mi vida.

De ti depende quedarte conviviendo con los miedos del pasado, o tener fe en que Dios siempre tiene guardado algo mucho mejor para ti.

Miedo al fracaso

Este tipo de miedo es muy similar al anterior, pero se diferencian en que en el miedo a sufrir existe en tu subconsciente una creencia de que la otra persona seguro te va a hacer daño y vas a terminar con el corazón en pedacitos, mientras que en el miedo al fracaso estás convencido de que, sea por la razón que sea, la relación no va a funcionar, y por lo tanto sales corriendo pues le tienes físico y neto pavor a la sensación de derrota.

Si en tu vida has tenido un noviazgo o matrimonio que terminó de una manera un tanto agria o complicada, o si fuiste testigo de una relación difícil y disfuncional entre tus padres, es muy posible que te sientas identificado con esta clase de temor. Sea cual sea la razón, ese sabor amargo de la derrota muy posiblemente te hizo crear una especie de escudo protector, "para evitar que me vuelva a pasar lo mismo", o, como dice el adagio popular, "Es mejor estar solo que mal acompañado".

Pensando de esta manera, estás dejando el 50% de posibilidades por fuera del cuadro. ¿Qué tal si, en lugar de ser una persona que te parece incompatible contigo, sea alguien absolutamente maravilloso, con un corazón bueno igual al tuyo, guapo, inteligente y al que le encanta bailar como a ti? Nadie sabe el futuro a ciencia cierta; por lo tanto, evitar vivir el amor para no fracasar es como si estuvieras prediciendo tu porvenir. Solo Dios sabe lo que vas a vivir —y con quién—, así que no se justifica que te cierres las puertas antes de abrirlas. ¡Sé valiente y arriésgate a mirar tu futuro desde la esquina positiva y no desde la esquina negativa!

Miedo a quedarse solo

Si es demasiado fuerte, este tipo de temor puede llevar a cometer erro-res que marcan la vida para siempre. He conocido casos de personas que se casaron sin realmente conocer a sus parejas o se involucraron en relaciones que desde el comienzo se sabía que no tenían futuro, por el terror que le tenían a la soledad.

Para poder encontrar la solución más adecuada a este tipo de temor, es importante tener claridad sobre su raíz, es decir, si tu resistencia a estar solo ha sido creada por comentarios o influencias externas (como por ejemplo la presión de tu abuelita diciendo "Mijita, ¿cuándo es que se va a casar? ¡Ya la está dejando el tren!"), o si proviene de ideas creadas por tu propia mente (como cuando tus amigos se empiezan a casar y tener hijos, ¡mientras que tú ni siquiera tienes quién te invite al cine!).

———————— ∞ ————————

El miedo bloquea y retrasa tus deseos.

———————— ∞ ————————

Si permites que el miedo tome control de tus emociones, estás pro-vocando que tu deseo se demore mucho más en realizarse. Es como si le dijeras a Dios: "No creo en ti ni en que tengas algo bueno para mí". ¿Conclusión? Estás poniendo un freno a tu propia felicidad.

A continuación te comparto algunos de los pasos más efectivos para vencer los miedos emocionales:

1. **Quítale la excesiva importancia que le has dado a lo que te gene-ra el miedo.** Te explico: si, por ejemplo, te da miedo perder tu independencia, no te enfoques en el punto de "voy a perder mi libertad". Como ya lo sabes, tú atraes aquello en lo que enfocas tu mente, por lo tanto, piensa de manera positiva, no negativa. Si sientes miedo cuando piensas en algo, es porque estás teniendo fe en ese desenlace negativo. Aprendí que la fe y el miedo son lo mismo; la diferencia es que la primera es fe en lo positivo, mientras que el miedo es fe en lo negativo. Por lo tanto, mi consejo para ti

es que te pases al lado de la fe positiva y mires las relaciones de pareja como algo bonito que puede ayudarte a crecer, a sentirte feliz y a disfrutar la vida de una manera maravillosa en compañía de alguien especial.

Si das a las cosas una importancia mayor a la que se merecen, esto creará en ti confusión y miedo, y las verás como monstruos de ocho patas, cuando en realidad son situaciones que pueden solucionarse fácilmente. Pide a los ángeles de la claridad que te ayuden a identificar el nivel que cada experiencia emocional tiene en realidad en tu vida, para que así puedas controlar los deseos de tu mente de querer salirse de proporción.

2. **Entierra los miedos con el pasado al que corresponden.** Este punto en cierta forma agrupa los diferentes miedos que te describo pues, si lo analizas, muchos de ellos son fantasmas de historias que has vivido en el pasado y has permitido que te acompañen como sombras en el presente. Esto me sucedió a mí: cuando era adolescente y lloré mucho por decepciones románticas, llegué a un punto extremo en el cual dije "Todos los hombres son iguales", y cerré las puertas de mi corazón al amor. Como es obvio, mientras mantuve esa creencia en mi mente y mi corazón, ¡nadie se me acercó ni por equivocación! Luego de un tiempo, al darme cuenta de que al final eso no era lo que quería, cambié ese pensamiento y me dije: "Cada ser es diferente, así que los hombres buenos existen", y volví a abrirle las puertas al amor. Comencé a conocer chicos nuevamente y, luego de un tiempo, me ennovié con alguien que más adelante se convertiría en mi esposo.

Cuando no sueltas el pasado es como si constantemente caminaras con un grillete en tu pie que te impide caminar a la velocidad y al ritmo en que deberías ir, y lo peor de todo es que has sido tú mismo quien lo encadenó y tomó la decisión de mantenerlo.

3. **No generalices.** Si asumes la actitud de decir "Todos/as son iguales" —así como lo hice yo por mi inmadurez— y no tienes presente que cada persona es un ser individual con características particulares, va a ser muy difícil para ti derribar los obstáculos emocionales en tu vida. Recuerda: así como hay seres que no tienen

un corazón muy limpio, aún existen muchísimos, como tú, que sí lo tienen, así que ten la certeza de que podrás llegar a rodearte de personas que vibren de la misma manera que tú, si decides creer que es posible.

4. **Enfócate en la moraleja o aprendizaje que esas experiencias te entregaron.** En vez de solamente enfocarte en lo negativo de las situaciones vividas, busca lo que te enseñaron de manera constructiva. Por ejemplo, un aprendizaje valioso de una relación que no funcionó es tener mayor claridad sobre lo que no quieres. En muchas ocasiones las personas no tienen claro lo que realmente desean encontrar o vivir en una relación. Por lo tanto, cuando descubres lo que no quieres, ¡ya tienes un 50% de claridad! Dios y los angelitos me ayudaron a entender este punto luego de mi separación de mi primer esposo. Analicé aquellos aprendizajes que debía recibir sobre los aspectos de mi personalidad que no quería que me acompañaran en mi próxima relación. Cuando vi dicha experiencia difícil de esa manera y no como un fracaso, di enormes gracias al Cielo, pues aprendí a confrontar defectos y actitudes que, si mantenía en mí, dañarían mis relaciones futuras. En lugar de ser un fracaso, fue una ganancia.

Sea cual sea el tipo de miedo que sientas o hayas sentido en tu corazón, recuerda: no es invencible. Si tomas la decisión radical de vencerlo, ¡lo lograrás! Ahora bien, quizás estés pensando: "Es muy fácil decirlo, pero a la hora de hacerlo, ¡es muy complicado!". Todo es un proceso y no te estoy diciendo que exista una varita mágica que elimine tus temores, bloqueos y enemigos emocionales con un soplo. Quien te diga o prometa esto, te está mintiendo. Todo se va dando progresivamente si trabajas en ti mismo de forma constante, consciente y disciplinada. Pide a tus ángeles guardianes que te entreguen fortaleza de espíritu para mantener tu motivación viva hacia el cambio. Si lo haces, te aseguro que comenzarás a sentirte diferente y a ver la vida con otros ojos. ¡Te lo digo por experiencia propia!

---❦---

Así como hay personas que no son muy buenas, existen otras que sí lo son, y si crees en esta premisa, atraerás a quienes verán todo lo hermoso que hay dentro y fuera de ti.

---❦---

Impaciencia

Quizás como a mí, esta palabra te recuerde lo que la mayoría de las mamás, abuelitas y tías aconsejan cuando estamos comenzando a vivir el amor: "Ten paciencia y tolerancia. Estas son las claves para que una relación funcione". Con el paso de los años, llegué a la conclusión de que son palabras muy sabias y acertadas.

La impaciencia es uno de los enemigos principales del amor y puede crear una distancia enorme entre dos personas, la cual puede incluso convertirse en ira y desprecio si se le da la oportunidad. Por lo general, la intolerancia en una relación surge por cosas pequeñas y, para ser honestos, insignificantes y hasta tontas. Por ejemplo: tu pareja no escuchó bien lo que le dijiste y te pide que le repitas, ¡y eso te desespera!; o cuando salen a caminar, ella no puede ir a tu ritmo y te da mucho mal genio tener que esperarla; o se demora en responder el celular cuando la llamas y, al llegar a casa, le haces el reclamo porque no te contestó cuando la necesitabas. Si te das cuenta, la mayoría son situaciones pasajeras pero que, gracias a la impaciencia, terminan convirtiéndose en problemas mayores.

---❦---

La impaciencia es falta de aceptación de como es el otro. Es pretender que la otra persona piense, actúe y hable como tú lo deseas y, al no hacerlo, te genera desagrado.

---❦---

¡Este fue un momento de claridad para mí! Cuando los ángeles me dieron esta definición de la impaciencia, comencé a cuestionarme si efectivamente mi intolerancia hacia las conductas de mi pareja tenía que ver con mi falta de aceptación de como ella era. ¡La respuesta fue un sí tajante! Vi con claridad como se desarrollaba el "proceso de irritación": 1. Mi pareja hacía o decía algo de manera diferente a como yo pensaba debía ser; 2. Me exasperaba y me daba mal genio; 3. Hacía mala cara y cambiaba inmediatamente mi comportamiento; 4. Se generaba una atmósfera tensa entre nosotros, que en muchas ocasiones terminaba en una discusión.

Cuando empecé a quitar importancia a cosas banales y tontas del diario vivir, y le sumé una mayor aceptación de la forma de ser de mi pareja, las cosas mejoraron enormemente entre nosotros. Empecé a entenderlo más e, incluso, a ver ciertos de sus defectos con humor. Por ejemplo, cuando vamos a salir a una de sus actividades, él siempre me dice: "Tenemos que salir a la hora que acordamos, pues no podemos llegar tarde". Como yo me demoro un buen tiempo en alistarme, lo hago con suficiente anticipación para estar lista según lo convenido. Sin embargo, el 99,9% de las veces, él es quien termina retrasándose 15 o 20 minutos. ¿Qué actitud decidí asumir ante esto? En lugar de enfurecerme y reprocharle que me hace correr para estar lista y siempre termino siendo yo quien lo espera para salir, acepté la situación, así que me sigo preparando con suficiente tiempo y lo espero tranquilamente hasta que salimos. Esta actitud de paciencia y de no dar transcendencia al tema me ha ayudado a mantener la armonía con él y "vivir la fiesta en paz".

A continuación te comparto unos consejos clave para identificar la raíz de la impaciencia:

1. Analiza si es causada por una situación puntual que estás viviendo —estrés debido a una circunstancia compleja que te hace tener un menor nivel de tolerancia hacia los demás— o si forma parte de tu personalidad y por lo tanto podría ser manejada o controlada si decidieras hacerlo.

2. Revisa si aquellos detalles que generan impaciencia en ti son realmente relevantes o si, por el contrario, son asuntos pasajeros que no merecen la importancia o la cantidad de energía que les estás dando. Antes de reaccionar con intolerancia ante una situación, pregúntate: ¿vale la pena usar mi energía en esto?

Una notoria expresión de la impaciencia es el afán. "Del afán no queda sino el cansancio", dice un adagio popular. A lo largo de los años, durante mis consultas he podido observar muchos casos en que el acelere por lograr sus anhelos en el amor lleva a las personas a cometer errores de los cuales se arrepienten más adelante.

Existen varias clases de afanes, entre los cuales puedo mencionar:

- **El afán de tener novio/a o esposo/a.** Hay personas que no se sienten en paz si no están en una relación, lo cual a veces las hace actuar impulsivamente e involucrarse en relaciones complejas que al final no las llevarán a ningún lado.

- **El afán de establecer una relación con alguien que no conocen realmente.** Hay personas que aceleran el proceso de conocerse realmente con alguien y pasan a la etapa de la relación de pareja sin haber sido amigos primero o sin al menos tener ciertas bases que indiquen la potencialidad en la relación.

- **El afán de casarse o tener hijos.** Respetando obviamente los tiempos de cada persona para lograr sus sueños, este tipo de enemigo se presenta cuando las personas dan pasos tan grandes como iniciar un matrimonio o tener hijos sin dejar que se manifiesten según los tiempos de preparación adecuados para la pareja. El momento perfecto es independiente de la edad cronológica, que en muchos casos es lo que empuja a las personas a tomar este tipo de decisiones; puntualmente, es cuando la pareja se siente lista y preparada para dar el paso. Solo entonces se está realmente fluyendo con los tiempos de Dios, cuando en lo más profundo del corazón hay una voz que dice "Es el momento". La voz del interior, que es la voz de Dios que nos habla, no se equivoca. Lo importante es que prestes atención a tu intuición, uno de los canales principales del Cielo para entregar sus mensajes.

- **El afán de olvidar la última relación.** Otro refrán popular es aquel que dice: "Un clavo saca otro clavo". Pues bien, existen quienes, para olvidar la última relación que tuvieron, buscan desesperadamente comenzar otra y así sanar su corazón. Puede haber casos en los cuales esta táctica funciona, pero hay otros en los que no, ocasionando como resultado una mayor confusión emocional.

Sea cual sea la razón para tener un afán afectivo, el consejo es que, a menos que el corazón te diga con voz firme y clara que esa persona y relación "son", es mejor que no te apresures a dar un paso tan importante como es el de comprometer tus sentimientos y tu vida emocional con una situación que quizás no es la mejor para ti. Tú viniste a este mundo a vivir experiencias y aprendizajes específicos y, por lo tanto, existen tiempos y momentos particulares para vivirlos. En la medida en que mantengas presente que los tiempos de Dios para ti son únicos y, sobre todo, que son perfectos para lo que debes vivir y aprender, podrás utilizar mucho mejor el tiempo y dejarás de correr esa maratón constante que a la larga no ganarás, pues aunque corras mucho, las cosas no van a dejar de darse de la manera que Dios tiene dispuesta para ti.

————— ❧ —————

Confía en Dios, en su amor hacia ti, y deja que Él te muestre el momento perfecto.

————— ❧ —————

Te invito a repetir la siguiente afirmación para confiar en los tiempos de Dios:

Todo se da en mi vida de manera perfecta. Me dejo guiar por
Dios y permito que sea Su Divina voluntad la que se manifieste en
mí en todo momento.
Confío completamente en los tiempos de Dios y sé que todo lo
que deseo se dará en el instante justo y de la manera que es
mejor para mí y quienes me rodean.
Gracias, Señor, por tu amor hacia mí.
Amén.

Resistencia

Este enemigo del amor es una negación a ver las cosas con otros ojos y a aceptar que algo es diferente a como tú lo deseas. Es, básicamente, enviar el mensaje: "No quiero que sea así" a la vida y a tu relación.

Cuando te resistes a fluir libremente con una situación, estás creando una demora en la manifestación de lo que realmente estás deseando que suceda. Dicho de otra manera, si te niegas a practicar la aceptación, estás ocasionando que aquello que no te agrada permanezca más tiempo en tu vida.

Ejemplos: si te resistes a aceptar que tu expareja ya no quiere seguir contigo, el fantasma de esa relación pasada seguirá ahí, quitándote la paz interior, y no te será posible cerrar ese ciclo para dar paso a una nueva experiencia afectiva; o si reniegas con Dios y con la vida porque luego de varios años no has podido encontrar una pareja estable, dicha resistencia a recibir el aprendizaje que esa etapa trae para ti ocasionará que el tiempo se dilate más hasta que decidas recibirlo y acogerlo, y así poder continuar con tu evolución espiritual.

——————&————————

*C*uando ejerces resistencia en tu vida, estás impidiéndole a Dios actuar en ella.

——————&————————

En el momento en que asumes una actitud de rebeldía hacia lo que te sucede, implícitamente le estás diciendo a Dios: "¡No quiero que me ayudes! ¡Yo quiero hacer las cosas solo y a mi manera!". Es como si le dijeras que se quede quieto, pues tú crees que sabes manejar las situaciones totalmente, y que todo debe darse como tú quieres, con quien quieres y en el momento que quieres.

Existen diferentes manifestaciones de la resistencia, dentro de las cuales te puedo mencionar las siguientes:

Falta de aceptación o negación

Esta categoría puede manifestarse de varias formas:

- **Rigidez y exigencia.** Aquí igualmente hay varias subcategorías, como:
  - * Falta de aceptación de como es la otra persona, bien sea física, intelectual o emocionalmente, ¡o todas las anteriores! Es cuando buscas por todos los medios cambiar al otro, exigiéndole

que sea como tú quieres que sea. En tu mente existe un concepto predeterminado de cómo debe ser la persona, y si se sale de dichos parámetros, es porque está equivocada. En esta subcategoría no hay cabida para aceptar que la persona es diferente a lo que esperas. Para que la relación funcione, debe ser como tú quieres que sea. Hay crítica y juicio en la expresión de esa rigidez.

* Rigidez y exigencia a que la vida en el hogar sea de la manera que quieres y los demás miembros de la familia no tienen ni voz ni voto en la situación.

* Cuando deseas encontrar una pareja, pero tiene que ser exactamente como la sueñas; si conoces a alguien, pero esa persona no cumple con todos los requisitos, simplemente no sirve.

* Cuando le pones un *deadline* o plazo límite al amor. Este es el caso de quienes dicen que a una cierta edad ya tienen que estar casadas o haber tenido hijos, y por todos los medios buscan que sea así, aunque las circunstancias les estén mostrando que quizás exista otro momento mejor para ello. Todo tiene que darse cuando ellas consideran que debe ser, y no hay cabida a otras opciones.

———————— ⁂ ————————

Lo que ves como soledad en realidad es una oportunidad para estar contigo mismo, para conocerte, cuidarte y crecer interiormente.

———————— ⁂ ————————

• **No querer soltar / apegos.** En este tipo de resistencia, te niegas a dejar ir una situación que ya terminó, o que aún continúa en tu vida, pero ya no es buena para ti. Te rehúsas a ver la realidad, lo cual hace que vivas en una especie de mundo paralelo, en donde ves las cosas con los ojos con que las quieres ver.

Este es el caso de quienes viven una relación desastrosa, en la que su pareja las maltrata emocional e incluso físicamente, pero aun así permanecen en ella, pues creen que esa persona las quiere y esa es su manera de demostrarles su amor, o que con el tiempo pueden cambiar. También es el caso de quienes se quedan atados al pasado y no lo sueltan, y viven con esa carga constantemente en su corazón. En conclusión, es una negación al presente y a la realidad, y por lo tanto, a lo que Dios le está mostrando a la persona que es mejor para ella.

Aquí, puntualmente, la decisión tiene que ver con: a. Aceptar que algo o alguien no es lo mejor para ti y que debes dejarlo ir para dar paso a cosas mejores; b. Aceptar que es necesario ser más flexible con ciertas ideas para dar cabida a experiencias más agradables con otras personas; c. Aceptar que algo ya no forma parte de tu vida y que es necesario decirle adiós para poder continuar hacia adelante sin el peso del pasado sobre tu espalda.

Quizás estés pensando en este instante: "Es muy difícil soltar" o "Es muy difícil aceptar las cosas de otra manera". Cuando decimos que algo es muy difícil, estamos justificando nuestra falta de voluntad para tomar una decisión de cambio. Nos escudamos en la dificultad para no hacer ningún tipo de esfuerzo para cambiar la situación. "Para qué me desgasto, si es muy difícil cambiar. ¡Mejor me quedo así!". Lo que esta frase está diciendo en realidad es que no queremos tomar una decisión, pues va a exigir algún tipo de esfuerzo de parte nuestra, así que preferimos quedarnos en una zona de confort, así no sea la más agradable. Se elige seguir sufriendo, en lugar de hacer un esfuerzo que permita una transformación de la situación.

———————∞———————

Si algo o alguien te hace sufrir constantemente, te quita la paz o te disminuye como ser humano y espiritual, no forma parte de tu proceso de evolución. Lo que es parte de tu proceso ejerce el efecto contrario: te enseña, es positivo para ti, te alegra, te hace sentir bien, te ayuda a madurar, crecer y evolucionar. Al final, la situación te da paz, no te la quita.

———————∞———————

Para vencer a este enemigo del amor, la solución está en tomar una decisión de terminar un ciclo para dar inicio a otro. Para eso necesitas, puntualmente, aceptar la realidad. Si aceptas lo que vives y a las personas que están a tu alrededor, más fácil será para ti avanzar en tu proceso y, por lo tanto, las experiencias que debes vivir para aprender fluirán en tu vida a mayor velocidad.

Te invito a hacer el siguiente ejercicio:

1. Piensa en una situación en la que sientes que estás ejerciendo una resistencia. ¿A qué te estás negando en dicha situación? Por ejemplo, ¿a aceptar la manera de ser de tu pareja?, ¿a aceptar que la persona con quien estás no te conviene?, ¿a aceptar que alguien del pasado ya no debe formar parte de tu vida? ¿Hacia qué situación estás asumiendo una actitud terca y obstinada? Sé sincero contigo mismo.

2. Luego de tener esta respuesta clara, pregúntate: ¿me conviene seguir pensando así al respecto?, ¿esta terquedad me está dando paz o me la está quitando?, ¿estoy logrando un cambio positivo en mi vida con esta rigidez?

3. Si la respuesta a las inquietudes anteriores es que no sientes paz en tu interior ni has logrado un cambio favorable en tu situación, el siguiente paso es tomar la decisión de cambiar mediante la aceptación. Ahora bien, debo recordarte que este tipo de procesos no se da de la noche a la mañana y que es muy fácil volver a caer en el hábito de la exigencia y la negación, así que si esto te sucede, lo importante es que lo reconozcas y sin autocastigarte o ser demasiado duro contigo mismo, vuelvas a tomar la decisión de aceptar el presente, la realidad y el momento que estás viviendo. En la medida en que aceptes el presente, Dios te mostrará las soluciones que tienes a disposición para continuar y alcanzar un cambio verdaderamente positivo en tu vida.

¡Tomar la decisión de aceptar es un gran paso que te puede llevar a una sensación de liberación maravillosa! El mayor esfuerzo está en el momento de tomar la decisión de aceptar, pero una vez se toma, el proceso es mucho más fácil de lo que parece. Es cuestión de no decaer en la decisión y no echar para atrás. Te aseguro que si te mantienes en él, notarás un cambio muy positivo en la forma de sentirte y de ver las cosas que suceden a tu alrededor. Es algo mágico que yo he podido vivir en carne propia: cada vez que acepto algo en mi vida y no ejerzo resistencia, las soluciones se manifiestan de una manera más rápida y fácil. ¡Haz la prueba, te aseguro que funciona!

Cada día, repite la siguiente afirmación para eliminar la resistencia:

> Acepto mi vida y fluyo en ella. Soy feliz con mi vida y las relaciones que tengo. Mi vida fluye fácilmente y sin ningún esfuerzo. Acepto a las personas como son y las bendigo en todo momento. Fluyo libremente y me siento feliz por ello.
> Amén.

Intensidad

Hace años comencé a escuchar con más frecuencia el término "intenso" en los jóvenes o *millenials*, como ahora se les denomina. Lo utilizan para referirse a alguien que hace o dice algo de manera constante, y definitivamente se convirtió en una palabra del lenguaje popular para definir a alguien cansón, alguien que utiliza con frecuencia frases como "Te llamé dos veces y no me contestaste", "¿Por qué no has llegado todavía? Llevo rato esperándote" o "Te dejé cuatro mensajes en tu celular y no me devolviste la llamada".

En el campo afectivo, se considera a alguien "intenso" cuando asume las siguientes actitudes:

- Llama o envía textos a su pareja durante todo el día, esperando que le responda inmediatamente, y si no lo hace, le envía aún más textos o la llama para preguntarle por qué no ha contestado.
- Cuando está pretendiendo a una persona la presiona para iniciar una relación formal, así ella le esté pidiendo que vayan más despacio.
- Le insiste a su pareja cuando quiere comprar o hacer algo, hablando todo el tiempo sobre lo mismo y dándole todas las justificaciones del caso para convencerla de hacerlo.
- Habla del mismo tema —que por lo general es un tema que solo a ella le interesa— todos los días y todo el tiempo.

• Quiere que su pareja esté con ella a toda hora y en todo momento, sin darle espacio para sus propias actividades.

La intensidad es una manera de querer imponer tu voluntad sobre la voluntad de la otra persona; es una forma disfrazada de rigidez, pues es querer imponer a los demás lo que tú quieres y como lo quieres; es pretender que las otras personas acepten tus condiciones sin tener en cuenta su opinión o sentimientos; es insistir hasta conseguir tu objetivo, pero con ello estás generando un aburrimiento y desgaste en ellas, haciendo incluso que se aburran y se retiren de tu lado.

Esto último sucede con frecuencia. Quizás te ha pasado que conoces a alguien intenso y lo que esa persona logra es que te alejes de ella, pues su energía drena y agota, ¿no es verdad? Desafortunadamente, la insistencia y presión que una persona intensa ejerce sobre los demás genera el efecto contrario a lo que ella desea.

Los ángeles me explicaron que el alma sufre de dos condiciones que generan la manifestación de la intensidad:

Inseguridad

Su causa es una falta de confianza en quien eres y, por lo tanto, en los sentimientos que otros pueden llegar a tener hacia ti; dudas de tus capacidades para lograr que alguien te ame y en tu interior hay un temor de que no van a ser completamente felices contigo. En otras palabras, siempre te va a faltar algo para que tu pareja se sienta feliz a tu lado, y puedes llegar a perderla. Esa inseguridad te hace estar pendiente de ella, controlándola todo el tiempo.

Ansiedad

El miedo crea una sensación de nervios en ti, que se manifiesta o expresa en lo que comúnmente se denomina ansiedad.

La mezcla de inseguridad y ansiedad puede llegar a crear en tu interior una bomba de tiempo, ya que te impide tener claridad mental, objetividad y madurez. Te hace actuar llevado por impulsos que en muchas ocasiones no tienen una base real sino que, por el contrario, están basados en pensamientos negativos de temor.

Cuando te sientes ansioso es porque estás inclinado a creer que si las cosas no se dan inmediatamente o como las esperas, la situación tendrá el peor desenlace posible. Empiezas a pensar lo peor y esa angustia va aumentando poco a poco en tu interior. Es un sentimiento en espiral que si no frenas, se apodera de ti, e incluso te hace entrar en pánico.

La mejor manera de manejar la ansiedad es a través del dominio propio y la fe. Cuando sientas que la ansiedad comienza a apoderarse de tus emociones, frena y comienza a respirar lenta y profundamente. La respiración armónica puede ser de gran ayuda para que logres sentirte relajado; a medida que respiras, repite mentalmente una afirmación o frase positiva que contrarreste el negativismo creado por la ansiedad. Mi sugerencia es que crees un mantra y lo memorices para que, cada vez que te enfrentes a esos momentos de desafío emocional, lo repitas y te ayude a mantener la calma.

El miedo es falta de fe.

Cuando tienes fe, no sientes inseguridad o ansiedad, pues sabes en tu interior que todo se dará y estará bien. Por lo tanto, es muy importante que gran parte de tus esfuerzos estén enfocados en fortalecer la certeza de que Dios y tus ángeles están contigo, te ayudan, y con su guía todo en tu vida se dará de la manera más adecuada para ti.

La forma de manejar la intensidad es, pues, primero que todo, mediante el fortalecimiento de la autoconfianza. Si confías en lo que eres tanto interior como exteriormente, tu inseguridad va a disminuir y, como consecuencia, tu ansiedad sobre cómo los otros se comportan contigo o sobre lo que pueden ofrecerte también va a bajar. Como ves, es un efecto dominó, en el cual una cosa impulsa a la siguiente.

Además de la autoconfianza, otro aspecto que puede ser importante tener en cuenta es el nivel de rigidez que tengas en tu interior. Te invito a que leas nuevamente el aparte sobre la resistencia, en donde explico cómo puede manifestarse la rigidez en una relación. Así puedes reconocer si tu intensidad es causada por inseguridad en lo que eres, o porque eres demasiado rígido o exigente y por ende quieres que los demás actúen de acuerdo a tus deseos.

Sea cual sea la raíz, la solución llega a través de una mayor aceptación de lo que eres (más amor propio) y de como son los demás, lo cual al final redundará en mayor tranquilidad y confianza. Te lo describo con la siguiente fórmula, para que te quede mucho más claro el concepto:

Amor propio + autoconfianza = flexibilidad y aceptación = paz interior

Repite diariamente la siguiente afirmación para eliminar la inseguridad y la ansiedad de tu corazón:

Confío en quien soy y en como son los demás. Fluyo con los
tiempos de Dios y confío en ellos plenamente. Suelto y me suelto.
Todo se da de la manera perfecta para mí y para quienes me ro-
dean. Todo se da de la manera perfecta en el momento perfecto.
Fluyo con la vida de manera tranquila y libre.
Gracias, Dios, por todo lo que tengo en mi vida.
Amén.

Celos y desconfianza

Este enemigo del amor se refiere puntualmente a aquellos casos en los cuales una persona desconfía de su pareja sin razón, y la cela constantemente aunque esta le haya demostrado de todas las maneras imaginables que no hay una causa para dicha desconfianza. Es lo que comúnmente se conoce como celos enfermizos.

Esta es una condición que debe ser tratada por un profesional de la salud, así que no voy a entrar en detalles, pues no soy experta en ese campo. Sin embargo, a nivel espiritual los ángeles me han explicado que tiene que ver con un gran poder dado a la mente, el cual ha permitido generar pensamientos negativos de celos, engaño y hasta traición, sin una base real.

Este es el caso de relaciones en las que una de las personas es leal, buena, se ha portado siempre bien y le ha demostrado a su pareja que la ama; en una palabra, es juiciosa. Aun así, la otra persona duda constantemente de ella y la agobia con preguntas, cuestionamientos e incluso con acusaciones sin sentido. "Si se demoró en llegar más de lo acostumbrado es porque seguramente estaba con alguien", piensa, cuando en realidad su pareja estaba en un trancón de tráfico espantoso que la hizo retrasarse más de lo acostumbrado. Y a pesar de explicarle lo sucedido, no le cree y continúa desconfiando.

Es así como la desconfianza y los celos son, a un nivel espiritual, una manifestación de la fuerza que el pensamiento negativo puede llegar a manifestar. Existe un desbalance entre la energía positiva y la negativa, en el que esta última ejerce un mayor peso sobre la primera, controlando las emociones y pensamientos de la persona. Pensar negativamente es un hábito muy fuerte en los seres humanos pero, en el caso de los celos y la desconfianza, la persona asume esos pensamientos negativos como una verdad o certeza, y actúa basada en ellos ocasionando situaciones incómodas y de conflicto sin justa razón.

A nivel espiritual, la manera de eliminar este enemigo es con la fortaleza interior que permita tener dominio propio y control de los pensamientos. No dejarse llevar a la loca por la mente, sino tener conciencia de lo que esta piensa, para así poder frenarla más fácilmente, y no dejarse arrastrar por los pensamientos sin antes haberlos analizado a consciencia.

Ahora bien, debo aclararte que no te estoy diciendo que confíes siempre ciegamente, sino que busques un balance entre cuándo es justificable desconfiar y cuándo no lo es. Sé que no es fácil, pero puede lograrse. Me costó mucho aprender en la vida desde que era pequeña que no siempre se puede confiar totalmente en las personas. Mi mami me cuenta que yo me ponía brava con ella cuando me recordaba esta premisa, y le contestaba llorando: ¿por qué tengo que desconfiar de las personas si todas son buenas? Aún tengo esa ilusión en mi alma, no te lo niego, quisiera que todos los seres humanos fuesen buenos. Sin embargo, con el paso del tiempo aprendí que existen personas que no usan su libre albedrío de la forma más adecuada y, por lo tanto, pueden llegar a tomar decisiones equivocadas que afectan a otros seres humanos.

La clave está en no llegar a los extremos. "Ni tanto que queme el santo ni tan poco que no lo alumbre", dice la frase popular. Esto quiere decir que no te conviene ser tan confiado que creas al cien por ciento en todo lo que te digan, ni ser tan desconfiado que no creas en absolutamente nada ni nadie. Ninguno de estos dos escenarios es benéfico y al final puedes llegar a sufrir. El objetivo está en encontrar ese punto medio en el cual tu corazón (recuerda, Dios te habla a través de él) te guía, avisándote y previniéndote sobre personas o situaciones que no te convienen, y te da un parte de tranquilidad y confianza sobre aquellas en quienes sí puedes creer. El secreto está en confiar en tu intuición y dejarte guiar por ella sin cuestionarla.

Para mantener un balance entre confiar y desconfiar, siempre le pido a Dios que me ayude a identificar o percibir las intenciones de las personas que están a mi alrededor. Creo en esa ayuda y no la cuestiono ni por un segundo. Si, por ejemplo, conozco a una persona y en mi interior siento que hay algo que no me permite confiar en ella al cien por ciento, me cuido y voy poco a poco en la relación; hasta la fecha, no me he equivocado, y tarde o temprano he confirmado por qué sentí ese "algo" que me previno sobre esa persona.

Por el otro lado, si hay alguien en mi vida que me ha demostrado ser de total confianza y mi mente trata de confundir mis sentimientos hacia ella a través de pensamientos negativos, los angelitos me enseñaron a identificar dichos pensamientos de manera consciente, esto es, que cuando uno de ellos llega, me detengo y lo reconozco totalmente. Incluso lo repito en mi mente para poderlo analizar y, luego, siento si ese pensamiento está basado en algo real o es por el contrario una idea que surgió de la nada y es mi mente loca la que está buscando convencerme. Le doy paso a Dios, a través de mi intuición, para que me responda y confirme esa idea, y confío en dicha respuesta.

Como ves, el secreto está en no permitir que la mente te gane terreno, sino saberla frenar en el momento justo antes de que vaya tomando más y más control de tus pensamientos. Lo sé, puedes estar pensando que esto es muy difícil de alcanzar, pero, créeme, si yo lo he logrado, ¡tú también puedes! Es cuestión de no decaer y continuar haciéndolo hasta que la mente se vaya adiestrando. Es un paso a paso, pero con constancia y disciplina se puede alcanzar el cambio. ¡Te lo aseguro!

A continuación te comparto una afirmación para eliminar los celos y la desconfianza sin razón:

Siempre confío en la guía que me ofrece mi intuición;
Dios me da claridad para sentir lo que es y lo que no es.
Soy guiado constantemente hacia aquello que es bueno para mí
y Dios aleja lo que no lo es.
Por eso estoy siempre tranquilo y agradecido con Él por su
protección.
Amén.

Falta de comunicación

Este es uno de los enemigos más fuertes de las relaciones interpersonales. Una mala comunicación puede crear caos y gran confusión entre las personas, y esto se nota a todo nivel en el mundo actual.

Una manifestación de este adversario se presenta, por ejemplo, en aquellas situaciones en las cuales no hay diálogo entre la pareja para evitar peleas, o en las que las personas van diciendo lo que sienten sin analizar el alcance de sus palabras, creando conflictos y discusiones a veces innecesarios.

En el primer caso, muchos definen ese tipo de silencio como una forma de prudencia, y efectivamente puede ser así. El asunto está en que a veces una de las dos personas —o ambas— guarda todo lo que siente y piensa en su interior por temor al conflicto, pero ello va creando dolor, descontento y desmotivación, que tarde o temprano pueden llegar a manifestarse exteriormente bien sea en un cambio de actitud o sentimiento hacia la pareja, o peor aún, en una enfermedad, ya que las emociones se somatizan hasta convertirse en un mal físico.

¿Cómo distinguir la prudencia del silencio doloroso? La prudencia es una cualidad de tu espíritu que te da la claridad y la sabiduría para callar cuando es sensato, es decir, para no hablar innecesariamente, pues no aportaría nada positivo a tu comunicación con los demás. La prudencia es saber controlar tu lengua y no dejarla tomar ventaja para que diga cosas sin sentido.

El silencio doloroso es aquel que obliga a callar tu corazón aunque te esté diciendo que quiere hablar. Es un silencio impuesto por tu mente, pues ella es la que crea el miedo en ti para evitar la expresión de tus sentimientos.

La prudencia proviene de Dios, mientras que el silencio doloroso proviene de la propia mente. La primera es guía divina, mientras que el segundo es generado por el miedo. La primera nos ayuda a evitar conflictos, mientras que el segundo acumula energía negativa en el corazón.

Hace muchos años mi mami me enseñó una frase que nunca olvidaré: "No es tanto lo que se dice, sino cómo se dice". No significa que debas callar y sufrir en silencio sintiendo que no tienes derecho a expresar tus sentimientos, sino que debes buscar el momento y la forma adecuados para hacerlo y así no generar conflictos. Por ejemplo, si tu pareja está exhausta luego de tener un día súper complicado en el trabajo, o está con mucha hambre o no ha dormido lo suficiente, no le hables sobre algo que te dijo el día anterior y te hirió enormemente; lo más probable es que no vaya a tener la mejor actitud para un diálogo de corazón a corazón. Es fundamental saber escoger el momento justo para dialogar sobre asuntos importantes, sobre todo si tienen que ver con las emociones o la relación como tal, para que las opciones de éxito en la comunicación sean mayores. Así mismo, si quieres expresarle a tu pareja lo que sientes, no comiences hablando con una actitud defensiva o con dos piedras en la mano, pues eso va a crear una situación tensa desde el inicio.

Ahora bien, supongamos que en tu relación consideras que definitivamente no es posible tener un diálogo con tu pareja pues siempre terminan discutiendo; en este tipo de casos, es necesario aprender a procesar los sentimientos que dicha falta de comunicación puede crear, para evitar que sentimientos negativos como la ira o el resentimiento se arraiguen en tu corazón. Busca la manera de transmutar la energía negativa en positiva; puede ser hacer una actividad física, escribir en un diario, salir a caminar o subir a una montaña y, viendo que no haya nadie alrededor, ¡pegar un grito fuerte que saque toda esa mala vibra del interior!

Si el asunto no justifica entregarle tiempo o energía, mentalmente y en mi corazón me digo "No vale la pena" y lo suelto. Si es algo más complejo, siento la molestia y el enojo, como es natural para cualquier ser humano, pero no reacciono en ese instante, pues uno dice cosas que no debe cuando se deja llevar por el mal genio. Me quedo callada, busco algo para hacer de manera que él y yo estemos cada uno en un lugar distinto para evitar el enfrentamiento y luego, más calmada, busco el momento propicio —que puede ser incluso en un día diferente— para darle a entender lo que no me gustó.

Un consejo de los ángeles para no reaccionar de forma compulsiva y más bien buscar un diálogo calmado con tu pareja es el siguiente: cuando sientas que el mal genio puede dañar tu comunicación, di tres veces seguidas "Espíritu Santo, ¡apacíguame!". Yo lo practico siempre que mi esposito hace o dice algo que me incomoda, y te puedo decir que me calmo inmediatamente. ¡Es mágico!

Teniendo en cuenta el conocimiento que existe entre tú y tu pareja, busca la manera más adecuada para que fluya mejor la comunicación entre ustedes (como los momentos preferidos de cada uno para conversar, o en los cuales sientes que están relajados y tranquilos), de manera que no queden rezagos de malos sentimientos en su corazón. En la medida en que eviten lo anterior, ¡te vas a dar cuenta de que tu relación funcionará mucho mejor!

Repite la siguiente afirmación diariamente para mejorar tu comunicación:

—————◦✿◦—————

Hablo siempre basado en el amor y el respeto. Expreso mis ideas con claridad, honrando lo que soy y respetando a quien me escucha. Mi comunicación con (puedes incluir aquí el nombre de la persona) es fluida y funciona perfectamente, ¡y doy gracias a Dios por ello!

—————◦✿◦—————

Inmadurez espiritual

Aunque bien se podría decir que de una manera u otra los diferentes enemigos del amor están debajo de esta sombrilla de la inmadurez espiritual, existen algunos que encajan aún más en ella por tener una raíz de necesidad de evolución en los sentimientos y las emociones. Los que más destacan son:

El egoísmo

Este enemigo del amor se manifiesta a través de aquellas situaciones en las que una persona busca una relación más con el fin de recibir que con el de dar. Es el tipo de persona que piensa: "Primero yo, segundo yo, tercero yo y lo que sobre, ¡para mí!". Es la persona que, debido a su falta de madurez espiritual, demanda, pide e incluso exige que le den, pero no se fija cuánto da de sí en la relación.

Falta de fe

Puede expresarse de varias formas:

- Como una falta de fe en que Dios te ama y te va a dar lo que deseas en tu vida emocional.
- Como una falta de fe en ti mismo y, por no creer en ti, sientes que no vas a alcanzar la felicidad en el amor.
- Como una falta o pérdida de fe en el amor como tal, ya que has sufrido tantas decepciones que no crees que puedas llegar a ser feliz algún día.

Materialismo

Este tipo de inmadurez espiritual consiste en una falta de balance entre esos dos aspectos, lo material y lo espiritual, y puede manifestarse de varias maneras:

- Cuando la persona busca relaciones que le proporcionen una seguridad material y económica, sin importar el sentimiento del amor.
- Cuando se fija solamente en el físico de su pareja para sentirse bien en la relación.
- Cuando la relación se basa primordialmente en lo sexual y no en los sentimientos.
- Cuando una persona está en una relación porque le conviene para mantener su imagen o prestigio, o para evitar críticas.
- Cuando una persona está en una relación sin estar enamorada, pero lo hace para complacer a otros o para mantener la tradición familiar.
- Cuando alguien se casa pero en realidad el matrimonio es su última prioridad, pues primero que todo están el trabajo, el éxito y el dinero.

Evasión

Aunque en la mayoría de los casos la evasión al amor se debe a miedos e inseguridades, existen otros en los cuales la persona le huye a este sentimiento casi que por hábito, pues no quiere perder el estatus de alma libre. He visto varios ejemplos en personas que se consideran donjuanes o casanovas. Incluso, alguna vez conversé con un chico que me dijo que era como el Agente Secreto 007 de las películas, que en cada una tenía un amor diferente. Son personas que se aterrorizan al pensar en responsabilidades o en estar con una sola persona o en un solo lugar. Para ellas, ¡la estabilidad es su enemigo número uno!

El sedentarismo emocional

Este es el caso de aquellas personas que asumen una actitud apática hacia el tema del amor y no hacen un mínimo esfuerzo para ayudarse. Dejan que la vida vaya pasando sin hacer nada para cambiarla; el conformismo y el desgano les impiden tomar acciones que les ayuden a atraer el amor a sus vidas.

---⊱⊰---

El crecimiento espiritual es lo primero y lo material es un complemento y resultado del proceso interior que lleves a cabo.

---⊱⊰---

¿Cómo reconocer si estás sufriendo de inmadurez espiritual? Te respondo esta inquietud con las características de una persona con madurez espiritual. Si alguna de ellas te falta, sabrás que es conveniente dedicar un poco más de voluntad y energía a tu proceso interior para lograr una mayor madurez que te permita atraer el tipo de amor que deseas:

- La persona acepta las situaciones que vive, sin quejarse de su mala suerte ni culparse por cosas que ella ha ocasionado o creado. Es decir, asume responsabilidades de sus acciones, sentimientos, pensamientos y actitudes.
- La evolución espiritual es su prioridad y sabe que lo material es un instrumento para alcanzar dicha evolución.
- Entiende que cuando algo no sale como quiere no es porque sea de malas sino porque no le conviene para su crecimiento, así que termina dando gracias a Dios o a la vida por ello.
- Involucra a Dios en su vida y confía en la guía y ayuda del Cielo.
- No se rinde, siempre lucha, se esfuerza y lo hace con amor, pues sabe que al final el resultado es bueno para ella.
- Hace las cosas pensando en lo que puede entregar y no en lo que puede recibir.
- A pesar de lo duras que puedan ser sus circunstancias, sabe que siempre, siempre, al final, hay un bien esperándole.
- No duda de que la felicidad existe y que tiene derecho a vivirla, y sabe que la vive y la vivirá.

La envidia

Aunque, como ya sabes, este libro está dirigido a ti y es sobre las cosas que tú puedes cambiar, mejorar, fortalecer o eliminar mediante tu libre albedrío, no puedo dejar de mencionar brevemente este tipo de enemigo del amor que desafortunadamente proviene de otras personas que tratan de dañar nuestra vida afectiva y emocional.

Si en algún momento sientes o has sentido que la energía negativa de la envidia ha afectado tus relaciones afectivas, te doy los siguientes consejos para que puedas atacarla y quitarle su fuerza:

- Así sepas quién es la persona que te envidia o no, envíale desde tu corazón muchas bendiciones —quizás al comienzo no lo sientas con sinceridad, pero si lo haces con constancia, lo sentirás—. La energía poderosa del amor a través de las bendiciones debilita la energía pesada de la envidia.
- Trata con todas tus fuerzas de no enviarle mala energía a esa persona que te envidia; ¡esto solo hará que sus sentimientos negativos contra ti se fortalezcan!
- Envíale sentimientos de perdón. Perdona a ese ser, pues muy seguramente tiene dolores y tristezas que le han generado ese tipo de emociones negativas; al final, es un alma a la que le falta amor.
- Pide a Dios que envíe a esa alma mucha luz, pues le hace falta.
- Pide al arcángel Miguel, el protector, que te acompañe en todo momento y te proteja de cualquier energía negativa, tangible o intangible, que desee dañarte.
- Lee los salmos 3, 4, 5 y 91 diariamente, y mantén la Biblia abierta en este último salmo sobre tu mesa de noche, junto a tu cama.
- Ora diariamente.
- No te dejes apoderar por el miedo. Dios y los ángeles están contigo; nunca lo olvides. El miedo atrae lo negativo, así que quítale su poder negando cualquier influencia que pueda tener sobre ti.

———————∞———————

*C*uéntale a Dios tus asuntos y tus tristezas. Él no te juzgará ni te castigará; por el contrario, ten la plena certeza de que siempre y en todo momento, te recibirá con todo su amor.

———————∞———————

Ahora bien, si en algún momento tú eres quien siente envidia hacia personas que tienen algo en el amor que tú aún no, te comparto los siguientes consejos:

- No sientas rabia, pues se demorará más la manifestación de tus sueños.
- Vuelve a leer con mucha calma y detenimiento la sección de los bloqueos en el amor y con la mano en tu corazón analiza cuáles pueden ser los que en tu caso particular han ocasionado una demora en la materialización de tus sueños afectivos.
- Mantén esta frase presente: uno atrae lo que piensa. Si piensas en negativo hacia ti mismo u otras personas, lo que estás creando en tu vida es un efecto *boomerang* que hará que sigas recibiendo lo mismo. Cambia la energía de los pensamientos que tienes y tu vida se transformará favorablemente. Te lo digo por experiencia propia.
- Enfócate en las cosas que sí tienes en tu vida actual. Quizás aún no tengas lo que quieres en el amor, pero existen otras cosas en otros aspectos de tu vida que muy seguramente son positivas: salud, energía, trabajo, vivienda, amigos, etcétera. Revisa cada aspecto de tu vida que está marchando bien y enfócate en eso. Este ejercicio te ayudará a cambiar la fuerza de tu vibración hacia algo más positivo y en la medida en que lo hagas, atraerás más de eso. Es un efecto *boomerang* pero en este caso, hacia lo positivo.
- Si te has alejado de Dios o has renegado contra Él, busca un momento para conversar con Él de corazón a corazón y pídele perdón por ese berrinche. Dile que lo amas, y que quieres sentirte nuevamente a su lado. Confíale tu vida amorosa. Demuéstrale que estás dispuesto a cambiar tu actitud negativa; Él, que tanto te ama, te perdonará y te abrirá sus brazos.
- Cada vez que sientas que vas a caer nuevamente en la energía oscura de la envidia, di con fuerza: "¡Espíritu Santo, ayúdame!". Vas

a ver que la energía divina del Espíritu Santo de Dios te rescatará
y te ayudará a sentir paz.

- Ora. Quizás al comienzo lo hagas un día y luego pase un tiempo
en que no tengas deseos de hacerlo; está bien, todo es un proceso.
Pero poco a poco ve intentando hacerlo más y más seguido, pues
a través de la oración Dios te va a limpiar interiormente.

---❦---

¡No dejes de pedirle a Dios! Pídele que te perdone, que te dé
fuerza y te ayude a recobrar la fe. Pídele que limpie tu alma de la
envidia que has sentido, y te dé la vida afectiva que sueñas. El que
pide, si tiene fe, recibe.

---❦---

La frialdad y la indiferencia

Existen miles de chistes creados alrededor de cómo con el paso del
tiempo la frialdad y la indiferencia se van apoderando de las relaciones
de pareja, y especialmente del matrimonio. Los retos diarios de la vida,
sumados a la costumbre y a la idea de que ya se tiene segura a la persona, hacen que poco a poco se vayan dejando a un lado los detalles bonitos que se tuvieron durante el plan de conquista y enamoramiento.

Los seres humanos somos complejos: cuando queremos algo, nos
obsesionamos y hacemos todo lo posible por obtenerlo y, luego de
lograrlo, tendemos a perder interés pues ya nuestro capricho fue satis-
fecho. Esta es una de las principales razones por las cuales la mayoría
de las personas no se sienten felices, ya que siempre están pensando en
lo que no tienen en vez de valorar y apreciar lo que ya han recibido en
sus vidas.

Esto se aplica especialmente a las relaciones de pareja. Dar por
hecho que por tener una relación duradera o formal ya se cumplió el
objetivo es un error grande pues, así como el cuerpo físico necesita ser
alimentado diariamente, así mismo el cuerpo emocional requiere
ser nutrido de manera constante con la expresión del amor.

¿Qué puede generar frialdad e indiferencia? La mente. Te explico:
esta, a través de los pensamientos negativos y confusos, genera senti-

mientos y emociones negativas, ¿verdad? Pues bien, si una persona se enfoca en lo negativo que hay en su relación, es muy factible que comience a perder el interés en ella y esto, como es obvio, lleva a un enfriamiento de los sentimientos, que a su vez se reflejan en una indiferencia hacia la pareja. ¿Posibles resultados? Desgaste, infelicidad o, incluso, ruptura.

Cuando el amor maneja una relación, no hay frialdad ni indiferencia; por el contrario, hay alegría, apoyo, elogios, comprensión y paciencia. Pero cuando la mente es la que lleva la batuta, tiende a enfocarse en lo que no se tiene, lo que falta y lo que falla. Crea una cultura del "Sí, pero…", es decir, siempre hay algo que falta para no poder sentirse feliz del todo.

En la medida en que permitas que pensamientos negativos se apoderen de tu mente y de tus relaciones, estarás abriendo una puerta a la rutina, al descontento e, incluso, al desvanecimiento del amor. ¿Cómo identificar si estás abriendo esa puerta en tu relación?

- Sientes que tienes a tu pareja asegurada, así que le quitas importancia al mantenimiento de la relación.
- Te fijas en lo que le falta a tu pareja, en lugar de ver sus cualidades.
- La comparas con las parejas de otras personas y terminas deseando que "Ojalá fuera así como fulano/a de tal".
- Te enfocas demasiado en tus asuntos personales —trabajo, estudio, responsabilidades económicas, etcétera— y te olvidas de compartir con tu pareja.
- Como sabes que tu pareja te ama, te desquitas con ella cuando sientes mucho estrés o tienes asuntos que te preocupan.

Te comparto algunos consejos para combatir el enemigo de la frialdad y la indiferencia:

- Pensar con el corazón, es decir, permitir que sea el amor hacia tu pareja el que comande tus acciones y actitudes en la relación.
- No enfocarte en lo que le falta a la otra persona sino en lo bueno que tiene y que es, para no permitir que nazcan pensamientos y sentimientos negativos hacia ella.
- No permitir que la pereza gane terreno y evite que tengas detalles bonitos con tu ser especial.

- No olvidar que el amor de pareja no debe darse por hecho al convivir con ella, sino que es necesario fortalecerlo constantemente a través de la expresión del amor.
- No olvidar ni dejar de hacer los detalles que hicieron que tu pareja se enamorara de ti. ¡Ahí está el secreto de la relación!

Repite esta afirmación para mantener la llama del amor viva en tu corazón y evitar que la frialdad y la indiferencia se apoderen de él:

———————⊗———————

Mis ojos ven con los ojos del amor. Aprecio totalmente a (nombre de tu pareja), y agradezco a Dios todos los días por ella. Mi amor hacia mi pareja crece y se fortalece cada día más. Soy totalmente feliz en mi relación. ¡Bendito seas, Señor Dios, por el amor que me has regalado!

———————⊗———————

Culpa

Otro de los mayores enemigos del amor es la culpa. Bien sea porque tú te convences de que eres la causa de todo lo malo que sucede en tu relación, o porque otra persona te convence de ello, el resultado es que en tu alma se siembra esa semilla de condena a lo que eres y lo que haces. La culpa te hace sentir que casi siempre —o siempre—, si las cosas no se dan bien, es porque cometiste un error; es una energía pesada y gris que gira a tu alrededor, te quita la paz interior y te hace sentir el peor de los seres humanos.

La conclusión a la que llega tu mente es "Soy malo, es mi culpa, y por lo tanto merezco sufrir", y a partir de allí comienzas a crear y atraer experiencias y situaciones que manifiestan esa convicción. Algunas de ellas son:

Autocastigo
Esta es una de las formas más representativas de un amor propio pobre y escaso, y, por lo general, quien lo aplica no es consciente del daño

que se hace a sí mismo. Si no te gusta cómo eres y terminas culpándote duramente por los errores que como ser humano cometes, te estás autocastigando. ¿Has escuchado decir que uno puede llegar a ser su juez más duro e implacable? Pues bien, es cierto. Si te detienes por un momento, te darás cuenta de que la mayoría de los seres humanos decimos cosas sobre nosotros mismos que son incluso más duras de lo que otros dicen: "Soy un tonto", "Con mi forma de ser qué otra pareja podía pretender encontrar" o "Me merezco lo que me pasa por ser tan bruto"; estas son solo algunas de las frases que se escuchan en la cotidianidad. El mensaje implícito en ellas es "No valgo nada y, por lo tanto, ¡la vida que tengo es la que merezco!".

Hablando puntualmente del tema afectivo, el autocastigo se manifiesta con el sentimiento de que se merece estar en una relación dañina, y la idea que la acompaña es: "¿A qué más puedo aspirar, si soy _____ (ignorante, pobre, feo, etcétera)?". Aunque si bien es cierto que existe la ley de causa y efecto, con autocastigo me refiero específicamente a aquella vida de sufrimiento que uno mismo decide imponerse, consciente o inconscientemente, por creer que no merece algo mejor. Como ves, la raíz de este enemigo del amor está en un amor propio mínimo, que crea la idea constante de no ser merecedor.

Tristeza y depresión

El sentimiento de culpa puede llegar a expresarse en forma de tristeza e incluso de depresión, cuando sientes que eres una mala persona y por ello la vida te responde de manera negativa. Si te llegas a sentir así, préstale atención, pues puede desencadenar incluso una condición médica. Si crees que se te ha salido de las manos, busca ayuda profesional.

A nivel espiritual, el sentimiento de culpa ocasiona estancamiento en la materialización de tus sueños, pues dispersa tu energía al distraerla con pensamientos opuestos a los anhelos de tu corazón. Al observar dicho retraso, caes en una sensación de desconsuelo, pues sientes que no cuentas con las cualidades necesarias para triunfar o alcanzar la felicidad y por eso nada te sale bien en la vida. En pocas palabras, sientes que eres poca cosa y no mereces ser bendecido con cosas buenas.

La tristeza y la depresión pueden ser símbolos de resignación, pues tu mente te convence de que la vida infeliz que tienes es la única posible para ti por tantas fallas que has cometido. Permíteme decirte que esto no es cierto; Dios te ama tanto, que siempre está dispuesto a darte nuevas oportunidades, en la medida en que desees realmente darle un giro a tu vida. Tú eres quien pone límites a tu vida; Dios, no.

—————— − ——————

La culpa es ocasionada por una falta de perdón, así que es importante que reconozcas que eres humano, que estás en un proceso de evolución y crecimiento, y por lo tanto es lógico caer en errores. Enfócate en todas las cualidades que posees y no amplíes la falla que cometiste. Recuerda que no eres perfecto. El perdón es liberación, así que si no te perdonas, seguirás atado y no avanzarás.

—————— − ——————

Si pides la asistencia y compañía de los ángeles de la liberación y del amor propio, podrás desatar tu corazón de esos sentimientos negativos que bloquean tu vida afectiva. Los pasos a seguir son:

1. Busca un espacio de unos quince o veinte minutos para concentrarte en este ejercicio.
2. Relájate, respirando hondo y lento, al menos de tres a cinco veces. Di mentalmente: "En este momento me pongo en la presencia de Dios. Gracias, Señor, por estar conmigo. Te pido que me protejas y me guíes durante este ejercicio para alcanzar la liberación de mi corazón de cualquier sentimiento negativo y de falta de perdón hacia mí mismo por los errores que he cometido. Te pido que envíes a mi lado a los ángeles de la liberación y del amor propio, para que me envuelvan con sus alas y me guíen. Gracias, Señor Dios. Amén".
3. Pide a los ángeles que te ayuden a identificar con claridad el principal error que ha creado esa sensación fuerte de culpa en tu interior. Si llegan varios errores y no solo uno, pídeles a los seres de luz que te asistan en ver cuál es el más fuerte o el que está bloqueando más tu vida afectiva.

4. Cuando hayas reconocido cuál es la culpa que está ejerciendo la mayor carga emocional en ti, pide la presencia del arcángel Miguel, quien es el arcángel de la liberación de todo lo negativo. Imagina que este ser de luz llega y está parado en frente tuyo; pídele con amor que con su espada poderosa corte cualquier nudo o lazo que te mantiene atado al sentimiento de culpa, y puedes describirle el caso puntual que quieres trabajar.

5. Imagina que Miguel rompe ese lazo de culpa en ti y te sientes liberado completamente de esa carga negativa en tu corazón.

6. Pide a los ángeles del amor propio que te llenen de su energía. Respira hondo y lento varias veces, y en cada una de ellas imagina que estás inhalando una hermosa luz blanca, que llena todo tu ser físico y espiritual.

7. Da las gracias a Dios, al arcángel Miguel y a los ángeles de la liberación y del amor propio por su asistencia y compañía.

8. Poco a poco ve regresando al momento presente; abre tus ojos lentamente y levántate. Mi sugerencia es que tomes una bebida caliente, como un té descafeinado y una galleta, para enraizar nuevamente tu energía al plano tridimensional.

No se trata de que para evitar sentir culpa evadas tu responsabilidad; el consejo que te doy es que con madurez reconozcas que fallaste, pero que veas el error como lo que es, una equivocación, la cual con voluntad puedes superar.

Finalmente, establece un compromiso —contigo mismo primero y luego con tu pareja— de corregir el error y erradicarlo de tu forma de ser. Este paso es el que permite ver realmente un cambio y el que abre la puerta a que lo nuevo y bueno se manifieste.

Orgullo

Este es, sin duda, otro de los campeones en la lista de enemigos del amor. Cuando permites que el ego se imponga sobre tu corazón, es como si pusieras un velo sobre él que le impide ver las situaciones como son en realidad.

Algunas de las maneras en que el orgullo se expresa en las relaciones afectivas son:

El "espantanovios"

Cuando el ego maneja tus decisiones en el amor puedes, sin darte cuenta, convertirte en un "espantanovios". ¿Cómo? Buscando que la persona que te pretenda esté a tu mismo nivel y cumpla con tus requisitos. Puede haber personas interesadas en ti pero crees que no son lo suficiente y, sin darles ni siquiera una oportunidad, las alejas de tu vida.

Lo curioso de este tipo de enemigo del amor, si lo puedo decir así, es que en muchas ocasiones las personas que lo sufren no se dan cuenta de cómo el orgullo maneja su corazón y culpan a la vida o a Dios de la soledad en la que viven.

Recuerdo en este momento el caso de una clienta a quien llamaré María. Era una chica inteligente, bonita, muy agradable en su forma de ser y educada. Aunque al conversar con ella se mostraba como una persona muy sencilla y abierta, cuando se trataba de los temas del amor asumía una posición arrogante y soberbia. Para ella ningún hombre le daba la talla y se fijaba hasta en los detalles más insignificantes para encontrar el "gran pero" que les quitaba cualquier posibilidad de acercarse.

María hacía comentarios como "El tipo es agradable, pero tiene unos dientes muy feos", "Vive en un sector humilde de la ciudad", "Es muy bajito y a mí me gustan los hombres altos" o "No me gusta como se viste". Su sueño era encontrar a un hombre con buena posición, muy atractivo físicamente y exitoso a nivel profesional. Si sus pretendientes no tenían todas estas características, ¡les decía adiós!

No quiero decir que no tengas derecho a aspirar a tener una pareja con la que te sientas completamente cómodo y que llene las expectativas que tengas; la diferencia entre estas aspiraciones y una actitud como la de María es que en casos como el de ella no se deja ningún espacio a otras cualidades o características positivas que la persona pueda tener, y esto, créeme, puede hacerte perder la oportunidad de conocer a un ser especial que podría hacerte muy feliz.

Para evitar que el orgullo te convierta en un "espantanovios", ten presentes las siguientes recomendaciones:

- Si conoces a alguien que te atrae, trata de mirar a esa persona desde una perspectiva un poco más amplia y no solamente bajo tu lista de requisitos. Mira los diferentes aspectos que la conforman, como su forma de hablarte y tratarte, si es detallista, educada, generosa, cumplida, honesta, etcétera. Si la observas desde otros puntos de vista, puedes llegar a ver detalles positivos que antes se te habrían pasado por alto.

- Recuerda tus propios defectos. No busco que llegues a sentirte mal contigo mismo al pensar en las cosas que te falta mejorar, sino que no olvides que tú, como todos los demás, eres un ser humano con imperfecciones, y que quizás no te sentirías bien si creyeras que eres rechazado por tus inseguridades o por cómo luces físicamente.

- Pregunta a tu corazón si ese orgullo es quizás un mecanismo de defensa que tienes para no sufrir si te involucras con quien no es perfecto según tu criterio, o si es efectivamente un sentimiento de arrogancia que te conviene eliminar para poder avanzar en tu vida afectiva. Sea cual sea la respuesta que recibas, acéptala y tómala como una guía que Dios y tus ángeles te están dando para que conozcas los lazos que están bloqueando la manifestación del amor como lo deseas.

El orgullo distorsiona la realidad, pues no te deja ver la verdadera esencia de las personas o sus buenas intenciones hacia ti.

El que no perdona

Para algunas personas perdonar es muy difícil; las he escuchado describir este reto como "más grande que ellas" y decir que, por más que lo han intentado, no logran olvidar lo que alguien les hizo.

La falta de perdón es una mezcla de orgullo, falta de aceptación, resistencia, rigidez e inmadurez espiritual, por mencionar los enemigos más sobresalientes. Lo interesante del caso es que este sentimiento crea un lazo a nivel energético muy fuerte con la otra persona, que solo puede romperse cuando se perdona sinceramente.

Te lo ilustro con un ejemplo: quizás hace varios años un exnovio tuyo tuvo un detalle desagradable contigo y, a pesar del tiempo que ha pasado, aún sientes una mala vibra hacia él, pues no has podido olvidar lo mal que te hizo sentir. A pesar de que esa persona y tú dejaron de hablarse y nunca más la volviste a ver, aún la piensas con frecuencia. ¿Por qué sucede eso? Porque a nivel energético y espiritual hay un pendiente entre ustedes que, hasta que no se rompa a través del perdón, seguirá ahí, uniendo ambas energías.

¿Solución? Perdona, pero hazlo honestamente. No te bastará decir "Ok, lo perdono, ¡porque no quiero volver a acordarme de él nunca más!". Lo que te liberará del lazo energético será un perdón que nazca sinceramente de tu corazón.

Una manera muy efectiva para lograr el perdón es comenzar a enviarle bendiciones a la persona que te lastimó; obviamente, al comienzo puedes sentir que le estás enviando la bendición con mucha sinceridad; pero te aseguro que si lo haces todos los días, cuando menos lo imagines estarás enviando esa energía con sinceridad y desde el fondo de tu alma.

Si quieres vivir el amor verdadero en tu vida, sea con alguien nuevo o con tu actual pareja, perdonar es fundamental para abrir espacio a que más bendiciones se manifiesten.

El que no tiene tiempo

Esta forma de orgullo se manifiesta especialmente en aquellas personas que son exitosas profesionalmente y por esa razón tienen una agenda muy ocupada, lo cual toman como justificación para no destinar tiempo a su corazón.

He notado que para las personas que sufren de esta falta de tiempo emocional por lo general lo material es lo más importante en sus vidas y, por lo tanto, dedican todas sus energías en hacer dinero y triunfar, restando importancia a lo relacionado con las relaciones interpersonales y el amor. No estoy diciendo que aspirar al éxito profesional y laboral sea incorrecto, sino que, como todo en la vida, lo importante es buscar el balance y el equilibrio pues, tarde o temprano, el ser humano llega a un punto en el cual reconoce que los triunfos materiales son temporales y pasajeros y que lo que permanece es lo que tiene que ver con el corazón y los sentimientos.

Si en algún momento sientes que el "síndrome del no tengo tiempo" te ataca, te invito a formularte las siguientes preguntas:

- ¿Es mi falta de tiempo una excusa para no enfrentar mi vida emocional y afectiva?
- Si es una excusa, ¿qué estoy evadiendo?
- ¿Deseo, en lo profundo de mi ser, tener una relación de pareja?
- ¿Cómo me visualizo en mis años de adultez y vejez?

Los seres humanos somos expertos en encontrar justificaciones para lo que hacemos y sentimos. Por eso es tan importante trabajar el tema de la claridad desde tu interior, pues solo así encontrarás la verdadera respuesta a lo que te sucede. Analiza si la falta de tiempo en tu vida es una disculpa que utilizas para huirle al amor, o si es en realidad una actitud basada en el ego que te hace no darle a este sentimiento la importancia que realmente se merece.

Los enemigos del amor se manifiestan porque se le da más fuerza a la razón que al sentimiento. Se siente con el cerebro y no con el corazón. Se cree que lo que se siente en la mente es lo que es y se opaca lo que el alma está tratando de decir. En el tema del amor es fundamental escuchar la voz del corazón y confirmarla o reafirmarla con la mente; esto quiere decir que la mente puede dar objetividad, y de hecho eso es lo que debes buscar: un equilibrio en los sentimientos y pensamientos para poder actuar de manera balanceada. El corazón es el que te da la respuesta de lo que es mejor para ti y la mente te da las pautas sobre las acciones necesarias o cómo llevarlas a cabo. Ese es el trabajo en equipo que Dios busca que realices con Él; por eso existen tanto la mente como el corazón. Cada uno aporta algo diferente a las situaciones; cada cosa tiene su función específica, ¿no es verdad? El corazón es quien te habla mostrándote la voluntad de Dios en tu vida y la mente es el instrumento que te ayuda a poner en práctica las acciones en este mundo material.

————∞————

El corazón te dice qué hacer, y la mente te dice cómo hacerlo.

————∞————

Capítulo 3

Lo que bloquea el amor

La lista de bloqueos en el amor puede ser bastante larga, y muy seguramente existen muchos más. Sin embargo, dentro de lo que he podido observar a lo largo de los años como consejera espiritual, los bloqueos que te presento aquí son los que con más frecuencia se expresan en las personas a nivel individual y pueden llegar a tener un efecto en sus relaciones afectivas.

¿Cuáles son las raíces internas de tus bloqueos?

Para iniciar un proceso de cambio radical y verdadero, es necesario escarbar en tu corazón para que puedas encontrar las raíces internas que han generado inestabilidad en tu vida afectiva. En la medida en que las reconozcas, podrás iniciar un trabajo de limpieza y sanación que te permita alcanzar la tan ansiada alegría en el amor.

Te invito a leer con calma y sin prisa la lista de bloqueos que verás a continuación; si lo deseas, hazlo con papel y lápiz a la mano, para que en la medida en que te vayas sintiendo identificado con algún bloqueo, lo escribas en el papel y vayas creando la lista de tareas en las cuales debes enfocarte para romper los ciclos negativos en los que quizás te has encontrado hasta el momento.

No olvides que llegar a la estabilidad emocional —y en consecuencia a disfrutar de una mayor paz interior—, ¡es posible!

La base del amor en ti es débil

Un día, leyendo la Biblia durante mi oración matutina, recibí un mensaje a través del cual los ángeles me recordaron los dos mandamientos principales: amar a Dios sobre todas las cosas y amarnos a nosotros mismos como amamos a los demás. En ese momento, de una manera muy clara escuché que en la medida en que recordemos que la base de la manifestación del amor en nuestra vida es tener una conexión fuerte con Él y, luego, querernos a nosotros mismos e irradiar amor hacia quienes nos rodean, lograremos ver manifestado este sentimiento de la manera en que deseamos.

El punto importante es que no te conformes con rápidamente responder "Claro que amo a Dios", "¡Por supuesto que me quiero!", o "Yo quiero a todos los que me rodean". Cuestiónate por un momento si dices querer a Dios, pero al mismo tiempo te enfadas con Él cuando algo no te sale o incluso lo culpas por lo sucedido; si dices que te amas, pero al mismo tiempo te juzgas duramente por cualquier error que cometes y cuando te miras al espejo sientes que cada día luces peor; o si dices que amas a quienes te rodean, pero en cualquier oportunidad los criticas o les niegas un favor que habrías podido hacerles fácilmente.

El verdadero amor que Dios nos pide vivir es aquel que no duda y se mantiene a pesar de las circunstancias; un amor que supera errores y perdona; un amor que se sostiene en la fe a pesar de la larga espera; que cede y no juzga; que da fuerza para seguir adelante. Te puedo decir con total certeza: si sientes que eres débil, que no hay salida, que tienes mala suerte, y que las cosas a nivel emocional no te salen bien, es porque no estás amando a Dios ni te estás amando a ti lo suficiente, y por lo tanto es necesario fortalecer esas raíces en tu interior.

La falta de fe

Puntualmente, estas palabras se refieren a un escepticismo en tu corazón (bien sea innato o causado por experiencias vividas), que te impide visualizar la relación que deseas. Crees que después de varios intentos ya no hay hombres/mujeres buenos en la tierra (¡disponibles!)

y que por lo tanto para ti se acabaron las oportunidades. Crees que Dios te olvidó pues llevas mucho tiempo pidiéndole una pareja buena pero no la encuentras, así que decides olvidarte del tema y vivir con esa frustración en tu corazón.

--------- ⊗ ---------

L a fe es el sentimiento que permite ver los milagros realizados.

--------- ⊗ ---------

Si quieres sentir el amor pero no crees que exista para ti, estás neutralizando tu deseo haciendo que su manifestación se dilate o incluso se bloquee.

Quieres pero no quieres

Esto significa que, aunque la mayoría del tiempo tienes un gran deseo de amar y ser amado, paralelamente tienes un sentimiento encontrado en ti que te hace dudar. Comienzas a pensar posiblemente que al tener una pareja pierdes tu libertad, tu independencia económica y en general tu autonomía para manejar tu vida. Como lo menciono en mi libro *¿Por qué pido y no recibo?,* la claridad es el punto de arranque fundamental para ver los sueños materializados. De tal manera, si aún no tienes aquello que deseas en el amor es porque quizás aún te falta claridad sobre qué es lo que realmente quieres vivir a nivel afectivo.

Esta raíz interna puede cortarse haciendo el ejercicio de preguntarte a ti mismo si estás verdaderamente listo para el amor duradero. Si en algún momento dudas o respondes con un "no", es porque no estás preparado aún. Si la respuesta es afirmativa, el paso a seguir es tener total claridad sobre lo que realmente quieres y cuándo lo quieres. Ahora bien, si estás listo, no te sientas mal o te autocastigues; acéptalo y pide a tus ángeles que te muestren de qué manera puedes seguir evolucionando y trabajando en tu interior para poder llegar a ese momento de recibir el amor. Todo se da en el momento perfecto, así que si te dejas llevar de la mano de Dios, Él te mostrará cuando llegue para ti el momento de decir "Estoy listo".

Comportamientos y actitudes aprendidos o heredados

Si, por ejemplo, una persona crece en un hogar de discordia, falta de respeto y amor y, en general, si su entorno fue disfuncional, estos comportamientos quedan grabados en su subconsciente para toda la vida (a menos que decida cambiarlos y los trabaje de manera disciplinada y constante). Quienes son expertos en el tema dicen que nuestros padres y figuras de autoridad, especialmente durante la infancia, pueden marcar nuestro comportamiento y actitudes para siempre. De tal manera, si una persona vio en su hogar un padre machista que no dejaba hacer a su esposa nada diferente a lo que él quería, posiblemente tratará a su pareja de la misma manera, y así con muchos otros comportamientos. Lo importante aquí es reconocer dichas repeticiones de manera consciente para así comenzar a trabajarlas y cambiarlas. En tanto no te confrontes a ti mismo y tengas claro qué actitudes o sentimientos negativos heredaste de tu hogar o familia cercana, no podrás erradicarlos de tu mente y corazón y por lo tanto en cualquier momento se podrán manifestar en tus relaciones con otras personas.

El miedo

Este punto tiene que ver con el hecho de sentir en tu interior un miedo fuerte de vivir una relación. Te da pánico que te hagan sufrir, que las cosas no resulten como tú quieres, que tu pareja te vaya a ser infiel, que la persona que te atraiga tenga hijos porque sientes que no eres capaz de manejar esa situación, etcétera. La lista es bastante amplia. Pero, como también aprendí durante mi proceso personal, ¿cómo se puede tener una seguridad de algo si no se experimenta? Es mucho mejor llegar al final de la vida diciendo "Lo viví y aunque no funcionó, me arriesgué", a decir "Si lo hubiera hecho quizás me habría ido bien", y quedar con esa incertidumbre eterna por algo que no se vivió.

Te encaprichas fácilmente

Es decir, que lo que crees es amor, en realidad no lo era. Muchas personas creen estar súper enamoradas pero luego de un tiempo o por determinadas circunstancias se dan cuenta de que era solo un capricho o fue una llama que se prendió para luego apagarse rápidamente. Cuando no funcionan las cosas lloran, reniegan contra Dios y contra la vida "por la mala suerte que tienen" y hasta caen en depresión pero, después de un tiempo, se dan cuenta de que el sentimiento que creían "para toda la vida" en realidad era más un capricho y una ilusión. El amor verdadero, lo sabemos en teoría, es un sentimiento que perdura y que si se cuida bien tiende a crecer. Los caprichos parecen ser amor en un inicio, pero son débiles y, por lo tanto, pueden debilitarse muy fácilmente; son una ilusión y una apariencia que generan confusión en los sentimientos.

Las raíces internas que puede generar este tipo de confusión sobre el sentimiento del amor son la resistencia y la terquedad. Tu mente te convence de que estás sintiendo amor cuando en realidad es un capricho. Pero, como deseas a toda costa que esa persona sea para ti, te convences a ti mismo de que es amor verdadero y por lo tanto debes luchar por él, aunque esa persona quizás no te esté manifestado un amor real. Te obstinas en pensar que sí hay amor, que es la pareja que quieres y debes tener, y te resistes a aceptar cualquier otra verdad. Y, luego de un tiempo, cuando las cosas no han funcionado, te das cuenta de que, efectivamente, no era amor verdadero sino un capricho.

---------- ∞ ----------

El amor verdadero fluye, no se fuerza. El sentimiento confuso del amor-capricho es un amor forzado, que al final no produce paz sino genera un desgaste emocional.

---------- ∞ ----------

Debes recibir ciertos aprendizajes

En este punto quisiera aclarar algo importante: no estoy diciendo que porque tu alma deba aprender algo para evolucionar, dicho aprendizaje sea la "mala suerte" en tu vida de pareja o que siempre te vayan a salir las cosas al revés en el tema afectivo. Lo que llamamos "pruebas" en realidad son oportunidades y situaciones que buscan nuestra evolución personal y espiritual. De ti depende verlas así, ¡o verlas como que te llegó una plaga!

Es cierto que en el momento en que se está pasando por la situación no es nada fácil, pero al final nos damos cuenta de que era lo mejor y pudimos madurar interiormente. Sin entrar demasiado en el tema, puedo agregar que tu alma en un momento determinado de su existencia decide las pruebas que quiere vivir para alcanzar dicha madurez interior, lo cual la ayudará a llegar más cerca de Dios.

Las envidias y malos sentimientos de otras personas

No voy a profundizar mucho en este punto, pues ni me gusta hablar de cosas negativas ni es mi deseo conocer al respecto ya que yo siempre me he conectado con la energía divina de Dios y de los ángeles. Lo único que quisiera mencionar es que en algunas ocasiones los sentimientos negativos de otras personas pueden tener un cierto efecto sobre los nuestros, si nuestra fe en Dios no es muy fuerte o si permitimos que el miedo se apodere de nuestra voluntad y pensamientos. Como ves, en este caso la raíz interna consiste en el miedo y en dejarse ganar de él. En la medida en que tu fe se mantenga siempre en un nivel alto y te protejas con la energía de Dios y pidas la compañía constante de los ángeles, este tipo de vibraciones negativas que otras personas envían no tendrán efecto en tu vida.

Contra Dios nada puede. Lo que necesitas es creer que es así.

La falta de decisión

Aunque en la mayoría de las ocasiones no decidir se debe a miedos y creencias equívocas, también puede ser una evasión de la realidad. Es cierto, dicha evasión puede también ser generada por miedo, pero he conocido muchas personas que simplemente aplazan una decisión que saben que deben tomar para ver cambios favorables en sus vidas, bien sea por pereza a enfrentar los retos que dichas decisiones conllevan, o por una duda sobre cómo puede ser el resultado final. He visto casos en los cuales personas viven en relaciones infelices pero no quieren perder su estatus social o económico, así que prefieren mantenerse en esa vida de falsedad a costa de su paz interior. Aquí aplica el adagio "Más vale malo conocido que bueno por conocer"; te atas a una situación y a una persona que no son para ti.

En este caso, como ves, la raíz interior consiste primordialmente en el miedo al cambio, el cual genera una actitud de inmovilidad que puede llevar a la persona a quedarse en una situación —a veces de por vida— que no la hace feliz.

Recuerdo el caso de alguien que conocí hace bastantes años durante mi primera etapa de vida en Estados Unidos. Era un señor muy amable, proveniente como yo de un país latinoamericano. Fuimos compañeros de estudio en unas clases que tomé durante un semestre, y después de cada sesión íbamos a una cafetería a conversar sobre lo que habíamos hecho durante la semana.

Para hacerte la historia corta, él llevaba casado más de veinte años, pero me contó que desde hacía mucho tiempo sabía que ella no era su alma gemela; sin embargo, el miedo a tomar la decisión de separarse lo frenó y terminó quedándose en una relación fachada, pues aunque convivían bajo el mismo techo, no existía una relación real de pareja.

Él era muy amable, pero se notaba que era una persona triste y opaca; quería hacer muchas cosas en su vida, pero debido a su situación, no le era posible. Vivía el día a día, sin sentirse feliz.

Pasaron algunos años y perdí contacto con él. Un día, "por casualidad" me encontré con él en un centro comercial, y me contó que, a sus sesenta años de edad, había tomado finalmente la decisión de separarse de su esposa, quien por mucho tiempo había sido abusiva emocional y sicológicamente con él. Me dijo que había reconocido cuántos años valiosos de su vida había perdido, pero que aún estaba vivo y que lo importante era actuar para aprovechar el resto de años de vida que le quedaban.

Lo último que supe de él fue que, luego de divorciarse, regresó a su país y allí reinició su vida profesional, sintiéndose libre y tranquilo.

—————— ⬿ ——————

N o decidir es también tomar una decisión. Si no decides, estás decidiendo no tomar una acción, y eso, directa o indirectamente, demora el progreso de las circunstancias en tu vida.

—————— ⬿ ——————

Decidir de manera compulsiva o radical

Es lo opuesto al punto anterior. Hay personas que no escuchan la voz de Dios en su interior que las guía —su intuición—, ni analizan las situaciones que viven, sino que por el contrario actúan por impulso, y toman decisiones que no son las mejores para ellas ni para quienes las rodean. Se dejan llevar por emociones temporales, por ideas preconcebidas e incluso por consejos subjetivos de otras personas, y no tienen presente lo que su alma les está diciendo, lo que las puede llevar a cometer errores de los que luego se arrepientan. Quizás tú conoces a alguien así. En mi caso, recuerdo a Mauricio (nombre ficticio), a quien conocí hace algunos años y con quien tuve la oportunidad de conversar varias veces en consulta.

En sus años de adolescencia, Mauricio no había tenido muy buenas experiencias en el tema afectivo; las chicas con las que salía no lo valoraban y terminaba siempre decepcionado o lastimado. Durante un tiempo cerró las puertas de su corazón al amor, pues se convenció a sí mismo de que todas las mujeres eran iguales. Al pasar de los años, y al verse solo, decidió cambiar esta forma de pensar y darse una nueva oportunidad en el amor y, efectivamente, conoció a una chica de la que se enamoró. Comenzaron una relación de noviazgo, la cual duró dos años antes de tomar la decisión de casarse. Durante ese tiempo, esa persona tenía detalles con Mauricio o hacía comentarios que le daban a entender una falta de aceptación completa hacia él, como por ejemplo criticarle su aspecto físico e incluso hacerle presión emocional y sicológica para que "lo mejorara" —en otras palabras, para que él luciera como ella quería—.

Algo en su interior le decía a Mauricio que prestara atención a esos detalles, pues le estaban dando a entender que ella no lo aceptaba como era, pero no lo hizo y continuó con sus planes de boda. Se casaron y, como quizás estás pensando en este momento, su matrimonio no fue el más feliz; por el contrario, la actitud de su esposa se convirtió en abuso sicológico, pues lo criticaba por todo, le decía que no lucía lo suficientemente bien así que debía cambiar su aspecto físico, le creaba problemas por cualquier gasto que hacía, etcétera. En una palabra, el matrimonio fue un desastre y, luego de cinco años, Mauricio no pudo más y tomó la decisión de separarse. Si él hubiera escuchado la voz de Dios que le advirtió que esa no era la persona para él, Mauricio se hubiera evitado esos años de sufrimiento, pero continuó y tomó la decisión radical de seguir adelante.

Quizás a veces escuchas un mensaje en tu interior que va en total contravía con lo que quieres hacer o sentir y no es fácil aceptarlo. Pero es importante recordar que Dios te habla a través de esa intuición y que siempre te va a aconsejar lo que es mejor para ti. Ya de ahí en adelante es tu decisión aceptar con humildad la guía que Él te está entregando o seguir la voz de tu mente y tu ego —que es la más fácil de seguir pues por lo general te dice lo que quieres escuchar, pero te lleva por el camino equivocado—.

En cualquier situación de tu vida, sea la que sea, escucha a tu corazón y tu mente antes de tomar una decisión radical. Tómate el tiempo que sea necesario y no actúes por impulso o de manera compulsiva. Presta mucha atención a lo que se conoce como tu intuición. Te lo repito nuevamente: la intuición es la voz de Dios que te está hablando, y en la medida en que la escuches y te dejes guiar por ella, te aseguro que comenzarás a ver como estás tomando mejores decisiones y dando pasos que te llevan hacia aquello que Dios y tú desean para tu evolución y crecimiento en armonía.

"Soy un bloqueo y deseo entregarte un aprendizaje, ¡préstame atención!"

Los bloqueos que te describo a continuación están basados en las experiencias afectivas que he escuchado por parte de mis lectores y clientes en consultas y otras actividades, y te las explico desde una perspectiva espiritual. No soy sicóloga ni busco reemplazar un concepto que un experto en esta disciplina puede darte.

En la descripción que hago de cada uno de ellos encontrarás además una lista de preguntas que te ayudarán a ver con mayor claridad si sufres de ese tipo de bloqueo. Si tienes el bloqueo, es muy probable que Dios te esté enviando un aprendizaje que, si superas, te permitirá madurar espiritualmente y mejorar tu vida emocional.

Te invito a que leas esta sección con papel y lápiz a la mano para que escribas las respuestas y tomes nota de aquellos aspectos con los que te sientas identificado.

Las relaciones no me duran

En varias oportunidades he conocido historias de personas cuyas experiencias afectivas son demasiado ligeras y rápidas, duran solo unas semanas o muy pocos meses. Por lo general, quienes se interesan en la persona llegan de repente y la pretenden, tienen algunas citas, y cuando todo parece bien, se esfuman de la misma manera repentina en que aparecieron. Las preguntas que rondan y hasta pueden partir la cabeza en dos cuando esto sucede son "¿Qué hice mal?" o "¿Qué me faltó?".

¿Cómo descubrir o confirmar si tienes a este tipo de bloqueo? Responde las siguientes preguntas (no olvides hacerlo con total honestidad):

1. ¿Me da miedo perder la libertad que tengo si estoy en una relación?
2. ¿Creo que el amor verdadero no existe sino que, por el contrario, es pasajero?
3. ¿Siento que no puedo vivir feliz sin tener a alguien a mi lado? ¿Siento que la única forma de ser verdaderamente feliz es teniendo a una persona en mi vida y eso es en lo que pienso las veinticuatro horas del día? ¿Para mí, conseguir a alguien es una necesidad vital y absoluta?
4. ¿Creo que no soy lo suficiente o que no tengo las cualidades físicas, intelectuales o de personalidad que pueden atraer a alguien que quiera estar conmigo de manera estable y duradera?

Si tus relaciones son del tipo "llegan y se van", las posibles razones a nivel espiritual y energético para se manifiesten en tu vida son:

- Temor a tener una relación estable. Pregúntate y analiza si aunque de labios para afuera quieres tener una relación, en el fondo hay algo que te genera miedo de estar con alguien de manera estable y duradera (bien sea por miedo a perder tu libertad e independencia, o a sufrir de alguna forma).

- No crees a un nivel subconsciente que las relaciones pueden durar. Hay un patrón mental en ti que dice "las relaciones estables no existen" y eso es lo que energéticamente irradias, atrayendo al tipo de persona que es inestable y tampoco cree en las relaciones duraderas. Recuerda, tú atraes lo que piensas y sientes.

- Tienes una ansiedad tan fuerte con respecto a querer tener a alguien a tu lado, ¡que terminas espantando a quienes se acercan a ti! Un mensaje que siempre recalco y repito es que todos irradiamos una energía que los demás perciben (esto sucede todo el tiempo así no seamos conscientes de ello). Existen personas que tienen tantos deseos de tener una relación de pareja, que su misma ansiedad ahuyenta a quienes se les acercan, pues perciben en ellas un deseo de agarrarlas y no dejarlas ir.

- Te crees poca cosa. Esta forma de sentir y pensar es más común de lo que se desearía. La falta de autoestima, como ya lo hemos visto, es uno de los obstáculos más frecuentes que percibo en las personas cuando tienen dificultades en el amor. Sienten que no son lo suficiente y por eso las relaciones no funcionan.

¿Por qué siempre atraigo a las personas incorrectas?

En estos momentos recuerdo una consulta con alguien que me decía: "Siempre he tenido mala suerte en el amor. No sé por qué, ¡pero termino atrayendo a unos hombres terribles; son unos locos inestables!". Otra persona en consulta se quejaba de sus experiencias afectivas pues siempre terminaba atrayendo a quienes ya tenían un compromiso con alguien más: "¿Por qué, si soy una persona buena y no le he hecho mal a nadie, atraigo a quien me hace sufrir?".

¿Cómo descubrir si eres del tipo "siempre atraigo a quien me hace sufrir"?

Hazte las siguientes preguntas:

1. ¿Me valoro a mí mismo? ¿O, por el contrario, soy mi juez más duro e inclemente y solo me fijo en lo que no hago bien y en lo que no me gusta de mí?

2. ¿Deseo realmente tener una relación larga y duradera o, por el contrario, en el fondo de mi corazón me da temor perder mi libertad e independencia?

3. ¿Cuánto me quiero realmente? (No basta con decir "¡Claro que me quiero!", sino que aquí es importante analizar a consciencia cuánto amor sientes por ti mismo y si valoras cada cosa que Dios creó en ti).

Las personas que están a tu alrededor son un reflejo de lo que tu corazón guarda, bien sea en forma de sentimiento hacia ti mismo o hacia los demás. Con esto quiero decir que si en algún momento atraes a tu vida a alguien que no te valora, es porque en tu corazón no te valoras a ti mismo. Si atraes a tu vida a alguien que ya tiene un compromiso con alguien más, es porque en tu corazón no deseas o temes tener un compromiso real. Si atraes a ti a alguien que te lastima, es porque en tu corazón te lastimas a ti mismo. Aquello que eres, sientes y piensas en la profundidad de tu ser es lo que terminas atrayendo, no como un castigo de Dios hacia ti, sino como un castigo tuyo hacia ti mismo, ya que sientes que eso es lo que mereces o es en lo que tú crees y por lo tanto es lo que ves manifestado en tu vida.

Aquello en lo que crees es lo que verás.

Aunque esta frase la he escuchado y leído en muchas ocasiones, no puedo negarte que cuando la recibí en un mensaje, sentí un ¡*wow*! en mi mente. Es difícil entender la idea de que inconscientemente atraemos a quienes nos hacen sufrir pues, ¿cómo vamos a querer sufrir si, al contrario, lo que todos los seres humanos estamos buscando es la felicidad? Pero debo decirte que sí sucede. Inconscientemente, los seres humanos pensamos y sentimos cosas que atraen situaciones de reto, desafíos y hasta sufrimientos, y por eso es que el mundo está como está. El mundo es una proyección o manifestación de lo que los seres humanos hemos sentido y creído a lo largo de nuestra existencia. La buena noticia es que lo podemos cambiar si cambiamos dichos sentimientos y creencias.

La última relación que tuve fue mi última oportunidad

Este es el tipo de "ya se quemaron todos los cartuchos", como se dice coloquialmente. Existen dos subcategorías, que son:

- El tipo de persona que siente que su última relación fue la última oportunidad, por lo cual sigue atada a ella.
- El tipo de persona que pierde su fe en el amor y, por eso, cierra la puerta a la posibilidad de que alguien más pueda aparecer en su vida.

¿Cómo descubrir si tienes este bloqueo? Respóndete las siguientes preguntas:

1. ¿Me cuesta trabajo cerrar ciclos del pasado? En el caso específico de las relaciones afectivas, ¿siento que puedo cerrar los ciclos de relaciones anteriores o, por el contrario, siento que de una manera o la otra, aún siguen en mi corazón?
2. Luego de haber terminado mi última relación, ¿asumí una actitud negativa hacia el amor y pienso que, puesto que esa experiencia no funcionó, el amor no es para mí?
3. ¿Mi última relación afectiva me hizo sufrir tanto que me volví una persona negativa hacia el amor y el concepto que tengo de él es que lo único que genera es sufrimiento y decepción? En pocas palabras, ¿le perdí la fe al amor? O por el contrario, ¿creo que siempre hay una esperanza para alcanzar la felicidad? ¿Siento que ya estoy muy viejo(a) y que, por lo tanto, las oportunidades en mi vida ya llegaron a su fin?
4. ¿Creo que llevar largo tiempo sin pareja es la manera de Dios de hacerme entender que ya no tengo más posibilidades de encontrar a alguien y por lo tanto el libro de mi vida emocional ya terminó de escribirse?

Como he mencionado anteriormente, cada caso es particular, y hay factores que es necesario tener en cuenta para poder confirmar si en realidad es o no la última oportunidad, como la edad cronológica, las responsabilidades morales (como dedicarse a los hijos, por ejemplo) o compromisos de otro tipo (como dedicarse a una actividad que absorbe toda tu atención). Lógicamente, es difícil tener en cuenta las experiencias específicas de cada persona, pero aquí busco plasmarte de manera general lo que puede crear la creencia de que ya no hay más oportunidades para ti en el amor.

En ambas subcategorías, el común denominador es el pesimismo. En la primera, te lleva a quedarte aferrado al recuerdo de tu última relación, pues estás convencido de que fue la última; vives de la nostalgia y las memorias de aquello que fue y, aunque ya no forma parte de tu presente, lo mantienes contigo pues crees que no tienes otra opción.

Tú tomas la decisión de detener un dolor en tu alma o de prolongarlo.

En la segunda subcategoría, el negativismo se apodera completamente de tu corazón, haciéndote perder la fe en la posibilidad de tener una relación de pareja. Asumes una actitud apática hacia el amor y te convences de que estás condenado a estar solo de por vida.

Si te enfocas en pensar que para ti ya no hay más, esa es la energía que refuerzas con esa forma de pensar y, como sabes, es lo que terminas atrayendo a tu realidad. Por lo tanto, de ti depende cerrar esa puerta y ponerle todos los candados imaginables para que nadie la pueda abrir, o asumir una actitud distinta y mirar hacia adelante con esperanza.

¿Por qué llevo tanto tiempo solo?

Antes de pasar a explicarte este punto, quisiera hacer un comentario acerca del factor tiempo, el cual puede ser tu aliado o enemigo dependiendo de los ojos con que lo mires. No te niego que para la gran mayoría esperar es un gran reto. ¡Queremos todo ya! Pero, como dice el adagio, no por mucho madrugar amanece más temprano, es decir que por más que presionemos a la vida para que nos dé ya lo que queremos, el proceso no va a cambiar. Todo se da en el momento que debe darse y aprender a esperar forma parte de ese camino que nos puede llevar hacia la felicidad. En la medida en que aprendas a esperar, más feliz vas a ser y, sobre todo, más paz interior vas a sentir.

¿Cómo saber si perteneces al tipo "¿por qué ha pasado tanto tiempo?"? Formúlate las siguientes preguntas:

1. ¿Creo que estar solo es lo que me tocó vivir en esta vida?
2. ¿Creo que si ha pasado tanto tiempo sin que alguien se interese en mí es porque no tengo lo que se requiere para que otras personas me consideren como pareja?
3. ¿Creo en que alguien pudo haberme hecho una brujería y por eso no he podido tener una relación afectiva por tanto tiempo?
4. ¿A pesar del tiempo que ha pasado, aún siento que tengo fe en que el amor se va a manifestar en mi vida?

Sobre todo en aquellos casos en los cuales ha pasado un largo tiempo luego de la última relación, es lógico llegar a pensar que ya no va a haber alguien más y que ya te dejó el tren. En muchas ocasiones he escuchado a personas decir que luego de ver como han pasado muchos meses e incluso años sin tener una relación afectiva, "Por más fe que se tenga, es imposible no llegar a pensar que ya no tengo chance y que ya no va a haber nadie más para mí".

Nadie tiene la fórmula mágica o el secreto para saber por qué las cosas a veces se demoran más de lo que deseamos. Eso solo lo sabe Dios. Sin embargo, puedo decirte que en la medida en que creas que algo se va a dar, ese algo se manifestará y a veces puede llegar a hacerlo de manera más veloz. Es decir, la fe puede de una forma o la otra acelerar el proceso, sin que quiera decir que no se esté dando en el momento justo. Espero que este último concepto no te confunda... te lo explico: que algo se acelere no quiere decir que se está dando en un momento que no es el adecuado. Si Dios decide que puede llegar antes de lo que se tenía previsto, es porque Él ve que puede suceder, que no va a afectar tu proceso de aprendizaje y, sobre todo, que le estás de-mostrando que estás listo para recibirlo.

———————◦◦———————

En la medida en que tú estés listo y tengas fe, Dios puede darte lo que deseas más rápidamente. Entre más rápido estés listo, más probabilidad tienes de que lo que deseas llegue a ti antes de lo que se creía.

———————◦◦———————

Cuando algo se demora es porque de una forma u otra no estás preparado aún para recibirlo, o porque ese tiempo de espera forma parte de tu aprendizaje. Recuerda: en la medida en que tú estés listo y tengas fe, puedes llegar a acelerar el proceso de manifestación de tus deseos, pero si te demoras en estarlo y tu fe es débil, el proceso puede llegar a ser más largo. Sea la duración que tenga, de todas maneras el proceso trae consigo un aprendizaje que busca ayudarte al final a ser mejor, a estar más unido a Dios, a tener más fe en Él y a creer que todo puede darse. Esto aplica no solamente para el tema del amor, sino para absolutamente todo lo que vivas como ser humano.

En muchas ocasiones le he preguntado a Dios por qué debemos esperar y, en conclusión, la respuesta que he recibido es que al hacerlo ejercitamos nuestra fe en Él. Si todo se nos diera inmediatamente lo queremos, no practicaríamos nuestra fe para nada, ¿no es verdad? Además, esperar ejercita también el músculo de la paciencia. De cual-quier manera en que lo veamos, el ejercicio de esperar nos fortalece interiormente y ayuda a nuestro espíritu a crecer.

En el 99% de los casos, las personas desean en lo más profundo de su corazón vivir el amor de pareja, y Dios mismo fue quien puso ese deseo en ellas; esto decir que Dios quiere que lo vivan, así que aunque se tarde más de lo que desean, ¡no pierdan nunca la certeza de que va a llegar! De hecho, los angelitos en alguna ocasión me dijeron que cuando algo se demora, ¡es porque va a ser mucho mejor de lo que se espera!

A quien quiero, no me quiere

En esta categoría se pueden incluir dos tipos de personas: 1. La enamorada de un amor platónico; 2. La que está efectivamente en una
relación, en la cual no es correspondida como quisiera. Dentro de
esta última hay por su parte dos subcategorías: a. La que tiene una
pareja que con sus actitudes le da a entender que no la quiere igual; y
b. La que tiene una pareja que la ama, pero es muy exigente o no entiende la manera en que ella le está demostrando ese amor.

¿Cómo descubrir si eres del tipo "a quien quiero no me quiere"?
Respóndete las siguientes preguntas con total honestidad:

1. ¿Me enamoro de imposibles?
2. ¿Tiendo a ver comportamientos de alguien que me gusta como si
fueran señales de amor hacia mí, para luego darme cuenta de que
esa persona se comporta así con todo el mundo y no era algo especial? Y, aun así, ¿sigo pensando que hay algo ahí y eso me motiva a enamorarme más y más de esa persona sin ser correspondido?
3. ¿Tengo una relación con alguien pero siento que esa persona no es
tan detallista o expresiva como yo quisiera?
4. Si mi pareja no me dice las mismas cosas que yo le digo a ella, o no
me consiente con la misma frecuencia o intensidad que yo lo hago,
¿creo que es porque no me ama?
5. Doy lo mejor de mí en mi relación pero aun así, ¿mi pareja no me
valora o no me da el amor que merezco? Y, a pesar de ello, ¿me
quedo en esa relación?

Si crees sufrir este tipo de bloqueo, es importante que reflexiones
y analices primero si tu relación es real o no. Con esto no quiero poner
en duda tu capacidad intelectual para saberlo, sino que a veces creemos
que alguien está sintiendo o pensando lo mismo que nosotros o, incluso, que debe hacerlo. Me refiero a que a veces se dan casos en los
que las personas no se sienten amadas por quienes ellas aman, pero
es porque el otro no está en la misma página, es decir, ¡que a veces
nos enamoramos de alguien que ni siquiera sabe que lo amamos! Nos
enamoramos de un imposible y nos quedamos en ese círculo vicioso
sin caer en cuenta de que es un amor no correspondido y, al ver esa

situación, asumimos una actitud negativa hacia el amor, culpando a la vida y a Dios por nuestra "mala suerte".

Este punto, aunque extremo, desafortunadamente sucede con frecuencia. He conocido a muchas personas que tienen amores platónicos y sufren mucho al no verse correspondidas, pero aquí el tema es que no quieren ver con los ojos de la realidad y sienten que están siendo castigadas injustamente, sin darse cuenta de que han asumido una actitud obstinada, que es la que realmente les está ocasionando el sufrimiento. Se obsesionan con que esa persona es para ellos o tiene que serlo, y se quedan allí. Al final, como ves, es una decisión que han tomado de vivir esa situación y, lo que es peor, permanecer en ella.

La otra clase de persona incluida en este tipo de bloqueo es la que efectivamente tiene una relación real con alguien, pero no recibe el amor que espera por parte de esa persona. Como ya lo sabemos, hay muchos factores particulares dependiendo de cada quien, pero en términos generales, permanecen en la relación porque no se aman a sí mismos lo suficiente como para tomar una decisión de cerrar ese ciclo de sufrimiento.

Si alguien no te ama como eres, o no ama tu esencia, no está amando lo que Dios creó en ti.

Dios no quiere que tú sufras; ¡Él quiere que seas feliz! Hay una diferencia entre el compromiso basado en el amor y el sacrificio donde el amor no existe. Si no hay amor recíproco entre dos personas, no hay una relación real. El amor es entrega, paciencia, comprensión, apoyo, resistencia, pero no es sufrimiento constante. Es verdad que puede haber momentos de sufrimiento, pero al final, trae más amor y unión. Si no se da así, sino que genera decepción constante, no es amor verdadero.

Sin querer discutir las creencias que cada quien tenga sobre estar o no en una relación, lo que puedo decirte es que el amor real es darlo y recibirlo, no solo darlo sin recibir nada a cambio, y que Él, como Padre que te ama, desea que vivas el amor en equilibrio pues lo mereces y quiere que seas feliz. El objetivo es, pues, buscar ese balance a través de las decisiones que tomes en tu vida, que te permitan sentir que no solamente estás dando amor sino que estás recibiendo el amor que mereces como el ser bueno que eres.

Ahora bien, en el caso de aquellas personas que efectivamente están en una relación estable pero se sienten insatisfechas pues no son amadas de la misma manera o con la misma intensidad con que ellas lo expresan, esto puede darse por dos razones: a. Porque definitivamente la pareja no les da el amor que se merecen, o b. Porque son muy exigentes y si la pareja no las trata o les habla como quieren, piensan que no las ama lo suficiente.

Cada ser humano expresa sus sentimientos de manera particular y en la medida en que respetes dicha individualidad podrás entender el lenguaje con el que tu pareja te está diciendo "Te amo", que puede ser un idioma distinto al tuyo. No se trata, por lo tanto, de que la persona no te ame lo suficiente, sino que quizás te lo está demostrando de una manera diferente que tú no has entendido, y por lo tanto la juzgas creyendo que su nivel de amor no es tan alto como el tuyo. Esperas demasiado o exiges demasiado.

Aunque no amo a mi pareja, no soy capaz de dejarla

Este tipo de bloqueo es en cierta forma el opuesto al anterior, ya que no se trata de que no recibas el mismo amor que entregas a tu pareja o que sientas que no eres correspondido, sino que por el contrario estás en una relación en la que por alguna razón sientes que ya no amas a tu pareja como antes pero, a pesar de tener claros tus sentimientos y que allí ya no hay amor de tu parte hacia ella, no eres capaz de tomar la decisión de alejarte.

¿Cómo confirmar o descubrir si eres del tipo "me da pesar dejarlo(a)"? Pregunta a tu corazón lo siguiente:

1. ¿Lo que siento hacia mi pareja se ha transformado de ser un amor de hombre/mujer a un amor de compasión, ternura y protección?

2. ¿Cuando observo a mi pareja lo que siento en mi interior es una especie de pesar que me empuja a continuar con ella así no la ame como novio(a)/esposo(a)?

3. ¿Siento que si termino mi relación sería el peor ser humano sobre el planeta tierra por crearle ese sufrimiento a mi pareja?

4. ¿Siento que aunque no amo a mi pareja es mi deber y compromiso estar con ella (bien sea por mis creencias religiosas o porque siento que es mi obligación apoyarla y cuidarla)?

5. ¿Siento que si dejo a mi pareja la voy a abandonar y va a quedar desprotegida? ¿Y que no puedo hacerle eso ya que ella es una persona buena y no se lo merece?

Las principales razones para que este bloqueo se manifieste son:

El sentimiento de culpa

En el Capítulo 2 expliqué en detalle la carga emocional creada por la culpa, pero en este punto particular este sentimiento se expresa cuando tu pareja es un ser bueno y especial y por lo tanto permaneces en la relación para no hacerle daño al dejarla. Esto prolonga el sufrimiento de ambas partes, pues no solamente estás bloqueando tu propio proceso y evolución, sino que también estás bloqueando el proceso de la otra persona al mantenerla en una relación donde no hay amor, evitando que pueda encontrar a alguien que realmente se lo pueda proporcionar.

A lo largo de los años me he encontrado con muchos casos así, y al preguntar a la persona por qué no toma la decisión de terminar esa relación, la respuesta que generalmente recibo es "No quiero hacerlo(a) sufrir. Me da mucho pesar dejarlo(a) solo(a)". Es, como ves, un sentimiento de culpa el que frena la decisión. Pero también he aprendido que así sea de manera muy sutil y lo neguemos con la lógica, sentimos lo que la otra persona siente. Esto quiere decir que hay algo que nos dice si nuestra pareja nos ama o no, así que en este caso particular la otra persona, aunque no te lo diga, sabe si tú la amas o no. Por decirlo en otras palabras, es un secreto a voces. Tú sabes que no la amas y ella sabe que no la amas, pero ni tú o ella toman la decisión definitiva. En tu caso, puede ser por culpa y en el caso de la otra persona, falta de autoestima.

En esta categoría también se incluye la culpa de lastimar a los hijos. Este sentimiento obviamente pesa muchísimo y he visto como muchas parejas, a pesar de que el amor ya no existe entre ellas, permanecen juntas con la intención de que sus hijos vivan en un ambiente de familia. Es importante recalcar que respeto totalmente las decisiones que cada quien tiene para mantenerse en una situación afectiva específica, y que mi acercamiento a estos temas es solamente desde un punto de vista espiritual objetivo e imparcial que busca también respetar las creencias religiosas de cada quien.

Cuando permaneces en una relación que en el fondo de tu alma sabes que no es para ti, no solo estancas tu proceso sino el de la otra persona.

Miedo a tomar la decisión

Si tú eres una persona que está en una relación en donde no amas a tu pareja pero no puedes dejarla, la conclusión es que es una decisión tuya mantener este tipo de bloqueo. Tú decides permanecer allí o terminar ese ciclo. Esto aplica a todos y cada uno de los bloqueos que incluyo en este libro, pero en casos como este, la decisión de salir de él depende enteramente de una toma de decisión de parte tuya y no hay factores externos que te impidan hacerlo en realidad. No significa que no sea duro llegar a esa determinación, pero en tus manos está tomarla y actuar basado en ella. Nadie te impide hacerlo, sino tu propia debilidad o temor de dar el paso.

¿Será que estoy pagando un karma y es por eso que las cosas no se me dan en el amor?

Este es otro tipo de bloqueo muy común, especialmente en las personas que creen en el concepto del karma, vidas pasadas, reencarnación y similares. Piensan que, si en alguna vida anterior —o incluso en la actual— hicieron algo incorrecto, no tener una vida afectiva y emocional feliz es el castigo que están recibiendo como resultado de dicho error.

¿Cómo descubrir si eres del tipo "tengo un karma en el amor"? Formúlate las siguientes preguntas:

1. ¿Creo en el concepto de la mala suerte?
2. ¿Creo que Dios es castigador?
3. ¿Creo que cuando me suceden cosas malas o algo no me sale bien —especialmente en el amor— es porque la vida me está castigando?
4. Si mi vida afectiva no ha sido hasta ahora como la he deseado, ¿creo que es causado por una rastra familiar que me ha afectado también a mí?
5. ¿Qué tanto asumo la responsabilidad de mis propios actos?

Si bien es cierto que hay una ley universal conocida como la ley de causa y efecto —o karma, como aquí te la nombro— que explica que lo que haces genera una consecuencia, no por ello debes generalizar dicha ley y aplicarla a todo lo que te pasa. No siempre, cuando algo no se da, es el resultado de esta ley universal. Sé que el concepto puede ser un tanto confuso y por eso quisiera detenerme un momento para explicártelo de la manera más fácil posible, para que puedas entender la diferencia entre cuando algo se da por karma y cuando es el resultado de algo más, como por ejemplo un aprendizaje que debes recibir o el libre albedrío tuyo o de la otra persona.

¿Cómo identificar algo que es karma de algo que no lo es? El karma se genera cuando mantienes un sentimiento constante en tu corazón, o cuando ha habido un patrón de conducta repetitivo en ti o en tu familia. Es cuando tienes la intención, cuando hay un sentimiento que acompaña una acción que tú sabes que no es buena o no debe llevarse a cabo.

Por el otro lado, no es karma cuando es un evento aislado, cuando se siente o hace una vez; cuando actúas por impulso, sin tener la intención real de querer hacer lo que hiciste.

El karma es generado por la intención que acompaña a la acción.

Si actuaste llevado por un impulso, no genera un karma. Este se crea cuando es algo que trae consigo una intención, la cual no es solamente negativa. El karma es ley de causa y efecto, así que esto aplica también a lo positivo. Si tienes una intención buena en tus acciones, estarás generando un karma positivo (lo cual se conoce como dharma), o sea, bendiciones para ti. Y, obviamente, si tienes una intención negativa en tus acciones, estarás generando un karma negativo, el cual se manifiesta por lo general en lo que conocemos como pruebas en la vida.

Si a conciencia sabes que eres y has sido una persona buena, que tienes buenos sentimientos y que las intenciones de tus acciones han estado siempre basadas en el amor, te puedo asegurar que no estás pagando un karma si tus relaciones afectivas no funcionan como lo deseas. En casos así pueden ser otras las razones, como un aprendizaje o algo que tú, a veces sin darte cuenta, has contribuido a que te suceda por no tomar decisiones radicales para terminar con esos círculos viciosos.

Dios no me escucha o no me quiere

En cientos de ocasiones he escuchado esta queja: "Llevo mucho tiempo pidiéndole a Dios poder ser feliz en el amor y no lo he logrado; ¿por qué? ¿Será que Él no me escucha, o es que no me quiere?".

En cierta forma este bloqueo está conectado al bloqueo del karma que te expliqué anteriormente; la diferencia es que en este caso estás culpando a Dios de una manera más directa por lo que te sucede en el amor, justificándolo con el hecho de que Él no te escucha o no te quiere. ¡Incluso he escuchado al algunos decir que Dios quiere verlas sufrir! Respeto la manera de pensar de cada quien, pero si crees en Dios y, a pesar de ello consideras que si tu vida amorosa no funciona como tú esperas es porque Él te está haciendo sufrir, con esa idea estás contradiciendo completamente tu fe (si estás leyendo este libro estoy asumiendo que crees en Él y eres por lo tanto una persona espiritual).

¿Cómo descubrir si eres del tipo "Dios no me escucha"? Pregúntale a tu corazón lo siguiente:

- ¿Soy impaciente y deseo recibir una respuesta inmediata de parte de Dios? O por el contrario, ¿soy del tipo de persona que entiende que todo es un proceso y se da en el momento que debe darse?

- ¿Soy una persona rígida o espero que las cosas y personas respondan de la manera en que yo deseo? O por el contrario, ¿soy una persona flexible?
- ¿Tengo una fe fuerte? ¿O mi fe se debilita fácilmente ante cualquier eventualidad?
- ¿Soy consciente de mi nivel de responsabilidad en la manera en que las cosas se dan en mi vida? ¿O soy de aquellas personas que culpan a lo demás —y a los demás— por lo que me pasa?

En muchas ocasiones esperamos que Dios responda de la manera en que queremos que lo haga y —especialmente— en el momento que queremos, y, si no lo hace, dudamos de su amor hacia nosotros, creemos que no somos lo suficientemente importantes para Él o, peor aún, que no nos quiere para nada y por eso no le importa cómo estamos o cómo nos estamos sintiendo.

Si quizás llevas mucho tiempo esperando una respuesta en el amor y sientes que Dios no te ha respondido, puede ser por las siguientes razones:

- Existe una resistencia en tu interior que no está permitiendo la manifestación de tu deseo.
- Esta resistencia puede traducirse como miedo, duda de si realmente eso es lo que quieres así parezca que estás seguro, desconfianza en el resultado y otras manifestaciones que te iré explicando en detalle a lo largo de este libro.
- Te falta fe en que Dios te va a responder.
- Tienes expectativas muy rígidas así que si las cosas no se dan tal cual como las deseas, las rechazas.
- Hay un aprendizaje que debes recibir a través de ese tiempo de espera (y en la medida en que lo reconozcas, lo aceptes y trabajes en él, la espera terminará).
- Dios te está dando a entender que debes enfocarte en ti mismo para así poder disfrutar de tu relación de la mejor manera cuando esta se manifieste.

Si eres o no feliz en el amor no tiene que ver solamente con el hecho de que Dios no te responda en la forma o el momento que deseas; tiene que ver con otros aspectos como los que acabo de mencionar. Ahora bien, no quiero sonar como que estoy solo del lado de Dios y no entiendo cómo puedas sentirte. Te entiendo, créeme; cuando pasa un tiempo largo sin que nada se dé en un aspecto importante de nuestra vida, ¡no es para nada divertido! Sin embargo, como te lo expliqué anteriormente, mi objetivo es mostrarte aquellos aspectos que te están bloqueando y que tú tienes el poder de transformar o eliminar, para que veas un cambio real en la manera en que se te dan las cosas en el amor y las relaciones afectivas en general. Por lo tanto, no se trata de no tener en cuenta tu punto de vista o que sientas que te estoy echando el agua sucia solo a ti, sino de que, al reconocer los bloqueos que tienes en tu interior, puedas trabajar en ellos para que la energía del amor fluya libremente en tu vida. Mi deseo es que cambies de ver el vaso medio vacío a verlo medio lleno, ¡y que así puedas tener la fe y la certeza de que todo va a mejorar!

Tú eres cocreador de tu vida con Dios. Esto quiere decir que tus experiencias se van formando a través de ese "trabajo en equipo", el cual, en la medida que lo lleves a cabo de una manera más consciente, te ayudará a sentir más claridad y paz.

Dios siempre responde, nunca dudes de ello. Y siempre responde de la manera que más te conviene, así algunas veces sea diferente a tus expectativas. Lo importante es tener fe en que Él te ama, te escucha y te da lo que le pides, con la humildad de saber que eso que te dé es y será siempre lo mejor para ti y para quienes te rodean.

Aunque amo a mi pareja, no logro dejar de buscar la compañía de otras personas

Aquí es importante aclarar que la explicación que te entrego es únicamente desde una perspectiva espiritual, pues en casos así puede existir una situación a nivel psicológico, el cual debe ser tratado por un profesional en ese campo.

¿Cómo descubrir si eres del tipo "aunque mi pareja es buena, busco otras compañías?". Formula a tu alma las siguientes preguntas:

1. ¿Siento que la vida está siempre en deuda conmigo?
2. ¿Siento que siempre hay algo que me falta para ser feliz?
3. ¿Siempre me llama más la atención lo que otros tienen en lugar de valorar lo que la vida me ha dado?
4. ¿Me considero una persona inconforme? O, por el contrario, ¿soy agradecido con cada cosa, por pequeña que sea, que Dios y la vida me han regalado?
5. ¿Tengo una fuerza de voluntad fuerte o débil?
6. ¿Me dejo ganar fácilmente por los antojos o deseos?

Esta categoría incluye a aquellos que, muchas veces sin entenderlo ellos mismos, tienden a buscar aventuras o romances con otras personas a pesar de amar a su pareja, que consideran una persona buena y de la que no tienen en realidad queja. La explicación a nivel espiritual es que puede existir una sensación de vacío en tu interior. Es como cuando tienes un deseo enorme de comer y sientes que nunca es suficiente para satisfacer tu deseo; esto mismo sucede con aquellas personas que no están totalmente contentas con lo que tienen en el amor: tratan de satisfacer esa necesidad y por eso se la pasan experimentando con una persona y la otra.

Otra causa similar a la anterior es la adicción. Es un impulso que no pueden controlar y, por eso, aunque a nivel mental saben que no es conveniente, no tienen la fuerza de voluntad suficiente para manejarlo.

Una última razón es que la persona nunca se siente satisfecha con lo que vive. Siempre le encuentra un pero a lo que tiene y obviamente a su pareja también. A pesar de que la persona que está a su lado es buena y tiene cualidades, para ella siempre falta un centavo para el peso, lo cual la hace sentirse descontenta y, por lo tanto, andar siempre en la búsqueda de alguien que llene ese vacío.

Un antídoto muy efectivo para este tipo de bloqueo es el agradecimiento. Si sientes que amas a tu pareja, enfócate en lo bueno que tiene

LO QUE BLOQUEA EL AMOR

y no en lo que le falta. No olvides que en ti también hay cosas que faltan, pues no hay un ser humano perfecto.

―――――∞―――――

A gradece sinceramente aquello que tienes y míralo con los ojos del amor. No juzgues, pues tú también eres un ser imperfecto.

―――――∞―――――

La pareja que tengo no me conviene, pero no logro dejarla

Esta categoría puede incluir varias clases de relaciones "incorrectas" (escribo esta palabra entre comillas ya que para cada quien hay un concepto individual sobre lo que es adecuado o inadecuado, así que respeto el concepto que tengas de ello).

¿Cómo descubrir si eres del tipo "no me conviene pero ahí me quedo"? Pregunta a tu interior lo siguiente:

1. Sin importar si me ocasiona un sacrificio o no me conviene, ¿busco complacer primero a los demás que a mí mismo?

2. ¿Justifico y disculpo lo que los demás hacen así no haya sido correcto o apropiado?

3. ¿Qué tan fuerte es mi fe en que las cosas pueden ser mejores?

4. ¿Tengo esperanza en el futuro? ¿O, por el contrario, le tengo miedo y lo veo como algo oscuro o no claro?

5. ¿Creo totalmente en la premisa de que el matrimonio es para toda la vida sin importar lo que pase?

6. ¿Qué tanto me amo realmente? (Esta última pregunta es mucho más importante de lo que parece, pues en realidad es la base de todo lo que tiene que ver con el amor en nuestra vida. El amor propio es la raíz del resto de las experiencias que vivimos de amor. Entre tanto, te pido que si es necesario no sigas leyendo hasta que sientas que has respondido a esta pregunta con total claridad y sinceridad. No basta con decir "¡Obvio que me quiero!"; conéctate con Dios y con tu interior, y pídele que te ayude a sentir en qué nivel está tu grado de amor propio, pues esto te ayudará a

aclarar los bloqueos que puedas tener. No sobra decir que debes ser muy sincero con tu respuesta y, lo principal, aceptarla y no cuestionarla si es diferente a lo que pensabas).

Cada vez que te encuentres en una situación que veas como incorrecta, analiza qué debes aprender de ella. Una manera de hacerlo es preguntando "¿por qué esta situación y no otra?" (ese "¿por qué?" no es un reproche, sino una búsqueda de la causa por la cual dicha experiencia ha llegado a tu vida en esa forma). Siempre escuchamos que todo sucede por una razón; por lo tanto, busca dicha razón. Las cosas no se dan porque uno sea de malas o porque simplemente "eso es lo que me tocó vivir". Una relación que genera retos busca enseñarte algo y en la medida en que lo entiendas, podrás darte cuenta si realmente no te conviene o debes transformarla con amor y paciencia para que le veas el aporte positivo que tiene para tu vida.

Un amor propio débil es una de las raíces principales para la manifestación de este bloqueo. Si te amas lo suficiente, sabes qué te conviene y qué no. Por lo tanto, si te mantienes en una situación que te hace sufrir o no es la mejor para ti, es porque estás poniendo esa experiencia por encima de lo que mereces recibir. Si permites que algo o alguien te haga sufrir, es porque no amas tu ser por completo. Si te amas, buscas lo que es mejor para ti, así no sea lo que tu mente quiere que tengas o vivas. Lo que te acabo de decir puede sonar contradictorio, pero no lo es; esto significa que a veces tus ideas te pueden decir: "Está bien que estés en esa relación; no importa que esa persona no te valore lo suficiente; si eso es lo que quieres, quédate ahí; de pronto puedes hacerla cambiar algún día y ser feliz con ella", o pueden ser energías negativas que buscan prevenir tu crecimiento y alejarte de Dios. En todo caso, es un bloqueo que no busca tu bienestar y felicidad, sino que te muestra una ilusión y lo único que hace es quitarte la paz interior.

----------❧----------

La voz de Dios te habla a través de la voz de tu conciencia. Cuando esa voz te hable y te haga sentir que esa situación o persona no te conviene, es verdad. Dios te está mostrando lo que es mejor o lo que no es bueno para ti.

----------❧----------

Si permaneces en una relación que no te conviene, es porque consciente o inconscientemente crees que eso es lo que mereces, es decir, no te valoras lo suficiente. Como afirma el dicho popular, "Más vale malo conocido que bueno por conocer", el cual contiene un mensaje de conformismo. A muchas personas incluidas en esta categoría les da miedo soltar lo que tienen, pues piensan que no van a encontrar a alguien más, así que prefieren quedarse en esa zona de confort (¡que de confort puede no tener nada!) y sufrir, por miedo a quedarse solas, o porque no se quieren a sí mismas lo suficiente como para confiar en que pueden tener a alguien mucho mejor a su lado.

En la mayoría de las ocasiones sabes en tu interior cuando algo no es bueno para tu vida, pero te da miedo escuchar o aceptar esa realidad, y por eso te quedas en una situación dañina. Cuando la razón se interpone entre la voz de Dios y tú, la duda y la confusión aparecen. Si solo analizas con tu cerebro cada componente de la situación, dando voz a pensamientos como "Y qué tal que...", "Seguro me lo estoy imaginando" o "La lógica me dice que es mejor de esta otra forma...", e impones un total silencio a tu corazón, corres un mayor riesgo de decidir lo que no es bueno para ti.

Te doy un ejemplo: cuando alguien está en una relación nociva, muy seguramente lo siente y lo sabe, pero su mente, que se expresa con miedos, dudas, resistencias y otros sentimientos negativos, la hace permanecer en esa vida que le quita la paz. Este último punto es muy importante para aprender a distinguir entre cuándo algo es beneficioso o no. Si te genera paz, tranquilidad, alegría, te ayuda a crecer y sentirte vivo, es porque está acorde con la voluntad de Dios para ti. Si, por el contrario, te genera angustias, te intranquiliza y todo el tiempo tienes que forzarlo para que funcione, muy seguramente es algo que no forma parte del plan divino para tu vida.

Si crees en un poder superior que siempre te observa y desea guiarte, confía en él. El consejo que te doy con amor es que cada día te conectes con la energía maravillosa de Dios y de tus ángeles, y les pidas que te ayuden a escuchar la voz de tu interior que desea decirte con claridad cuál puede ser el aprendizaje que debes recibir a través de tu relación, y cómo puedes asumirlo en el día a día para lograr avanzar en tu plano emocional. Promete a Dios que confiarás en el mensaje, que no lo cuestionarás y que lo comenzarás a aplicar a partir de ahora, con fe y confianza de que todo va a mejorar. Esta es la actitud que te desbloqueará y te ayudará a avanzar hacia el camino del amor verdadero.

No he podido perdonar a mi(s) pareja(s) anterior(es)

El término que los ángeles me entregaron para explicarme este bloqueo fue "resistencia". Cuando dices que, aunque has tratado por todos los medios de perdonar a alguien por un hecho del pasado, no te ha sido posible superar el dolor, es porque no has tomado la decisión real de hacerlo. Si ese evento pasado aún te molesta y hace sufrir es porque no has decidido soltarlo completamente y sanarte tú mismo. ¿Cómo es tomar la decisión real de perdonar? Es decidir a consciencia que lo harás y a partir de ese momento enfocarte en otras cosas o experiencias positivas con esa persona que te ayuden a sobrepasar el sinsabor causado por lo malo que haya hecho.

¿Cómo descubrir si eres del tipo "me resisto a perdonar"? Responde los siguientes interrogantes:

1. ¿Presto demasiada atención a lo que otros dicen o hacen y me incomoda o molesta si es distinto a como yo creo que deberían decirlo o hacerlo?
2. ¿Soy una de esas personas a las que se les dificulta soltar el pasado y dejarlo atrás?
3. ¿Soy una persona terca u obstinada?
4. ¿Acepto realmente a los demás como son?

No olvides que tú también has cometido errores y que quizás tú mismo has herido a otras personas, ¿así que por qué no perdonas los errores que otros seres humanos como tú han hecho? Cuando no perdonas, te estancas y te alimentas de energía negativa, que al final puede llegar a tener un efecto sobre ti no solo a nivel espiritual y emocional sino a nivel físico, desencadenando incluso enfermedades. Finalmente, y aunque no parecieran tener una conexión directa, no perdonar genera estancamiento a nivel material. ¿Es eso lo que quieres para tu vida? ¡Por supuesto que no! Así que piensa en tu progreso, tu paz e incluso tu salud física, y toma la decisión radical de perdonar.

——————∞——————

No perdonar es una resistencia a tomar la decisión de hacerlo; es aferrarse de manera masoquista al dolor que esa situación te generó o aún te genera; es no quererte a ti mismo, pues mantienes en tu corazón un sentimiento que, al final, a quien más hace daño es a ti.

——————∞——————

El amor a distancia no dura; amor de lejos, amor de... tontos

Los seres humanos estamos llenos de reglas y parámetros y cuando no los seguimos, consideramos que estamos actuando por fuera de lo normal. Es obvio que hay lineamientos que es necesario obedecer, considerando el bien común —como en el caso de una empresa, organización, país, etcétera—. Sin embargo, mirando las cosas desde una perspectiva emocional y afectiva, en algunas ocasiones existen teorías o parámetros que no aplican a todos por igual.

¿Cómo descubrir si eres del tipo "amor de lejos... amor de tontos"? Responde las siguientes preguntas:

1. Cuando estoy en una relación, ¿me considero una persona posesiva?
2. Si no tengo la posibilidad de saber a ciencia cierta lo que mi pareja está haciendo ¿comienzo a sentir una gran ansiedad?
3. ¿Desconfío de mi pareja sin tener una razón de peso para ello?
4. ¿Sigo reglas y parámetros al pie de la letra? O por el contrario, ¿soy una persona flexible y abierta a los cambios?
5. ¿Necesito tener a mi pareja a mi lado permanentemente para sentirme tranquilo y en una relación "de verdad"?
6. ¿Aprendí, a través de mis padres o de mi propia experiencia, que los vínculos afectivos deben cumplir con ciertos requisitos para que puedan ser considerados reales y estables?

Las inquietudes anteriores pueden ayudarte a determinar si eres del tipo de persona que tiene una teoría fija sobre cómo las relaciones de pareja deben o no deben ser. Un caso particular es el de las relaciones a distancia. Para muchos, este tipo de relación trae consigo una etiqueta de "No funciona" pegada a ella, ¡y la descartan incluso antes de siquiera haberlo intentado! Como todo en la vida, no es bueno generalizar y te lo digo por experiencia propia pues yo viví esta situación —y funcionó—. Una y otra vez repito que cada caso es particular; por lo tanto, si se te presenta la posibilidad de una relación a distancia, no la mates antes de intentarlo, especialmente si tu corazón te dice que puede haber una oportunidad para ti (con esto último quiero decir que si tu corazón te dice que no es, confía en tu intuición y no pierdas tu tiempo; pero si te dice que hay algo, no te des por vencido sin intentarlo).

No te niego que este tipo de relación puede traer consigo un poco más de desafíos comparado con las relaciones "frente a frente". No obstante, la buena noticia es que pueden llegar a sobrepasarlos si cada una de las dos personas involucradas pone de su parte para lograrlo.

El secreto está, pues, en que no deseches las oportunidades que la vida te trae sin haber consultado primero que todo con tu corazón —recuerda, Dios te habla a través de él—, y si recibes una respuesta que te lleva más a un "sí" que a un "no", inténtalo. Vence el temor y vence los parámetros sociales que existen, y confía en lo que tu alma te muestra como una oportunidad.

Si estar solo es la voluntad de Dios para mí, no me queda otro remedio que aceptarla

Existe un hilo muy delgado —que no te niego puede ser confuso y por eso deseo explicártelo en detalle— entre aceptar la voluntad de Dios y el conformismo. ¿Cómo diferenciar si estás siendo humilde y por tanto aceptas que aquello que no se da es porque no te conviene, o te estás dando por vencido y por eso no sigues luchando por lograr lo que quieres?

Las palabras con las que los ángeles me explicaron esta categoría de bloqueo fueron "resignación" y "falta de fe". En cuanto a la primera palabra, el contexto es que la persona se conforma a tener la vida emocional infeliz que tiene, así su corazón le diga que desea algo más; dicho de otra forma, se rinde y se deja derrotar por las circunstancias. Este sentimiento está directamente relacionado a la segunda explicación, falta de fe. Si algo no sale bien y asumimos una actitud derrotista, perdemos la fe en esa situación y nos resignamos a vivir con esa derrota sobre nuestra espalda.

¿Cómo descubrir si eres del tipo "estar solo es la voluntad de Dios para mí"? Pide a tu corazón que responda las siguientes preguntas:

1. ¿Pierdo la fe fácilmente cuando algo no se da como lo espero o deseo?
2. ¿Me rindo ante los retos y desafíos de la vida? O, por el contrario, ¿me considero un alma guerrera?
3. ¿Soy una persona optimista o tiendo más a ser pesimista?
4. ¿Creo que los demás siempre alcanzan lo que quieren pero en mi caso no es así y las cosas no se me dan?
5. ¿Amo lo que soy y como soy, tanto externa como interiormente? O, por el contrario, ¿lo rechazo y me gustaría ser diferente?

Ahora bien, existen varias razones a considerar por las que puedes tener este bloqueo:

- Si llegaste a la conclusión de que el amor de pareja no es para ti luego de haber terminado tu última relación.
- Si llegaste a ella después de haberlo intentado varias veces con varias personas y ninguna relación funcionó.
- Si llegaste a ella porque llevas mucho tiempo solo.

Te he venido explicando estas clasificaciones a lo largo de los diferentes bloqueos, pero como te lo dije desde el inicio, todo está concatenado y por ello vuelven a surgir en este punto. Al final te darás cuenta de que las razones para que haya bloqueos en el amor y sientas que tus enemigos en este tema son monstruos de ocho patas imposibles de eliminar se resumen en unas pocas, muy concretas y específicas. Cuando tengas clara la manera en que te afectan, puedes, si lo dices con valor y con fe, destruirlas completamente y ser feliz en tu vida afectiva.

Para tener la seguridad de si tu aceptación es conveniente para ti o si en realidad es conformismo, haz el ejercicio de preguntárselo a la voz de tu conciencia. Pide la presencia y la ayuda de los ángeles del amor y de la claridad para poder entender la respuesta y, especialmente, para confiar en ella. Si sientes que es aceptación, pídele fortaleza a Dios para tomar los pasos necesarios que te ayuden a superar el momento. Y si es conformismo, pídele sabiduría para saber qué acciones llevar a cabo y para entender la guía que te quiere dar para solucionar la situación.

Mi pareja es buena pero no tenemos las mismas bases espirituales/religiosas

Este tipo de bloqueo se ve con frecuencia, especialmente en países o regiones donde las bases religiosas son bastante fuertes. Por lo general se manifiesta en la actitud que, si la persona no comparte las mismas creencias y filosofías de fe que su pareja profesa, no es merecedora de su amor ni de estar en una relación afectiva.

Para algunos lo anterior puede sonar un tanto extremo, pero, créeme, se da, especialmente en culturas donde hay creencias radicales. Ahora bien, sin querer juzgar ni calificar las creencias de cada quien, el bloqueo que deseo explicarte en este punto se refiere a aquellas situaciones en las que pueden existir diferencias de fe a nivel espiritual y religioso y que, si no son manejadas apropiadamente, pueden llegar a dificultar en gran manera la relación de pareja.

¿Cómo descubrir si eres del tipo "mi pareja y yo tenemos diferente fe religiosa/espiritual"? Haz las siguientes preguntas a tu corazón:

1. ¿Respeto la manera de ser y pensar de los demás? O por el contrario, ¿tiendo a imponerles mis creencias?
2. En una escala del uno al diez, ¿qué tan importante es la fe y la religión en mi vida?
3. En una escala del uno al diez, ¿qué tan importante es que mi pareja comparta exactamente mis mismas creencias religiosas y espirituales?
4. ¿Siento que doy todo de mí para complacer a los demás así yo no me sienta bien interiormente? (Incluyo esta pregunta pues hay quienes se dejan manipular o sacrifican sus creencias por complacer a su pareja, ya que eso le molesta).

A lo largo de los años he podido identificar los siguientes escenarios en este tipo de bloqueo:

- Cuando la pareja está en el periodo de conquista y, de manera directa o indirecta, descubre o reconoce que las creencias del otro son diferentes a las propias pero, aún así, no le presta atención y continúa profundizando la relación —bien sea porque no le da la importancia suficiente al tema o porque cree que uno va a poder cambiar a la persona con el tiempo—.

- Cuando, en el caso de una relación estable y que ya lleva un buen tiempo, las creencias espirituales no fueron un inconveniente en ningún sentido al inicio, pero a medida que va pasando el tiempo una de las dos personas se vuelve más rígida y radical a ese nivel, generando tensiones en la relación.

Depende como siempre del libre albedrío de cada persona para que esta o cualquier otra diferencia pueda ser manejada en una relación de pareja; pero, en términos generales, Dios y los angelitos me explicaron que cuando se presentan dificultades en las relaciones por las diferencias en las creencias que cada quien profesa, es porque no hay un respeto real hacia el otro, ni hay una comprensión hacia el hecho de que todos somos diferentes. Bien sabemos que es difícil hablar de temas como la política y la religión, y que para evitar tensiones o conflictos, lo mejor es no pretender cambiar al otro en su manera de pensar y de sentir. Lo forzado nunca funciona.

A menos que sea un caso de fanatismo religioso, en el cual las condiciones son mucho más complejas de tratar, el consejo que te comparto para manejar este tema es respetar lo que el otro cree y no forzarlo a que cambie su fe. Así creas que no es posible convivir con alguien que no profesa tu misma fe, aunque no es fácil, no es imposible, y te lo digo por experiencia propia. Mi esposo y yo tenemos formas distintas de vivir nuestra fe. Él cree en cosas que yo no creo y viceversa, pero hemos podido manejar esta situación de una manera muy equilibrada, no forzando al otro a que crea en lo que uno cree. Yo respeto su forma de pensar y de sentir y él respeta la mía, y ese ha sido el secreto para no tener conflictos sobre nuestras creencias espirituales.

Mi pareja y yo nos amamos mucho, pero peleamos todo el tiempo

Las palabras que el Cielo me entregó para entender este bloqueo son "falta de aceptación" y "amor".

¿Por qué se dan las peleas o discusiones? Porque no hay comprensión y porque queremos imponer nuestras ideas al otro. Porque juzgamos y sentimos que nosotros somos quienes tenemos la razón y no el otro. Peleamos porque no tenemos paciencia por los errores que el otro pueda cometer, olvidamos que el otro también es un ser humano imperfecto y esperamos que actúe bien o correctamente todo el tiempo, según nuestros estándares. No damos espacio para los errores y aprendizajes. En pocas palabras, peleamos porque no somos flexibles, no comprendemos y juzgamos. Porque hay falta de aceptación.

¿Cómo descubrir si eres del tipo "nos amamos pero siempre peleamos"? Respóndete las siguientes preguntas:

1. ¿Me considero una persona comprensiva o rígida en mi manera de pensar?
2. ¿Se me facilita ceder ante lo que los demás dicen? O, por el contrario, ¿busco, así sea de manera disimulada, que terminen haciendo lo que yo quiera?
3. Cuando alguien está de mal genio, ¿me alejo para evitar el conflicto? O, por el contrario, ¿siento que debo defender mi manera de pensar y de sentir?
4. ¿Siento que si cedo y acepto el punto de vista de la otra persona estoy siendo débil?
5. ¿Me considero una persona orgullosa o noble?

————— ∝ —————

La falta de aceptación es falta de amor. La falta de comprensión es falta de amor. La falta de paciencia es falta de amor. La falta de tolerancia es falta de amor.

————— ∝ —————

¿Por qué peleas con tu pareja si la amas? Porque permites que el ego gane la batalla. El ego en este caso se manifiesta con la actitud de pensar: "Yo estoy en lo correcto y tú no". El ego es no querer ponerte en los zapatos del otro para tratar de analizar las cosas con mayor objetividad y quizás entender que puede tener razón, al menos en parte. Peleas porque quieres que tu pareja se pase para tu lado, el cual, según tu opinión, es el lado correcto, y no cedes para buscar un punto medio de encuentro.

En este tipo de bloqueo, uno de los consejos más famosos de la abuela cae como anillo al dedo: sé paciente y tolerante en tu relación para que las cosas funcionen.

Parece que mi pareja fuera de otro planeta y hablara otro idioma, ¡pues nunca entiende lo que le quiero decir!

Muy seguramente te ha sucedido que dices algo a una persona y ella interpreta lo que le dijiste de una manera totalmente opuesta a lo que le quisiste decir. A mí me sucedió muchas veces, y no te niego que en esas ocasiones me confundí mucho, pues en mi opinión creía haberme expresado claramente pero la otra persona, por alguna razón, no entendía lo que le decía, o lo interpretó de una forma que no era mi intención, ocasionando un momento tenso entre los dos.

No quiero sonar a que estoy culpando a la otra persona por lo que me haya podido pasar; de hecho, aunque yo pude haber sentido que me expresé correctamente, quizás para los parámetros o códigos mentales de la otra persona, mi expresión no fue la mejor.

Esto sucede frecuentemente, ¡aunque se hable el mismo idioma! Incluso, dos personas del mismo país y de la misma ciudad pueden tener interpretaciones totalmente opuestas de un término o palabra, llegando a ocasionar grandes disgustos.

¿Cómo descubrir si eres del tipo "torre de Babel"? Formúlate las siguientes preguntas:

1. ¿Me considero una persona que sabe escuchar?
2. Cuando escucho, ¿realmente lo estoy haciendo?, o, mientras la otra persona me habla, ¿estoy pensando en algo distinto?
3. Cuando estoy manteniendo una conversación, ¿mi objetivo es llegar a un acuerdo o punto medio, o es imponer mi punto de vista?

4. ¿Qué tan flexible soy con mis opiniones?
5. ¿Soy una persona que expresa sus sentimientos o tiendo más a ser reservado?
6. ¿Juzgo duramente a los demás?

Aunque no tiene que ver con el tema de pareja, te comparto este ejemplo de cómo, aunque se hable el mismo idioma, pueden ocasionarse momentos de gran confusión. En mis años de juventud tuve la fortuna de ganarme dos becas para estudiar en Italia. En una de ellas, pude estudiar por un año completo y vivir en Roma, la ciudad de mis sueños. ¡Qué época tan feliz para mí! Compartí un apartamento muy grande con otras cinco chicas latinoamericanas, ¡así que todo pintaba súper divertido!

Aunque así fue, no te niego que también se presentaron momentos de confusión y tensión entre nosotras, pues una palabra o frase tenía un significado para una, y para la otra tenía otro totalmente opuesto. Lo que para una era un término usado todo el tiempo en el lenguaje diario en su país, ¡para la otra era una grosería o una ofensa! ¡Ya te puedes imaginar la "torre de Babel latinoamericana" que se armó! Afortunadamente, nada pasó a mayores, pero de esta experiencia aprendí que no podemos dar por hechas las cosas y que, aunque hablemos el mismo idioma, debemos siempre tener mucho cuidado con la manera en que nos expresamos para no herir susceptibilidades o creencias.

En las relaciones de pareja este tema puede llegar a ser aún más complejo, especialmente si es una relación de convivencia como el matrimonio. Aquí yo también he tenido que aprender a hablar mejor el idioma con mi pareja, y en este caso lo digo de una manera literal, pues mi esposo es de otra nacionalidad y no habla español. Ya puedes imaginarte el aprendizaje para ambos, pues no solo se trata de entender el idioma del otro como tal, sino también sus costumbres.

Esto podría sonar difícil y hasta abrumador, y no te niego que así lo sentí al comienzo de mi matrimonio, pero con el paso del tiempo dejé de verlo así, ¡y lo comencé a ver desde una perspectiva positiva y hasta divertida! Siempre le digo a mi esposo que en nuestra relación no hay espacio para el aburrimiento, porque hasta cuando tenemos diferencias tengo que preguntarle qué significa una palabra que me dijo, ¡y terminamos riéndonos!

Fíjate en lo que te estoy diciendo: lo que veía con ojos negativos comencé a verlo con ojos positivos y, al hacerlo, la situación cambió, o mejor, le cambié la vibración a la situación. La pasé de negativa a positiva. Para mí, entenderme con mi esposo se convirtió en una especie de juego; me río, me burlo de mí misma y de mis errores al hablar el idioma, y me encanta cuando él me corrige mi fuerte acento hispano. Lo veo como mi profesor favorito de inglés y definitivamente le agradezco porque sus enseñanzas me han ayudado a mejorar mucho mi nivel de expresión.

Ahora bien, cuando no se trata de una diferencia de idioma sino de una diferencia en la interpretación, el caso es distinto. Y esto también me sucedió en una relación anterior a mi matrimonio actual. Ambos hablábamos el mismo idioma, habíamos nacido en el mismo país, en la misma ciudad y teníamos una crianza similar, pero aun así, parecía como si fuéramos de planetas diferentes. Si yo le decía blanco, él entendía negro, y viceversa; de la manera jocosa en que yo describía mis diálogos con él era como si el Chavo estuviera hablando con Cantinflas (¿recuerdas a estos personajes, que se caracterizaban por hablar sin sentido y obviamente nadie les entendía?).

No te niego que el proceso de aprendizaje fue duro para ambos, pero en mi caso particular, pude aprender muchas cosas de esa relación:

- Aprendí que para poder entender el idioma del otro, hay que primero quedarse callado y escucharlo para poder interpretar lo que dijo. Me di cuenta de que ni él ni yo nos escuchábamos con atención y nos interrumpíamos mutuamente dando nuestra opinión, generando un teléfono roto que llevaba a la confusión en el diálogo.

- Aprendí a manejar más mi impulso a sacar conclusiones rápidas, basada en la primera impresión. Mi mente funciona muy rápido —y creo que esto nos sucede a todos—, así que si esa persona decía dos palabras yo ya estaba terminando la frase en mi mente y respondía con base en esa frase mental generada por mí. Esto se relaciona con el punto anterior de no saber escuchar, es verdad, pero también tiene que ver con el hecho de sacar conclusiones apresuradas y no analizar primero lo que la otra persona quiso decir con sus palabras.

- Aprendí a ser más tolerante y reconocer que no puedo pretender que la otra persona piense exactamente de la misma manera que yo. Todos somos diferentes; lo sabemos en teoría, pero en la práctica nos puede llegar a costar mucho trabajo asimilar y manejar. Seamos honestos: en el fondo quisiéramos que todos pensaran, sintieran y actuaran como nosotros. Pero la realidad es otra. Cada uno es un mundo diferente y tiene procesos interiores distintos. Tanto es así que piensa nada más en el caso de hermanos que, habiendo sido criados por los mismos padres, llegan a ser totalmente diferentes. Esta es la naturaleza humana y, a menos que te vayas a vivir a Marte apenas se dé la oportunidad, no hay nada que puedas hacer para cambiarla. Es más fácil —y realista— cambiar tú primero para que el mundo alrededor de ti cambie.

No impongas tu forma de pensar. En la medida en que escuches a la otra persona con atención, y antes de hablar reflexiones en tu respuesta, podrás llevar una mejor convivencia y podrás sentir que puede haber un idioma común entre ustedes, por distintos que sean.

Esto es, en pocas palabras, lo que escuchamos a nuestras mamás, tías o abuelas definir como "ceder". A la edad que tengo y luego de años de convivencia con mi pareja, he llegado a la conclusión que esos consejos de las mamás, tías y abuelas son los más sabios que podemos recibir. Paciencia, tolerancia y ceder son definitivamente cualidades que debes mantener y practicar constantemente para que tengas no solamente una buena relación de pareja, sino buenas relaciones con los demás en general.

Todo es una rutina con mi pareja... es una relación muy aburrida

Una recomendación que siempre he escuchado por parte de los expertos en temas de pareja es mantener la planta del amor viva, regarla continuamente con detalles, amor y respeto. Obviamente, es cierto. Todos sabemos que las relaciones se van formando y construyendo con el tiempo y, hablando puntualmente de las relaciones de pareja, el día a día juega un papel fundamental en el camino que la relación tome. En la medida en que las vivencias compartidas se basen en los buenos sentimientos y el libre albedrío de ambas personas lo permita, la relación crecerá y se fortalecerá cada vez más, y al contrario: si se permite que los sentimientos negativos vayan tomando ventaja, el lazo se irá haciendo cada vez más delgado.

¿Cómo descubrir si tienes el bloqueo del aburrimiento? Responde las siguientes inquietudes:

1. ¿Me considero una persona positiva y optimista? O, por el contrario, ¿tiendo a ver lo peor de las situaciones?
2. ¿Me gusta divertirme? ¿Cuáles son mis *hobbies* o pasatiempos favoritos?
3. ¿De qué manera le gusta divertirse a mi pareja? ¿Cuáles son sus pasatiempos favoritos?
4. Cuando éramos novios, ¿qué actividades compartíamos para divertirnos y conocernos más?
5. En mi lista de prioridades, ¿en qué lugar me encuentro yo y el cuidado de mí mismo?
6. En mi lista de prioridades, ¿en qué lugar está mi pareja y el cuidado de nuestra relación?

Mantener la llama del amor viva a veces parece una labor difícil, pero no es imposible. Uno de los secretos para mantenerla encendida es el entretenimiento y la diversión. Sobre todo en los matrimonios, la rutina puede convertirse en uno de los principales bloqueos a los que las parejas se enfrentan. El trabajo, el estudio y demás responsabilidades nos atrapan sin muchas veces darnos cuenta, y terminamos viviendo un día a día repetitivo y a veces sin una real motivación. Las preocupaciones económicas, laborales y demás se convierten en una prioridad (y no digo que no lo sean; lo son, pero el punto es no olvidar que hay otras cosas, que aunque intangibles, no por ello son menos importantes).

No se trata de dar la espalda a las responsabilidades. Es fundamental trabajar, estudiar, cocinar, cuidar de los hijos, etcétera. Pero lo importante es no descuidar tus relaciones afectivas o dejarlas en un tercer o cuarto lugar de prioridad, porque comienzas a correr el riesgo de que caigan en un limbo de rutina, que si continúa por largo tiempo, puede debilitarlas o, peor aún, destruirlas.

Es necesario que primero que todo tengas claro si realmente existe una rutina en tu relación o es una situación pasajera. Si es temporal, tiene fácil solución. Pero si, por el contrario, te das cuenta de que se ha convertido en un patrón de conducta, el paso a seguir es preguntarte desde cuándo y por qué se fue creando esa desmotivación en ti, en tu pareja o en ambos. ¿Qué hizo cada uno —o dejó de hacer— para llegar a la rutina? ¿Por qué? ¿Si te preguntara cuál es tu prioridad número uno, cuál sería tu primera e inmediata respuesta a esa pregunta? ¿Por qué es esa tu prioridad número uno? ¿Antes te divertías con tu pareja, o en general ha sido siempre una relación tranquila y sin demasiadas emociones extremas? ¿Qué te enamoró de tu pareja cuando salías con ella y eran novios? ¿Puedes identificar qué cambios ha habido en ti para caer en una desmotivación para hacer cosas con tu pareja?

Es fundamental descubrir si la desmotivación proviene de tu interior o ha sido generada por algo externo como la carga laboral, el estrés, la salud física, o si ha sido causada por comportamientos y actitudes de tu pareja hacia ti. En la medida en que tengas clara cuál es la raíz, podrás trabajar dicha desmotivación para tornarla nuevamente en alegría y ganas de vivir y compartir.

Es importante anotar que mi enfoque es desde una perspectiva espiritual y no olvidar preguntarse si la desmotivación o baja de ánimo puede tener una raíz de salud física.

Pregunta a tu corazón —no a tu mente— si sientes que existe una solución a tu situación y es algo temporal, o si, por el contrario, sientes que puede ser un síntoma de alejamiento y ruptura. Pregúntale si la desmotivación es por la rutina de la vida o si es debida a un enfriamiento en el sentimiento del amor. Esta respuesta te dará una visión más clara de lo que está sucediendo y si es una situación que tú y tu pareja pueden solucionar, o si tiene una raíz más grande que ambos deben confrontar con madurez y calma.

Tengo un genio espantoso y eso me crea muchos problemas con mi pareja

El mal genio, sumado a la impaciencia y la intolerancia, es quizás uno de los bloqueos más comunes en las relaciones interpersonales que he podido observar en mis consultas. Sin embargo, la buena noticia es que sea cual sea su causa o raíz, tiene una solución.

En este caso, hay más puntos a considerar para encontrar esa respuesta. Te invito a que te formules las siguientes preguntas:

1. ¿Considero que tengo un temperamento difícil? ¿Siempre lo he tenido, o fue cambiando con el tiempo?
2. ¿En mi familia hay personas con ese patrón de conducta?
3. ¿Mi mal temperamento es continuo? O, por el contrario, ¿hay situaciones que sirven como detonantes para ese comportamiento?
4. ¿Qué cosas me molestan de mi pareja?
5. ¿Qué cosas le molestan a mi pareja de mí?
6. ¿Soy capaz de expresar con palabras lo que me molesta? ¿O me quedo callado y lo expreso solamente a través de mi actitud de mal genio?
7. Cuando estoy de mal genio, ¿lo expreso con todas las personas que tengo a mi alrededor o solo me desquito con mi pareja?

Lo que llamas mal genio o mal carácter es algo que tu propia mente ha decidido adoptar como parte de tu personalidad y forma de ser. Ha sido, por lo tanto, algo aprendido, adquirido y que has decidido mantener en tu interior.

Quizás cueste asimilar esta explicación, pero si reflexionamos a consciencia y con humildad, la conclusión es que el libre albedrío ha determinado al final que tú o la persona que amas sean personas malgeniadas y de mal carácter.

Cuando alguien dice "No puedo controlar mi mal genio" o "Mi temperamento agresivo es más grande que yo", Dios le da a entender a través de sus propios sentimientos e intuición que no es así. Si tú decides cambiar, lo puedes hacer. Tú tienes ese poder dentro de ti. Cuando tú tienes un aspecto en tu personalidad que no te gusta, te lastima, te hace daño o te causa problemas y conflictos en tu vida, tú tienes la capacidad de eliminarlo y salir de esa trampa que tú mismo te has puesto. Al final, como ves, es un tema de decisión y, luego de tomarla, de mantenerte en ella y actuar.

Ahora bien, esto se aplica en el caso en que tú eres la persona malgeniada, pero quizás al leerlo estés pensando: "El problema no soy yo; el problema es mi pareja, ¡ella es la malgeniada! ¿Qué puedo hacer en ese caso?".

Créeme, yo también le formulé esa pregunta a Dios. Le dije: "Señor, ¿qué pasa cuando quien sufre de un mal carácter es la otra persona y no uno mismo?". Aquí es más complicado pues es la personalidad del otro y no la mía la que se manifiesta así y, por más que he intentado, no he podido cambiarle esa irascibilidad.

La respuesta puede sonarte escueta pero, créeme, es sincera y real: primero, como ya te lo he explicado, nadie puede cambiar a otra persona; la transformación solo se da cuando ella toma la decisión radical de hacer ese cambio. Segundo, si desde que conociste a tu pareja te diste cuenta de que era de malas pulgas, fue tu decisión aceptar esa forma de ser y continuar con ella. Tercero, si al comienzo no era malgeniada pero con el tiempo se fue volviendo más rabietas, también ha sido tu decisión estar en esa situación.

No pretendo que con esto que te acabo de decir sientas que no tienes salida y que ya estás condenado para siempre a convivir con el mal genio de tu pareja; ciertamente, tú puedes sembrar semillas de amor, comprensión, alegría y paciencia en ella a través de tu ejemplo, pero es mi responsabilidad ser honesta contigo y darte a entender que debes mantener el realismo y no olvidar que, al final, es ella quien debe seguir trabajando en ella misma y lograr que esas semillas crezcan en su interior para ver una transformación positiva.

Puedo llegar a ser intenso y absorbente, pero así soy yo

Cuando era niña, solía ver un programa de dibujos animados que me encantaba: Pepé Le Pew —su nombre en español era Zorrillo—. Quizás tú también lo viste, o eres más joven que yo, ¡y no tienes ni idea de qué te estoy hablando! Sea porque no lo recuerdas o porque eres de una generación diferente te lo voy a describir: era una caricatura de un zorrillo con un acento francés muy simpático que vivía enamorado de una gatita, pero tenía un aroma no muy agradable y además tenía una personalidad bastante intensa, así que cada vez que se acercaba a la gatita, ¡ella salía corriendo despavorida!

En muchas ocasiones hemos escuchado que la intensidad genera el efecto contrario al que aspira, es decir que si tú fuerzas una relación o eres demasiado obsesivo y absorbente, en lugar de hacer que tu pareja quiera estar contigo, vas a generar que se canse y salga despavorida como hace la gatita con Pepé Le Pew.

¿Cómo descubrir si eres del tipo "intenso"? Formúlate las siguientes preguntas:

1. Cuando estoy en una relación, ¿confío en mi pareja? ¿O creo que ella y yo debemos estar juntos todo el tiempo para sentirme tranquilo?

2. Si mi pareja no me está llamando o enviando textos continuamente cuando no está conmigo, ¿me desespero?

3. ¿Me da mal genio que mi pareja quiera pasar algún tiempo con sus amigos/amigas o quiera hacer alguna actividad sola en lugar de estar conmigo?

4. ¿Qué tanto respeto el espacio de mi pareja?

Existen varias formas de intensidad: 1. La que se da por dependencia, es decir, aquellas personas que sienten que no pueden ser ellas o lograr cosas en la vida sin su pareja; 2. La que se genera porque la persona no confía en ella misma o en su pareja, y por lo tanto siente que deben estar juntas todo el tiempo "para no correr el riesgo de perderla"; 3. La que resulta de la creencia en que una relación de pareja debe ser así, con un sentido de pertenencia extremo, quitando a la otra persona el derecho de tener su propio espacio.

Recibí en un mensaje que uno de los secretos en una relación de pareja es el respeto por el espacio de la otra persona, el cual se da gracias a la confianza que tengamos en ella. Si no hay confianza, es muy difícil llegar a darle dicho espacio. Todo en balance, hemos siempre escuchado decir. Pues bien, en este caso el balance se da cuando cada persona siente que puede ser auténtica y no se siente ahogada por la presión e intensidad de su pareja.

¡Todos son iguales!

Durante mi adolescencia yo caí en esta categoría de bloqueo. ¿Recuerdas que te conté que debido a las decepciones que sufrí en el amor y luego de ver como las cosas no se me daban con los chicos como yo las quería, me fui al extremo de pensar que todos los hombres eran iguales y tomé la decisión de cerrar las puertas al amor?

"Todos están cortados con la misma tijera" y "Es mejor estar sola que mal acompañada" eran mis mantras. Esa energía tan negativa me atrapó y, como es lógico, no me trajo nada bueno. Mi negativismo y depresión aumentaron, y me mantuvieron en un túnel muy oscuro por un buen período de mi vida.

Pero Dios me ayudó —como siempre lo hace—. Luego de varios años entendí que esta situación quería en realidad enseñarme muchas cosas y ayudarme a crecer. Entendí que ser negativa y depresiva no me ayudaba para nada; al contrario, entre más negativa y deprimida me sentía, sucedían más cosas negativas que me hacían sentir mal. Era tanta la angustia y desesperación mía y de mi mami —quien siempre ha estado ahí para apoyarme con su amor— al verme así, sumida en la tristeza, que finalmente me di cuenta de que la espiritualidad y la relación que tenía con los ángeles eran lo que me iba a ayudar a salir de ese hoyo negro.

¿Cómo descubrir si sufres del bloqueo "todos son iguales"? Hazte las siguientes preguntas:

1. Bien sea porque lo vi en mi familia o por vivencias personales con relaciones anteriores, ¿siento que le perdí la fe al amor?
2. ¿Escuché o he escuchado a miembros de mi familia decir "Todos son iguales" continuamente, hasta el punto de convencerme de que es cierto?

3. ¿Llegué a esta conclusión ya que siempre termino en una relación dañina para mí, en donde terminan repitiéndose los mismos patrones?
4. Si califico mi vida afectiva del uno al diez, ¿siento que es un uno o un dos, pues mis parejas nunca me han valorado o siempre terminan fallándome?

En lo que tú te enfoques en palabra, pensamiento y emoción es lo que atraes a tu vida. Si eres negativo, atraes lo negativo, y lo mismo sucede con lo positivo. Por lo tanto, si tú dices que todas las personas son iguales o que es mejor estar solo que mal acompañado, eso es exactamente lo que estás atrayendo hacia ti. Pueden ser palabras dichas de labios para afuera, pero si las repites constantemente, estás dándoles un poder enorme sobre tu vida que tarde o temprano llegará a manifestarse.

Así como hay personas que no valoran, hay otras que sí. Así como hay personas con un corazón sucio, hay muchas más con un corazón limpio. ¡No sirve de nada generalizar! Si lo haces, aquello que lograrás es que nadie se te acerque, ¡ni para preguntarte la hora!

Piensa diferente y cree que en el mundo hay personas buenas y con un corazón bonito . Si cambias en tu interior, tu exterior también tendrá una maravillosa transformación.

¡Nadie me gusta!

Este tipo de bloqueo es el opuesto al anterior, ya que no tiene que ver con que nadie se te acerque, sino que, por el contrario, tienes pretendientes pero ninguno cumple con tus expectativas.

No estoy diciendo que no sea importante tener ciertos parámetros sobre el tipo de persona con quien deseas establecer una relación. De hecho, es muy importante tener claro cuál es ese perfil de pareja que deseas. El punto está en que, como todo en la vida, haya un balance y no te vayas al otro extremo, en el que buscas que esa pareja ideal sea un diez y cumpla con absolutamente todos tus requisitos, hasta que llegas a sentir que es imposible encontrar a alguien así y terminas alejando a aquellas personas interesadas en ti.

¿Cómo descubrir si eres del tipo "no me gusta nadie"? Pregúntate lo siguiente:

1. ¿Me fijo demasiado en los detalles físicos y de personalidad en quienes me pretenden?
2. ¿Soy una persona que critica y juzga duramente a los demás?
3. ¿Me dejo llevar solamente por la primera impresión que una persona me causa para querer mantener un contacto con ella?
4. ¿Me considero una persona rígida en su manera de pensar?
5. ¿Siento que nadie "me da la talla"?

No conozco a nadie
Incluyo este bloqueo como una subcategoría, pues tiene una conexión con el sentimiento de sentir que nadie me gusta. Te lo explico: en muchas ocasiones he escuchado a personas decirme en consulta que seguramente vinieron a esta vida a estar solas como unas ostras pues, mientras todos sus amigos o amigas ya están casadas y felices compartiendo su vida con su media naranja, ellas no han conocido a alguien que pudiera llegar a ser su pareja.

Pues bien, he descubierto que en muchos de esos casos no se ha tratado de la falta de oportunidades sino más bien de una excesiva rigidez en cuanto a darse oportunidad de iniciar una amistad con personas que pueden no ser un diez bajo sus parámetros y, por lo tanto, las dejan a un lado sin conocerlas realmente.

----------❦----------

*C*uando miras a tu alrededor con los ojos del corazón es cuando en realidad puedes observar aquello que pasa desapercibido para tus ojos físicos.

----------❦----------

Una pregunta para descubrir si tienes este tipo de bloqueo es: ¿realmente qué tan abierta está en mí la puerta de querer conocer a alguien? Puede sonar un tanto contradictoria, pues seguramente estarás pensando en este momento: "¡Claro que tengo la puerta abierta para el amor! Si no la tuviera, ¡no estaría leyendo este libro!". Pero, aunque a primera vista suena obvio, el hecho es que los seres humanos somos tan contradictorios que a veces pensamos una cosa y la realidad termina siendo lo contrario. Por eso es muy importante que sea tu corazón el que responda esta inquietud para descubrir la respuesta real y no la que la mente te hace pensar que es la verdadera. Pregúntale a tu corazón si es cierto que no has conocido a absolutamente nadie o si, por el contrario, has conocido personas que han mostrado interés en ti pero no te han gustado por una u otra razón.

Mi intención no es decirte que tienes que obligarte a tener interés en alguien si esa persona no te gusta. Es entendible si no te interesan quienes te pretenden, no se trata de que tengas que aceptar a cualquier persona para no sentir que las puertas de tu corazón están cerradas al amor. Una vez más te doy la palabra mágica: balance. Los extremos no son buenos, lo sabemos. Por lo tanto, la clave está en que confirmes si esa puerta está abierta, primero, y, luego de confirmarlo, si te has permitido a ti mismo conocer un poco más a fondo a las personas que han mostrado un interés en ti o si por el contrario los filtros que aplicas en ellas ¡son impasables!

Los ángeles me ayudaron a entender la importancia de mantener un equilibrio entre la realidad y mis expectativas, recordándome que yo también soy un ser humano y, por lo tanto, soy imperfecto. Si lo soy, ¿por qué olvido que las personas con las que me relaciono también lo son? ¿Cómo puedo exigir perfección si yo tampoco la poseo? Ese realismo se puede aplicar en todas las circunstancias de la vida, pero en la parte emocional es especialmente importante no olvidarlo para evitar grandes obstáculos.

Mi pareja y yo tenemos metas y objetivos diferentes en la vida

Este es otro de los grandes bloqueos en el amor. Hemos escuchado por parte de expertos en el tema de relaciones que para que una relación funcione es muy importante que haya una compatibilidad en cuanto a los objetivos y metas a futuro; no obstante, el hecho de que haya diferencias en ellas no significa que sea imposible mantener la relación.

¿Cómo descubrir si eres del tipo "no somos compatibles en las metas que cada uno tiene en la vida"? Formúlate las siguientes preguntas:

1. ¿Qué tan dispuesto estoy a dejar a un lado cosas valiosas por mi pareja?
2. ¿Qué tanto busco que en la relación sean mis metas y objetivos los que valgan y busquemos alcanzar?
3. ¿Qué tanto busco que en la relación sean las metas y objetivos de ambos los que busquemos alcanzar?
4. ¿Sé con certeza y total claridad cuáles son las metas y objetivos de mi pareja?
5. ¿Apoyo a mi pareja en sus objetivos individuales?
6. ¿Pienso primero en mí o primero en los demás?

El crecimiento personal y espiritual se da en gran medida a través de las experiencias que vives con los demás y, puntualmente, con una pareja a nivel emocional. No se trata solamente de compartir las cosas en que ambos están de acuerdo, sino también en las que no lo están. Este último caso es lógicamente más exigente, pues exige aplicar cualidades como la paciencia, la tolerancia, la prudencia, la comprensión, la flexibilidad y otras más. Cuando hay compatibilidad es fácil mantener una relación. Ahora bien, no busco que pienses o sientas que con estas palabras te estoy diciendo que si tu vida es un tormento por la gran incompatibilidad entre tú y tu pareja, y tu corazón te dice que esa persona no es para ti, debas permanecer en esa vida de sufrimiento y te desgastes luchando por convertirla en una relación de compatibilidad total; el objetivo es ayudarte a entender que si tú y tu pareja saben que son el uno para el otro, se aman y son compatibles en ciertos aspectos, pueden con seguridad, si su libre albedrío lo permite, trabajar en aquellos en los cuales no lo son, para así encontrar un punto medio.

Ser compatibles no significa estar de acuerdo en absolutamente todos y cada uno de los aspectos de sus vidas. Esto no sería realista, pues cada uno tiene maneras de pensar y sentir diferentes. Lo importante es no permitir que el ego, la soberbia o la rigidez se conviertan en obstáculos impasables.

Para saber si de tu parte es posible encontrar puntos medios con tu pareja, hazte estas otras preguntas: ¿qué tan dispuesto estás a ceder para encontrar un punto medio con tu pareja?, ¿qué tan dispuesto estás a dejar a un lado e incluso sacrificar deseos propios para llegar a un acuerdo con ella?

Cuando hay amor verdadero uno es capaz de dejar a un lado o sacrificar cosas que tiene por la otra persona. Esto me sucedió: mi esposito —al que llamo un regalo de Dios— es de un país diferente al mío, así que si yo quería estar con él debía renunciar a la vida que tenía en mi país, mi familia, mis amigos, mi trabajo, en fin, todo. Nunca olvidaré lo que Dios me dijo en esos momentos: "Tu decisión está entre tu profesión o el amor". ¡Más claro no pudo hablarme! Obviamente, mi respuesta fue el amor. Aunque no fue fácil dejar a mis papás y mi vida en general, en el fondo sabía que eso era lo que debía hacer, pues Dios me había enviado a esa persona que tanto había anhelado y con quien podía formar mi vida para siempre.

Eso es lo que Él busca haciéndote esas dos preguntas: analiza qué tan dispuesto estás a renunciar a cosas que de pronto son muy valiosas para ti, pero que pueden convertirse en obstáculos para compartir el amor con tu pareja. Si sientes en lo más profundo de tu corazón que la persona con quien estás es el amor de tu vida, y hay metas u objetivos que les están impidiendo ser felices, analiza a qué puedes renunciar o en qué puedes ceder para mantener tu relación viva, y si realmente estás dispuesto a decirles adiós con tal de conservarla.

———————— ✂ ————————

Lo intangible es lo real; lo tangible es lo pasajero.

———————— ✂ ————————

Ahora bien, si tu caso es el opuesto, en el que tu pareja es quien no quiere ceder para encontrar metas en común, la invitación que te hago para manejar esta situación es que a través del diálogo le propongas encontrar puntos medios. Cada vez que surja una situación en la cual es necesario tomar decisiones para lograr metas y objetivos en la relación, pregúntale a tu pareja: "¿Qué punto medio existe para esto?". Si utilizas esta frase como punto de partida en la conversación, le darás un tono de balance y equilibrio, el cual es mucho más invitador al diálogo que decir inmediatamente "¡Esto es lo que yo opino que debe hacerse y punto!" o "Lo que se tiene que hacer es...". Fíjate como cambia el tono: en estos últimos casos suena mucho más impositivo, y genera que la otra persona asuma una cierta actitud defensiva, en la que sienta que debe proteger sus opiniones y objetivos, lo cual puede desencadenar un desacuerdo y hasta un conflicto.

Las personas que llegan a mi vida tienen una larga historia sentimental o tienen hijos de relaciones anteriores, ¡y yo le huyo a eso!

Este bloqueo es más común de lo que se piensa. A nivel personal he conocido muchas personas que, al darse cuenta de que quien les gusta tiene hijos de relaciones anteriores, ¡salen disparadas como si hubieran visto un fantasma!

Sobre todo llegando a cierta etapa de la vida —de los treinta años en adelante—, se ha vuelto más común conocer personas que ya han tenido relaciones anteriores, se han casado y han tenido hijos. En especial para aquellas personas que no han pasado aún por esas experiencias, aceptar una pareja con una historia en el tema afectivo puede llegar a ser un fuerte desafío, así que prefieren estar solas que tener que lidiar con ella, y más bien esperar por alguien que esté cero kilómetros en ese sentido: sin matrimonios a cuestas, y mucho menos, hijos.

¿Cómo descubrir si eres del tipo "si es separado o tiene hijos, ¡ni loco me meto en esa relación!"? Pregúntate lo siguiente:

1. ¿Me considero una persona celosa con mi pareja?
2. ¿Qué tanta confianza tengo en mis propias capacidades y virtudes?
3. ¿Me da miedo enfrentar retos grandes?
4. Si algo se ve difícil a primera instancia, ¿pierdo el entusiasmo y prefiero alejarme en lugar de aceptar el reto?
5. ¿Me gusta ser el centro de atención? O, por el contrario, ¿prefiero mantener un bajo perfil?

Como todo en la vida, al final es tu decisión lo que quieres o no quieres vivir, así que respeto tu libre albedrío al cien por ciento. Sin embargo, si consideras o sientes que, a pesar de tener esa resistencia al tema de relaciones anteriores o hijos de otras personas en tu relación, quisieras en el fondo arriesgarte y darte una oportunidad con alguien que te gusta, a continuación te comparto los consejos que Dios y los ángeles me entregaron para que los pongas en práctica, esperando que te ayuden a definir tu corazón:

1. Pregúntate a ti mismo cuál es ese miedo que te hace huir del pasado emocional de la otra persona. ¿Es un temor a sentir que existe una —o unas— sombra de personas del pasado en tu pareja? ¿Es un temor a enfrentar el reto de crianza de sus hijos? ¿Es una inseguridad de sentir que tu pareja no es solo tuya sino que la compartes con sus hijos?

2. ¿Cuál sientes que es o ha sido la actitud de tu pareja con respecto a su historia? ¿La quiere compartir contigo? ¿Quiere que tú formes parte de ella? ¿O ve su historia como algo separado de ti e, incluso, sagrado?

3. ¿Crees que si la persona ha tenido relaciones anteriores va a tener en su relación contigo mañas difíciles de manejar para ti?

4. ¿Crees que si la persona tiene hijos va a existir una competencia constante entre tú y ellos por el amor de tu pareja?

———————∞———————

Aceptar con amor es compartir con actitud abierta aquello que el otro es sin juicios ni exigencias.

———————∞———————

En el caso en que tú seas quien tiene otras relaciones a cuestas o hijos, te invito a que te preguntes si, quizás de manera inconsciente, has enviado a tu pareja el mensaje: "Tienes que aceptar desde el comienzo todo lo que soy y lo que tengo, ¡y tienes que amar a mis hijos desde el inicio como los amo yo!". No olvides que todo es un proceso y que tu pareja necesita un tiempo de adaptación y ajuste. Si ella te ama, te aseguro que pondrá todo de su parte para aceptar tu historia y aceptar a tus hijos. Pero hay que darle tiempo. El amor se construye poco a poco, así que en casos como este, es especialmente importante aplicar esta premisa.

No importa quién sea; lo importante es tener a alguien a mi lado y no estar solo

Hace más de veinticinco años tuve una consulta que siempre recordaré. Se trataba de una señora muy amable, quien estaba casada con un hombre que no la trataba bien y obviamente eso la hacía sufrir mucho. No sabía si continuar en esa relación o si dejarlo. El mensaje que recibí para ella fue: *"Los seres humanos confunden tener la compañía de alguien con sentir una materia a su lado, cuando en realidad la compañía se trata de compartir y sentir el apoyo de ese otro ser"*. Dicho de otra forma, los humanos creemos que estamos acompañados cuando tenemos a una persona a nuestro lado, aunque no necesariamente estemos recibiendo amor verdadero por parte de ese alguien. Terminamos a veces dándole más importancia a la compañía física y tangible, que a la compañía emocional, la cual se traduce como apoyo, comprensión o, en una palabra, amor.

¿Cómo descubrir si eres del tipo "no importa con quién sea, pero yo solo, ¡ni loco!"? Responde las siguiente preguntas:

1. ¿Qué tan fuerte es mi amor propio?
2. ¿Soy una persona autosuficiente o tiendo a depender de otros?
3. ¿Si no estoy en una relación afectiva siento que no puedo ser feliz o tener paz?
4. ¿Me da pánico la soledad?

———————∞———————

El amor es de adentro hacia afuera, no al contrario. Esto quiere decir que para que tú puedas recibir el amor como lo deseas, debes darlo primero, y así, este retornará a ti engrandecido.

———————∞———————

Otra parte de este bloqueo es que para muchas personas tener a alguien a su lado es la manera de sentir que realmente pueden ser felices, es decir, si están solas, no pueden por ningún lado encontrar la felicidad. Si bien es cierto que los seres humanos fuimos creados para estar en compañía, no significa que no debamos aprender a no depender de otros para poder sentirnos bien. Te explico: aquellos momentos en los que decimos que estamos solos es cuando realmente estamos con nosotros mismos. Esto quiere decir que en esas etapas en las que no estás en una relación, la vida te está dando una oportunidad para que te conozcas más a ti mismo, compartas contigo mismo, te des gusto y te consientas, pues la tendencia que tenemos los humanos es que al estar enamorados nos entregamos al otro y ponemos nuestro propio ser en una especie de segundo lugar. Dejamos de ser nuestra prioridad para dar a nuestra pareja, nuestros hijos, etcétera, ese primer lugar. Por lo tanto, hay que mirar esas etapas de soledad como etapas de relación con nosotros mismos y, así, perderles ese miedo que a veces es difícil de manejar y controlar.

¡Mi pareja y yo somos polos opuestos en todo!

Muchas veces hemos escuchado la frase "Los polos opuestos se atraen". Y es cierto; por razones que no se entienden de manera lógica, muchos terminan sintiéndose atraídos hacia personas totalmente diferentes a ellas. Esto puede llegar a ser tanto divertido como difícil de lidiar, dependiendo de cuán grandes son las diferencias y, obviamente, de la manera en que cada persona las maneja en la relación.

¿Cómo descubrir si eres del tipo "mi pareja y yo somos como agua y aceite"? Pide a tu corazón responder las siguientes preguntas:

1. ¿Me considero una persona que sabe escuchar a los demás?
2. ¿Soy rígido en mis opiniones y formas de pensar?
3. ¿Me molesta o me duele cuando los demás hacen las cosas de manera diferente a como yo creo que deben ser hechas?
4. ¿Soy una persona compasiva, es decir, alguien que se pone en los zapatos del otro para entender cómo se siente?
5. ¿Acepto otras opiniones con madurez y humildad?
6. ¿Me molesta cuando alguien me lleva la contraria, así esa persona tenga la razón?

Cada ser humano es un universo distinto, es importante partir de esta base. En la medida en que se va conociendo a la pareja, vamos descubriendo tanto las cosas en que son compatibles como en las que no. Siempre encontrarás más similitudes y más diferencias entre tú y tu pareja en la medida en que la relación avanza. Por eso es tan importante recordar siempre que ustedes son dos universos distintos y que la meta es encontrar un punto medio en el que ambos respeten sus diferencias y pueda por lo tanto haber un idioma común que les permita manejarlas de una manera armónica.

Aprende a manejar las diferencias, y no pretendas que la otra persona sea exactamente como tú eres o como quieres que ella sea. Utiliza el respeto como punto de partida para que tu relación pueda funcionar.

Cuando se dan las incompatibilidades que no son reconciliables, en muchos casos sucede porque cada persona se niega a ceder en sus opiniones y solo espera que sea el otro el que cambie y se ajuste a lo que ella considera es o debe ser. Si tú y tu pareja se aman profundamente pero han tenido problemas en su relación debido a la incompatibilidad de caracteres, analiza con calma si dichas diferencias podrían ser manejadas de una manera en la que busquen puntos medios y no se dejen llevar por el orgullo y el ego de sentir que "Yo tengo la razón" y "Él/ella es quien debe cambiar".

En el caso en el que sea tu pareja la que no cede por más que tú has intentado buscar ese punto medio, el mensaje es que, partiendo de la base de que hay amor entre los dos, analices hasta qué punto puedes y quieres ceder en ciertas cosas para llegar a ese sitio de encuentro. Fíjate que no te estoy diciendo que tengas que renunciar a todo de tu parte y sientas que no mereces defender tus creencias y opiniones para alcanzarlo, sino que, sin perder tu dignidad, o sin sentir que estás sacrificando lo que tú eres, mires en qué puedes ceder para que puedan encontrar un punto medio en la situación. Si ambas personas se quedan en el punto "Mi pareja es quien debe cambiar su opinión, no yo", se van a estancar en ese momento y no van a avanzar. O, mejor, la bola de nieve de las diferencias entre ambos puede seguir creciendo hasta llegar a la decisión "No somos compatibles para nada y nuestras diferencias son irreconciliables".

El amor permite ceder y permite encontrar los puntos medios.

Pide a Dios y a tus ángeles que te ayuden a tener claridad si hay amor real entre tu pareja y tú. Ellos te lo harán sentir, te lo aseguro. Confía en la respuesta y no la cuestiones. Si la respuesta es positiva, hay una salida. Cuando no hay solución es cuando el amor se ha acabado. Pero si aún existe, hay una posibilidad de solución.

Yo solo salgo con personas que mi familia acepta

Con esta frase no quiero decir que la opinión de la familia no sea importante o que sea un problema en general. Con este bloqueo me refiero puntualmente a aquellas situaciones en las cuales una persona deja a un lado sus propios sentimientos y formas de pensar con respecto a sus parejas para hacer caso a lo que otros les dicen que hagan o dejen de hacer. Te lo ilustro con un ejemplo: en una ocasión tuve una consulta con una chica muy simpática, quien llevaba una relación de más de dos años con su novio y, aunque tenían planes de estar juntos, ella dudaba mucho de dar el paso, pues su familia no lo aceptaba. ¿La razón? Él provenía de una familia más humilde, de menos recursos, y no tenía la misma educación que ella. "Él es un muy buen hombre y nos amamos mucho —me dijo— pero lo que opine mi familia es muy importante para mí, así que no estoy segura si continuar con mi relación con mi novio o terminar con él".

El mensaje que recibí para ella fue que, respetando la opinión de su familia, pues ellos lógicamente lo que siempre quieren es el bien para ella, preguntara a su corazón —no a su mente— si sentía que su novio y ella se amaban de verdad. Respondió que sentía la respuesta como un "Sí", así que decidió hablar con su familia de una manera muy tranquila, madura y amorosa y les hizo ver que el amor entre ella y su novio era real y que ella era feliz con él. Su familia la escuchó y decidió apoyarla en su decisión. Hasta el momento siguen juntos, están felices e incluso haciendo planes para casarse y radicarse en otro país.

¿Cómo saber si eres del tipo "yo hago solo lo que mi familia me dice"? Hazte las siguientes preguntas:

1. ¿Acostumbro pedir a todo el mundo su opinión sobre lo que me pasa?
2. ¿Me dejo convencer fácilmente por las otras personas?
3. ¿Me da miedo expresar mis opiniones o lo que siento sobre una situación por temor al qué dirán?
4. ¿Soy una persona insegura?
5. ¿Me da miedo o vergüenza decir que no aunque sea lo contrario a lo que deseo hacer o decir?
6. ¿Mis padres —o uno de ellos— son o fueron autoritarios?

Con este punto no pretendo decirte que no debes prestar atención a los consejos que tus padres te entreguen, ni que solamente debas hacer lo que quieres y con quien quieres sin importar lo que piense tu familia al respecto. Estos son extremos. El mensaje aquí es que, en la medida en que llegues a una madurez e independencia emocional, es importante tomar tus propias decisiones. Por supuesto que puedes dialogar y pedir consejo a tus padres o a personas maduras en cuyo criterio confíes, pero respetando también lo que tu propio corazónte diga.

———————❧———————

Escucha consejos y examínalos no solo con tu mente sino con tu corazón. Pero, primero que todo, escucha los consejos de Dios. Él te guía y te muestra el camino perfecto para ti.

———————❧———————

A veces da mucho temor sentir que estamos cometiendo un error si hacemos algo diferente a lo que nuestros padres o figuras importantes nos aconsejan. Yo escucho a mis papás constantemente y les pido consejo todo el tiempo, pero también aprendí a confiar en la voz de mi intuición para llegar a ese punto en común y sentir que estoy haciendo lo que Dios quiere, sin dejar de considerar lo que mis padres me aconsejen. Es un consenso; esto es lo que les he explicado a ellos y ellos afortunadamente lo entendieron. La confianza que la familia tenga en uno también es importante, para que ellos puedan darnos el espacio que necesitamos para tomar nuestras propias decisiones.

Cuando es la familia de tu pareja la que se interpone

¿Qué sucede cuando es el caso contrario, es decir, cuando es la familia de tu pareja la que interviene y trata de convencerla de que tú no eres la mejor persona para ella? En este caso, como es obvio, la decisión final recae sobre tu pareja. Un gran consejo que te comparto es no poner a tu pareja entre la espada y la pared, es decir, pretender que elija entre su familia y tú. La decisión debe nacer de la persona y no como una presión emocional o incluso sicológica que ejerzas sobre ella. Cuando las cosas se manejan así, en la gran mayoría de los casos no salen bien para la relación. La idea es dialogar y darle a entender que respetas la opinión de su familia pero que es importante que ella, de manera justa y objetiva, analice sus sentimientos y los tuyos, y sienta si hay amor verdadero entre ustedes o no. Y si lo hay, que indague si esos asuntos que por alguna razón no agradan a su familia pueden ser analizados y trabajados de manera que haya un cambio positivo.

La tarea de tu pareja es, por su parte, dialogar con su familia y pedir el espacio que ustedes merecen, pero sin querer poner a ninguno en contra del otro. La idea es que todos entiendan que cada persona y cada pareja requiere tener una intimidad, un espacio propio y libertad para tomar decisiones. Si tú y tu pareja están casados, es aún más importante que tengan dicha independencia y espacio. Y en este caso, es responsabilidad de tu pareja —o tuya si es tu familia la que interviene— hacerles entender que reciben con amor sus consejos, pero que al final es decisión de ustedes los pasos a tomar con respecto al manejo que dan a su relación.

El sexo opuesto no me toma en serio y solo me ve para pasar el rato

Hay personas que, al mirarlas, irradian una energía muy *sexy*, como se dice en mi país. Esto significa que cuentan con un estilo de ser y de verse muy atractivo para los demás. Este atractivo no es solamente a nivel físico, sino en su personalidad y carácter. Son personas muy magnéticas que definitivamente llaman mucho la atención, sobre todo del sexo opuesto.

Esto puede sonar como un gran punto a favor para quien posee dicha energía magnética, pero también puede llegar a convertirse en una situación de desafío, ya que en muchos de estos casos los demás ven a estas personas con ojos más de deseo y química que de una relación estable y duradera. Son, como he escuchado a varias personas decir, solo consideradas para pasar un rato agradable, disfrutar de los placeres del mundo, y nada más.

¿Cómo descubrir si eres del tipo "los demás no me valoran"? Responde lo siguiente:

1. ¿Tengo una autoestima alta y fuerte?
2. ¿Me cuesta trabajo decir que no así esté en contra de mis propios deseos?
3. ¿Necesito sentir que recibo aceptación por parte de los demás?
4. ¿Creo que si no complazco a quienes están conmigo en lo que quieren van a perder su interés en mí?
5. ¿Estoy en una búsqueda angustiosa del amor?
6. ¿Me considero una persona impaciente, que quiere todo ya?

¡La solución no está en dejar de arreglarte para lucir menos atractivo! Ser lindo física e interiormente es una bendición de Dios. Lo importante es darle más fuerza a lo interior para que sea esa la energía que se imponga, y que quienes se acerquen a ti sean aquellos que perciben dicha belleza interior.

La otra modalidad en esta categoría, si lo puedo definir así, es aquella persona que durante toda su vida ha recibido halagos por su belleza física, y por ello termina convenciéndose de que eso es lo único que la hace valiosa; se obsesiona con su imagen, y cree que si la pierde o se ve menos bonita, nadie la va a querer. Este es el caso de muchas personas que se vuelven adictas a las cirugías plásticas pues sienten que solo viéndose perfectas físicamente es como van a ser valoradas y van a tener un amor a su lado.

Verse bien es muy importante; es algo que no podemos negar. Sin embargo, es fundamental no perder el balance entre la imagen que realmente cuenta, que es la imagen que tienes de ti mismo y lo que eres a nivel interior. Si te sientes feo, el mundo te verá feo, y viceversa: si te sientes bien contigo mismo, te quieres y te aceptas, eso es lo que irradiarás hacia el exterior y la gente te verá con esos ojos también.

Quienes permiten que otros los vean solamente como un objeto sexual o una distracción temporal es porque en realidad no se aman a sí mismos. Si tú permites que las personas lleguen a tu vida y solamente busquen el placer físico contigo, no te estás queriendo lo suficiente. La autovaloración es parte de ese amor que debes profesarte siempre hacia ti mismo. Por ello, en la medida en que te valores, así mismo los demás te valorarán.

Mi pareja y yo siempre terminamos peleando por asuntos de dinero

Esta es una de las principales causas de divorcio y separación entre las parejas. Hablar de dinero no es fácil pero es necesario hacerlo, ya que si las diferencias en este tema son muy profundas o extremas, puede llevar a un rompimiento doloroso y permanente.

¿Cómo descubrir si perteneces a la categoría de "el dinero es la causa de todos los males"? Responde las siguientes preguntas:

1. ¿Creo que el dinero se ha convertido en el tema principal en mi relación?
2. ¿Mi pareja y yo tenemos totalmente claro lo que cada uno piensa y siente sobre el dinero?
3. ¿Estoy de acuerdo con la manera en que mi pareja maneja el dinero y viceversa?
4. ¿Siento que puedo hablar libremente con mi pareja sobre el tema de dinero sin temor a discutir?
5. ¿Tengo un concepto positivo del dinero? ¿Lo veo como una herramienta para crecer y compartir?

Existen, como en todos los demás, diferentes escenarios en este bloqueo: 1. Que una persona sea generosa y la otra, tacaña; 2. Que uno sea ahorrativo y el otro, derrochador; 3. Que uno sea muy apegado al dinero, mientras que al otro no le importe el dinero para nada; 4. Que uno maneje el dinero con el día a día, mientras que el otro esté siempre pensando en asegurar el futuro. 5. Que uno esté lleno de deudas y el otro evite a toda costa deber algo a alguien.

Antes de hablar en más detalle sobre este tema, considero que es importante recordarte que no hay en realidad un conflicto entre el dinero y la espiritualidad. Infortunadamente a lo largo de los años ha habido una mala interpretación de la Biblia que ha creado la teoría de que el dinero es un pecado. Respetando la manera de pensar de cada quien, te digo que no es así. Yo misma tuve conflictos internos con el tema del dinero, pero los ángeles me explicaron que Dios puso en todos y cada uno de nosotros dones y habilidades que debemos aprovechar y que, al vivir en un mundo material, recibamos una compensación a lo que damos en forma de dinero. Estamos en un mundo material y por lo tanto tenemos necesidades materiales. Lo que nos aleja de Dios es darle al dinero más prioridad que a Él. Es lo que escuchamos como "adoración al dios dinero". Este es el camino equivocado. En la medida en que nunca olvides que todo lo que tienes es gracias a Dios, que Él es la verdadera fuente y el verdadero recurso, y que el dinero es únicamente el resultado de lo que entregas a los demás, le estás dando el lugar que se merece y no lo estarás poniendo por encima de Dios.

El dinero es un resultado de aquello que haces con amor; no es el objetivo. Si ves el dinero como el objetivo, el camino para llegar a él te será más largo y dispendioso.

Te puedo resumir los consejos para manejar este aspecto del dinero en los siguientes puntos:
- Cuando necesites hablar de dinero con tu pareja, hazlo en un momento adecuado: que ella no esté cansada, con mucha hambre, con sueño, estresada por temas en el trabajo, con alcohol en la cabeza,

¡o viendo el capítulo final de su programa de televisión favorito! Busca un espacio en el que ambos estén tranquilos, relajados, sin hambre y que no los vayan a interrumpir.

- Si están en una relación de noviazgo con planes de casarse, es importante hablar de la visión que cada uno de ustedes tiene con respecto al manejo del dinero y las finanzas para saber que están en la misma página y que no van a encontrarse con sorpresas desagradables cuando ya estén casados.

- Traten de buscar un acuerdo en el que ambos, tú y tu pareja, sientan que están en las mismas condiciones y que ninguno esté tomando ventaja del otro.

- En la medida en que compartan el uno con el otro, ten la seguridad de que el dinero fluirá. Aquello que a nivel energético y espiritual genera bloqueo en el dinero es el egoísmo o no querer compartir, la falta de perdón y la ambición desmedida.

- Creen un fondo común. Sentir que existe una meta compartida es un gran motivador para compartir y trabajar por dicho objetivo.

- No tengan secretos con respecto al dinero. Sean honestos el uno con el otro en la medida en que cada persona lo permita sin que su pareja no se vaya a aprovechar.

- En lo posible, busquen que cada uno tenga una fuente de ingreso independiente, así sea parcial. Esto quiere decir que en la medida en que exista cierta independencia económica va a ser más fácil la armonía en la relación, pues en muchos casos los problemas surgen cuando una persona depende totalmente de la otra, ya que hasta necesita para un par de medias y quizás llega un momento en el cual la pareja se molesta por sentir que le pide todo el tiempo y a partir de allí se empiezan a generar conflictos y discusiones. Por eso es tan importante ahorrar cuando se tiene la oportunidad para que, si por alguna razón hay una etapa de apretarse el cinturón, se pueda contar con ese respaldo y no caer en la dependencia económica total del otro.

La diferencia de edad entre mi pareja y yo es muy grande

Dejando a un lado los parámetros de la sociedad —como por ejemplo aquellos que dicen que uno debe estar casado a cierta edad, o que la diferencia cronológica entre la pareja no debe ser superior a dos o tres años, etcétera—, existen casos en los cuales ese espacio puede generar ciertos retos que otras parejas más contemporáneas no enfrentan.

El amor no tiene barreras, es cierto; aquí no pretendo decirte que la diferencia en edades sea un problema. Con este bloqueo lo que busco explicarte es cuándo, tal y como sucede con cualquier otro de los que he incluido en este libro, no saber manejar la situación o llevarla a extremos puede crear dificultades difíciles de sobrepasar.

¿Cómo descubrir si eres del tipo "hay muchos años de diferencia entre mi pareja y yo"? Responde desde tu corazón las siguientes preguntas:

1. ¿Me siento mejor o soy más compatible con personas que son mayores o menores que yo comparado con personas de mi edad?
2. ¿Me gustan las personas mayores porque así siento que estoy protegido/a?
3. ¿Me gustan las personas menores que yo porque me gusta proteger y cuidar a quien es mi pareja?
4. ¿Le tengo miedo a la vejez?
5. ¿Me da pena decir la edad que tengo realmente?

Yo conozco personas que tienen relaciones con parejas que son hasta veinte o veinticinco años menores o mayores que ellas y son felices; como ves, no se debe generalizar y decir que ese tipo de relaciones no funciona. Lo importante es tener la claridad de que una diferencia generacional requiere más dedicación para que funcione la relación, pues hay maneras muy distintas de ver las cosas, se pueden llegar a tener diferentes objetivos y también la edad tiene un efecto a nivel físico.

Un ejemplo de este caso es el de Clara (nombre ficticio), quien vino a consulta para pedir orientación sobre su relación con un hombre mucho mayor que ella. La diferencia era de casi treinta años, pero estaban muy enamorados el uno del otro. Era una relación muy estable y un amor muy transparente y bonito de parte y parte. Eran muy felices juntos, pero, como es obvio, la diferencia en edad creó un temor hacia lo que podía ser el futuro para ellos como pareja.

El mensaje que recibí para Clara y su novio fue que en la medida en que cada uno tuviera claras las condiciones que un tipo de relación como este genera, tanto a nivel físico como emocional y espiritual, y las aceptaran y vivieran con ellas con tranquilidad, podrían seguir juntos. Si luego de considerar los limitantes y retos que pueden llegar a presentarse se aman y están dispuestos a enfrentarlos, ¡adelante! ¡El amor será ese motor que les ayudará a vencerlos!

------⸸------

No te presiones a que debes estar con alguien distinto porque crees que eso es lo correcto. Lo correcto o incorrecto es muy subjetivo y es algo que Dios te hace saber, sentir.

------⸸------

Como te das cuenta, en pocas palabras el mensaje que Dios entregó a Clara fue que tanto ella como su pareja debían ser totalmente conscientes de que una relación de este tipo puede enfrentar retos mayores o diferentes a los de otras relaciones, pero que si hay amor verdadero, pueden manejarlos.

Por lo tanto, si este es tu caso, confirma si el amor que existe entre tú y tu pareja es tan fuerte como para poder sobrepasar cualquier obstáculo que la diferencia de edad pueda generar y, además, mantengan un realismo con respecto a las dificultades que esta conlleva. En la medida en que no evadan la realidad, podrán llegar a disfrutar de la relación que tienen.

Mi pareja y yo siempre estamos compitiendo

En estos tiempos actuales, en los que sobre todo las mujeres están cada vez ocupando más y más posiciones de alto nivel en el mundo corporativo, la competencia profesional con sus parejas se ve con mayor frecuencia.

¿Cómo descubrir si eres del tipo "mi pareja y yo estamos en competencia constante"? Responde las siguientes preguntas:
1. ¿Me duele o me da mal genio perder, así sea en un juego?
2. ¿Me gusta ser siempre el centro de atención en donde estoy?
3. ¿Mis padres me enseñaron que si no soy el primero en lo que hago, no soy bueno o no sirvo?
4. ¿Para mí es muy importante lo que digan otros de mí?

No solo en el campo del trabajo sino en general, cuando compites, la motivación que existe en tu interior realmente es impulsada por el temor a sentir que alguien es mejor que tú. Es un miedo combinado con orgullo y falta de humildad, pues si tú, en cualquier campo de tu experiencia humana, necesitas sentir que le estás ganando al otro, muestras que no tienes seguridad en ti mismo —miedo— y que no permites que otro esté por encima tuyo —orgullo y falta de humildad—. Esto no significa que luchar por ganar sea incorrecto o malo; por el contrario, ¡tener la motivación de ser cada día mejor, con amor y humildad, es maravilloso! Pero, como ya te lo expliqué, si la motivación es el orgullo y el miedo, estamos hablando de algo diferente, de un deseo de sentir que eres el primero sobre el otro, que tú eres el ganador, y esta sensación, en este caso, es llevada por el ego.

Competir motivado por ego y orgullo agota. Competir por el deseo humilde de ser mejor cada día para dar más a los demás llena de energía y vitalidad. Cuando estás en una relación de pareja, la idea no es competir el uno con el otro, sino competir contigo mismo para mejorar para que así puedas dar mejores cosas a la otra persona, y que ella se sienta orgullosa de ti.

En el caso en que sea tu pareja la que compite contigo, comparte tus sentimientos y ayúdale a entender —con amor, no peleando— que tú la admiras como es y que si tiene una competencia en su interior, que sea con ella misma para ser cada vez mejor. No caigas en la trampa de comenzar a competir tú también, pues es fácil caer en ese patrón de conducta. Con amor y paciencia ayuda a tu pareja a darse cuenta de que es energía desgastada competir contigo, pues ambos están en la misma barca y no están en una barca distinta viendo quién llega primero a la meta. Dale a entender a tu pareja que para ti la competencia no es importante; quítale importancia al tema, para que ella vea que lo que está haciendo es desgastándose innecesariamente. Hazle cumplidos, felicítala por sus logros, muéstrale que te alegras cada vez que tiene éxito; así se dará cuenta de que en lugar de competir con ella, estás compartiendo su crecimiento. El ejemplo puede llegar a ser el mejor maestro.

Mi pareja dice que la critico constantemente

Con bastante frecuencia escucho esta queja: su pareja las critica constantemente y, para completar, las corrige todo el tiempo por todo lo que hacen, haciéndolas sentir tontas e incapaces. Sin embargo, mi objetivo es ayudarte a descubrir si tú eres quien critica a tu pareja o si puedes sentirte juzgado por ella pero no te das cuenta de que puedes estar cometiendo el mismo error. Por ello, te invito a que respondas desde tu corazón las siguientes preguntas.

¿Cómo descubrir si eres del tipo "hay mucha crítica y juzgamiento en mi relación"?

1. ¿Me cuesta trabajo confiar en la manera en que otros hacen las cosas? ¿Me siento más tranquilo cuando yo hago las cosas pues desconfío de cómo otros puedan hacerlas?
2. ¿Tiendo a fijarme más en lo que falta o no está bien que en lo bueno?
3. ¿Soy una persona rígida y exigente?
4. ¿Me considero una persona demasiado perfeccionista?
5. ¿Durante mi infancia viví experiencias con figuras autoritarias —padres, maestros, etcétera— que influenciaron mi forma de ser?

No pretendo tapar el sol con un dedo: criticar y juzgar forman parte de la imperfecta naturaleza humana. Por eso la Biblia tiene tantos mensajes recordándonos que estos son defectos importantes de eliminar para realmente progresar a nivel humano y a nivel espiritual: "Con la misma vara que midas serás medido" (Mateo 7:2) o "Saca primero la viga de tu propio ojo, y entonces verás bien para sacar la paja del ojo de tu hermano" (Mateo 7:5). Y aunque es posible, para los humanos es mucho más fácil "caer en la tentación" de criticar y juzgar, que mantenerse objetivos y comprender y respetar a los demás como son.

------------∞------------

No es tanto lo que digas, sino cómo lo digas.

------------∞------------

Una cosa es tratar de enseñar a tu pareja cosas que tú ya sabes para ayudarla a ser mejor y otra es decirle constantemente "Así no se hace", "Lo hiciste mal" o "Eso fue un error". Estas frases (a las que voy a llamar "estilo uno") tienen una energía un tanto negativa, ¿no es verdad? Si aún sientes que debes corregir a tu pareja quizás puedes hacerlo usando palabras distintas (a las que voy a llamar "estilo dos") como "Lo hiciste súper bien, ¡te felicito! Pero, ¿sabes que yo tengo esta otra forma de hacerlo que puede ahorrarte tiempo y esfuerzo?" o "No te preocupes; eso le pasa a cualquiera; pero si te parece, cuando quieras te puedo mostrar otra forma de hacerlo que puede ser más sencilla para ti". Date cuenta de que el objetivo es el mismo: el de ayudar a tu pareja a hacer las cosas de una manera distinta para que le salgan mejor, pero entre el estilo uno de decirlas y el estilo dos hay una diferencia enorme en la energía que contienen esas palabras. El estilo dos tiene una energía constructiva, motivadora y de comprensión; no se siente juzgamiento para nada. Con el estilo uno, se puede sentir la crítica y el juicio inmediatamente, es decir, su energía es destructiva, y afecta, como es obvio, la autoestima de la persona que recibe el comentario.

¡Mi pareja se queja de que vivo pegado al celular!

Con el paso de los años, este tipo de bloqueo se ha vuelto cada vez más común. Los seres humanos vivimos en un mundo de codependencia tecnológica impresionante que tiende a seguir aumentando día a día.

No podemos negar la inmediatez y facilidad que han traído consigo Internet, los computadores y los celulares, para nombrar solo algunos. Pero, por el otro lado, al formar parte continua de nuestro día, los avances tecnológicos han generado también un distanciamiento humano ya que nuestros ojos y manos están pegados al computador, la tableta y el celular, en vez de buscar hacer un contacto con quienes están a nuestro alrededor.

¿Cómo descubrir si eres de la categoría de "dependencia tecnológica"?

1. ¿Me siento más cómodo comunicándome con los demás vía texto o *email* que hablando directamente con ellos?
2. ¿El número de horas que mis ojos están enfocados en una pantalla de un aparato electrónico es más grande que el número de horas que uso para conversar con mi pareja, familia o amigos?
3. ¿El teléfono celular, el televisor o la tableta me acompañan activamente durante las comidas, así haya alguien conmigo? (Por ejemplo, ¿durante las comidas estás revisando tu celular constantemente, así haya alguien acompañándote?)
4. ¿Lo primero que hago al levantarme de mi cama es buscar mi teléfono celular?

En los tiempos actuales, en vez de hablar directamente, preferimos enviarnos un texto; se ha generado una pereza verbal y preferimos usar nuestras manos para comunicarnos. Esto es más obvio en los jóvenes. He visto casos en que los padres llaman a los hijos desde la cocina para la cena dos o tres veces y, al no obtener respuesta, les envían un texto, ¡y a los treinta segundos aparecen en el comedor!

También en el caso de las parejas, si no se maneja con balance, puede generar un distanciamiento pues, en lugar de conversar y compartir, están uno sentado al lado del otro pero cada quien está en su mundo, leyendo redes sociales o simplemente navegando en Internet.

Como dice el viejo refrán: "Es bueno cilantro pero no tanto". Es decir, como en todo lo demás en la vida, lo importante es encontrar un equilibrio y no irse al extremo. No deseo que pienses que estoy en contra de la tecnología; por el contrario, bien usada, es una herramienta muy útil. ¡Dios y los angelitos, incluso, la utilizan para enviarnos mensajes! Nuevamente, el secreto está en mantener un equilibrio entre el tiempo que utilizamos los aparatos electrónicos y el tiempo que destinamos al diálogo y a compartir con quienes amamos.

Bien sea porque tú eres quien está pegado a tu celular o computador o es tu pareja quien lo está, el mensaje que recibí sobre esta situación es que tú y tu pareja busquen un acuerdo sobre los momentos en los que no van a usar esta tecnología, por ejemplo, durante las comidas, el domingo en la tarde, cuándo estén descansando en la cama o en el sofá de la sala, etcétera. Cada pareja determina esos momentos, pero como ves, el secreto está en tener espacios de desconexión electrónica para poder compartir y dialogar cara a cara.

Otro consejo es no pensar que la tecnología es "mala", sino simplemente que es algo más en lo que es necesario buscar un balance en su consumo. Por ejemplo, utilízala para tomarte *selfies* con tu pareja, o si están buscando una casa nueva y están mirando opciones en Internet, háganlo juntos. Lo importante es no permitir que los aparatos electrónicos se conviertan en tu pareja, ¡y dejen a tu pareja de carne y hueso fuera de la foto!

Ya no hay amor entre mi pareja y yo, pero no soy capaz de separarme debido a nuestros hijos

"Un buen padre es capaz de hacer cualquier cosa por sus hijos, incluso quedarse en una relación dañina para evitarles el dolor de pasar por la separación de sus padres", he escuchado decir en más de una ocasión. El amor que se siente hacia los hijos es tan grande, que en muchas ocasiones se llega a sacrificar la felicidad propia por la de ellos.

¿Cómo descubrir si eres del tipo "ya no hay amor pero me sacrifico por mis hijos"?

1. ¿Siempre pienso primero en los demás así eso me haga sufrir o ir en contra de lo que mi corazón desea?
2. ¿Considero que las normas son para cumplirlas por difíciles que sean?
3. ¿La imagen que tengo de Dios es la de un Dios castigador?
4. ¿Me da temor pensar que si hago algo que en mi corazón siento que es lo mejor para mí, le estoy fallando a Dios?

Lo que hacen los padres por sus hijos es quizás la prueba más fehaciente y tangible de lo que el amor es capaz de alcanzar. Sin querer debatir la decisión que cada persona tome con respecto a su situación, en aquellos casos en los cuales ya no hay amor entre una pareja que tiene hijos —o peor aún, en que hay sufrimiento, maltrato, dolor—, el mensaje que recibí del Cielo fue que aquello que forma realmente una pareja y una familia es el sentimiento del amor. Por lo tanto, en donde no hay amor, no hay realmente pareja o familia.

––––––––∞––––––––

El amor es el que te ayuda a construir, a crecer, a formar; sin amor, no hay una posibilidad real de vivir ese crecimiento. Cuando hay verdadero amor, hay una voluntad, una disposición real de querer mejorar y dar lo mejor de sí a los demás. Cuando no hay amor, dicha voluntad no existe; todo es forzado, obligado. No nace del corazón.

––––––––∞––––––––

Si no hay amor, allí no está la presencia de Dios. Si no hay amor en tu relación de pareja, pregúntate a ti mismo y pregúntale a Dios si eso es lo que Él quiere para ti. Recuerda, Él no quiero que sufras, ni que te sacrifiques permaneciendo en una situación donde no hay amor. Si hay amor, lucha. Si no hay amor, deja ir.

Yo viví esta situación a nivel personal. Aunque no tengo hijos, el proceso de separación de mi primer esposo fue muy difícil para mí a nivel espiritual pues, aunque sentía que eso era lo que debía hacer por el bien de ambos, tenía un conflicto interior porque pensaba que le estaba fallando a Dios. Pude resolver el conflicto preguntándole a Él directamente. Le pedí con mucha fuerza y mucha fe que me ayudara a tener claridad sobre lo que Él quería que yo hiciera en esa situación. El mensaje que recibí fue que, al forzar una relación en donde ya no hay amor sino sufrimiento, en realidad lo que estaba haciendo era frenar no solo mi proceso espiritual sino también el de mi pareja, pues estábamos cerrando la puerta a conocer a otras personas que pudieran amarnos y a quien pudiéramos amar. En otras palabras, estábamos estancándonos en una situación que ya no nos ayudaba a crecer ni a nivel personal ni a nivel espiritual. También me hizo entender que al no permitir a mi esposo encontrar a alguien más, le estaba cerrando la puerta al amor verdadero. Me mostró que esa situación no solo me afectaba a mí sino obviamente a mi esposo, y que, sin quererlo, estaba evitándole continuar su proceso y estar con alguien que lo amara como él se merecía.

Esta explicación me ayudó a entender que aunque a veces pensamos que al quedarnos en una relación dañina estamos haciendo un bien, en realidad no es así, pues, sin darnos cuenta, estamos bloqueando en la otra persona la posibilidad de encontrar el amor real —así como obviamente la estamos bloqueando en nosotros—. Luego de entender este mensaje, pude sentir más paz en mi corazón y no vi el proceso desde una perspectiva egoísta, en términos de cómo me afectaba a mí o no, de lo que yo quería o no quería hacer, sino también lo que realmente implicaba para mi pareja en ese momento. Dicho de una manera coloquial, me puse en sus zapatos y entendí que él merecía encontrar el amor verdadero, al igual que yo.

"Cuando hay hijos de por medio es mucho más difícil", me han dicho muchas personas. Y es cierto; yo no tengo hijos biológicos pero, a pesar de ello, Dios me ha ayudado a comprender esa forma de sentir en quienes los tienen y es totalmente entendible. He visto como el sentimiento de culpa en los padres es tan grande que por eso no toman ninguna decisión y se quedan en una relación ficticia con sus parejas.

Es decisión de cada uno, pero, luego de haber recibido la explicación de Dios al respecto, los puntos a tener en cuenta para decidir si continuar o no en una relación dañina por los hijos son:

- Si aún existe amor entre las dos personas, hay una posibilidad de salvación de la relación. El amor es el termómetro que define si existe una verdadera opción de mejora.
- Si cada persona está dispuesta realmente a mejorar y cambiar esos aspectos de su personalidad y temperamento que están impidiendo que la relación de pareja funcione, hay opción de salvación.
- Si cada persona tiene la claridad de que no puede ni debe intentar cambiar a su pareja para que las cosas funcionen, sino que es decisión y voluntad de cada quien, y lo acepta con amor, hay opción de salvar la relación.
- Si el deseo de luchar por la relación no se basa únicamente en el amor que cada persona siente por sus hijos sino primeramente por el amor que hay entre ellas como pareja, hay opción de salvar de la relación.

- Si el deseo de luchar por mantener la relación no se basa en el temor a qué dirán los demás, sino en el amor que cada uno siente por el otro, hay posibilidad de salvar la relación.
- Si los hijos no saben lo que está sucediendo entre la pareja ni están sufriendo por ello —siempre recordando que es fundamental que aún exista amor entre las dos personas—, hay posibilidad de salvar la relación.

Una vez más te quiero decir que respeto profundamente la decisión que tomes en un caso así; lo que pretendo con esta explicación es compartirte los mensajes que he recibido por parte de Dios y los ángeles sobre cómo el nivel de amor que exista entre dos personas es, como me lo dijeron, el termómetro real que puede medir la conveniencia de mantenerse en una relación. El amor es el lazo verdadero que une; si ese lazo está roto o ya no existe, analiza hasta qué punto están tú y tu pareja evolucionando como personas y como seres espirituales, y les están entregando a sus hijos el ejemplo de lo que es una familia verdadera. Cada ser humano tiene el derecho de conocer el amor y, especialmente, de vivirlo, y no permitir que factores como el miedo, la duda o la culpa lo frenen de tener esa experiencia.

Por un error tonto mi relación está en peligro de romperse definitivamente

En un gran porcentaje, el proceso de aprendizaje en los seres humanos se da a través del error y la corrección de dichas equivocaciones ya que, como sabemos, somos seres imperfectos. Aunque esto lo entendemos en teoría, a la hora de la práctica la mayoría no lo recordamos y es ahí cuando entramos a juzgar, criticar o, peor aún, a no perdonar.

¿Cómo descubrir si eres del tipo "un error tonto amenaza mi relación"? Hazte las siguientes preguntas:

1. ¿Me considero una persona madura emocionalmente?
2. ¿Me es fácil perdonar, no solo a otros sino a mí mismo?
3. ¿Tengo presente que mis acciones o palabras pueden afectar a quienes me rodean?
4. ¿Soy una persona generosa en mis sentimientos hacia los demás?

5.   ¿Tengo compasión en mi corazón? ¿Me pongo en los zapatos de
la otra persona para entender lo que siente y cómo se siente?

Quizás estés pensando: "¡Hay errores de errores! Si el error cometido por la persona es grave, ¿cómo no juzgarla o castigarla por lo que
hizo?". No pretendo abarcar todas las posibilidades que pueden existir, pero, en términos generales, lo que puedo decirte es que a nivel
afectivo, si el error cometido tiene solución y puede superarse a través
del perdón que nace del amor verdadero y, lo más importante, quien
lo cometió tiene un compromiso real de cambio para no volver a caer
en él, existe una luz para continuar hacia adelante y no permitir que la
falta destruya una relación.

Aunque en este libro, como ya te lo expliqué, el enfoque es mostrarte los bloqueos emocionales que puedes experimentar en tu corazón
y no centrarse en aquellos que pueda tener tu pareja —recuerda, es
porque uno no puede cambiar a nadie sino solo a uno mismo—, en
este caso voy a presentarte dos ejemplos, uno desde la perspectiva de
quien cometió el error y no es perdonado por su pareja, y otro desde
la mirada de quien fue víctima de un error y terminó la relación.

Recientemente tuve dos consultas con dos personas aparte, un chico y una chica. En el caso del chico, a quien voy a llamar Eduardo, él
llevaba una relación de un año y todo iba marchando muy bien, hasta
que tuvieron una discusión que los alejó por varios días. En ese lapso
de tiempo, Eduardo se encontró con un amigo en común y le contó lo
que estaba pasando con su novia. Como sucede en muchas ocasiones,
este amigo le contó a ella lo que Eduardo le había dicho, ¡y ella se puso
furiosa! Llamó a Eduardo a decirle que había sido una total falta de
caballerosidad haberle contado a ese amigo lo que sucedía entre ellos,
y le dijo que ya no podría confiar en él ni en su prudencia, así que sería
mejor alejarse.

Eduardo no pudo creer lo que había escuchado pues, en su opinión,
lo que le había contado a su amigo no había sido tan íntimo o secreto
como para que ella hubiera tenido esa reacción. Él se ha acercado
varias veces a ella, le ha pedido disculpas y le ha prometido que no
volverá a hacer algo así, pero ella sigue cerrada a la banda, diciéndole
que le cuesta trabajo volver a creer en él como antes.

⎯⎯⎯⎯⎯⎯ ✤ ⎯⎯⎯⎯⎯⎯

Impón tu amor sobre tu ego. Si tienes el amor en tu vida, perdona sus fallas y consérvalo. No lo pierdas.

⎯⎯⎯⎯⎯⎯ ✤ ⎯⎯⎯⎯⎯⎯

En el caso de la chica, a quien voy a llamar Alicia, su esposo fue quien cometió la falta. Él tiene un genio muy difícil y, debido a presiones económicas, este se ha incrementado, hasta el punto de tener reacciones como tirar cosas en la casa y romperlas. Esto, obviamente, generó un ambiente de temor en Alicia y sus hijos, pues no sabían qué podía suceder después si él no controlaba sus impulsos de mal genio. En muchas ocasiones Alicia le sugirió que buscara ayuda profesional para el manejo de la ira, pero él no lo hizo.

Pensando en la seguridad y estabilidad emocional y sicológica de ella y sus hijos, Alicia tomó la decisión de alejarse de su esposo. Sin embargo, cuando él vio esto, le pidió perdón, le prometió que iba a buscar ayuda profesional para iniciar terapias y que haría todo lo que estuviera a su alcance para no perder a su familia. Alicia, por el amor que le tiene, le está dando una nueva oportunidad y le prometió apoyo durante el proceso.

⎯⎯⎯⎯⎯⎯ ✤ ⎯⎯⎯⎯⎯⎯

El grado de perdón que seas capaz de sentir en tu interior marcará las posibilidades reales y tangibles que tu relación tiene para continuar.

⎯⎯⎯⎯⎯⎯ ✤ ⎯⎯⎯⎯⎯⎯

En este caso de bloqueo, es importante considerar los siguientes puntos:

- **El nivel de gravedad de la falta cometida.** Es muy diferente un caso en el que la infidelidad es la falta, comparado con un comentario tonto que un miembro de la pareja hizo y molestó a la otra persona. Por lo tanto, es fundamental que analices de manera objetiva —y si sientes que no puedes hacerlo solo, acude a alguien con experiencia y madurez emocional que te ayude a entender— si la falta cometida amerita pensar en una ruptura.

- **El nivel de perdón que dicha falta requiere para superarla.** ¿Qué tan noble eres —o es tu pareja—?, ¿te es fácil perdonar, o por el contrario nunca olvidas lo que otros te hacen?, ¿eres de los que dicen que perdonas pero cada vez que puedes le echas en cara a la persona el error que cometió contigo en el pasado?, ¿el amor que sientes por tu pareja es más grande que tu orgullo o resentimiento? Si no hay una voluntad real de perdón, no hay una posibilidad real para superar los obstáculos en una relación.

- **El nivel de amor que existe entre la pareja.** Para poder sentir un perdón real, debe existir un amor real. El amor verdadero es capaz de superar cualquier error o falta. Ahora bien, esto no significa que porque hay amor verdadero la persona que comete la falta pueda seguirla repitiendo tranquilamente, porque como su pareja la ama la va a perdonar una y otra vez. En un caso así, estamos hablando de algo más que es el amor propio y la dignidad. No olvides que los dos mandamientos más importantes son amar a Dios sobre todas las cosas y amar al prójimo como a ti mismo. Destaco esta última parte pues en ella Dios te está diciendo que debes amarte mucho para así poder dar amor a los demás. Por lo tanto, el amor propio es la base del amor que somos capaces de dar a quienes nos rodean. Si alguien te hace daño constantemente, te lastima, te subestima y te hace sufrir, analiza si estás recibiendo lo que tú como ser humano realmente te mereces, y si al permitirlo estás olvidando amarte a ti mismo.

Los celos están arruinando mi relación

Este tipo de bloqueo se refiere específicamente a lo que conocemos como celos enfermizos, es decir, a ese tipo de desconfianza excesiva por parte de uno de los miembros de la pareja que hace la situación invivible. En muchos casos este comportamiento requiere un apoyo profesional, pero aquí te lo explico desde la perspectiva espiritual, de cómo la vibración negativa de este sentimiento afecta tu crecimiento y bloquea tus sueños.

¿Cómo descubrir si eres del tipo "los celos están destruyendo mi relación"?

1. ¿Valoras lo que eres y como eres completamente?
2. ¿Sientes que te amas de verdad?
3. ¿Eres una persona masoquista? Es decir, una persona que, aunque sabe que algo le produce dolor, no genera un cambio para eliminar dicho sufrimiento.
4. ¿Te cuesta trabajo confiar en los demás?
5. ¿Valoras a las demás personas como son?
6. ¿Eres feliz con lo que tienes o, por el contrario, mantienes en tu interior una sensación de que siempre hay algo que te falta?
7. ¿Te es fácil perdonar?

El sentido de pertenencia es una característica de la naturaleza humana; necesitamos pertenecer a algún lugar, comunidad, grupo, etcétera, para sentir que somos alguien. Este sentir se ha extendido a lo material —lo cual, manejado en balance, es lógico y normal, pues vivimos en un mundo material—; en la medida en que sentimos que, por ejemplo, una vivienda nos pertenece, experimentamos tranquilidad y seguridad en lo que somos y los logros que podemos alcanzar.

En el caso de una relación de pareja, cuando hay un compromiso entre las dos personas, bien sea porque cada una tiene la voluntad e intención de mantenerse en la relación de noviazgo o matrimonio, dicho compromiso genera tácitamente un sentido mutuo de pertenencia entre ambas personas. Decimos, por ejemplo, "mi novio" o "mi esposa". Ese "mi" representa esa noción de la que te hablo: es la manera de expresar que esa otra persona es "nuestra".

Ahora bien, los celos son una manera en que dicho sentido de pertenencia se puede expresar. Todos de una u otra forma somos celosos; es una característica más de la naturaleza humana (tú puedes decir que no lo eres, pero si por algún momento ves que alguien está pasando la raya con algo o alguien que forma parte de tu vida, ¿no se despierta en ti un deseo de protección y defensa para evitar que esa persona se lo lleve?).

Al punto que quiero llegar es que los celos —en la medida en que sean controlados—, son naturales en la raza humana. La cosa cambia cuando empiezan a ser extremos y se demuestran de una forma agresiva e impositiva en las otras personas.

Si te sientes identificado con este tipo de bloqueo deduzco que es porque algo similar te ha sucedido o te está sucediendo, bien sea porque eres tú quien siente muchos celos con tu pareja o es ella la que te está ahogando con su desconfianza hacia ti y lo que haces.

Desde una perspectiva espiritual, la explicación que recibí sobre los celos es la siguiente: los celos son una emoción, por lo tanto, su raíz es netamente emocional, bien sea porque fue inculcada o porque fue creada con el pasar del tiempo debido a experiencias vividas por la persona. Para hacerlo más claro, te lo resumo en los siguientes puntos:

- La persona vio una relación de celos excesivos en sus padres, así que estuvo expuesta a ese tipo de comportamiento en o desde su infancia.
- La persona tiene una autoestima débil que la hace sentirse poca cosa, y por lo tanto cree que lo que tiene puede serle fácilmente robado, ya que siempre habrá personas mejores que ella.
- Por pensar que siempre habrá personas mejores que ella, la persona mantiene en su subconsciente (y muchas veces en su mente consciente, es decir que piensa en ello con frecuencia) una gran inseguridad sobre lo que ella es y, por lo tanto, siente que no puede ofrecer a la pareja lo que esta busca. En otras palabras, piensa que no puede satisfacerla por completo, lo cual genera una sensación de temor e inseguridad constante, pues cree que su pareja va a necesitar en cualquier momento buscar eso que a ella le falta en alguien más.
- La persona es negativa y pesimista y, por lo tanto, siempre piensa en el peor resultado de cualquier situación. Es decir, si tiene una relación de pareja, piensa lo peor: que no va a funcionar, que la va a perder, que su pareja va a conocer a alguien más y la va a abandonar, etcétera.

Como te darás cuenta, los puntos anteriores se pueden resumir en las siguientes causas: falta de amor propio, falta de fe y falta de confianza. Falta de amor propio, pues al pensar que eres poca cosa y por eso tu pareja te puede ser infiel, no estás valorando lo que eres; falta de fe, pues el miedo se apodera de tu mente y corazón, haciéndote pensar e imaginar los peores escenarios que podrían suceder en tu relación; y falta de confianza, no solo en ti mismo, tus valores y todas las cosas maravillosas que tienes por ofrecer, sino también en tu pareja, pues si ella no te ha dado razones de peso para que desconfíes de ella, estás dejando de ver y sobre todo de valorar las cosas buenas y lindas que te ofrece por dejarte llevar por tu imaginación.

Si alguna de las situaciones anteriores aplica a tu caso, te invito a responderte las siguientes preguntas:

1. ¿Los celos presentes en mi relación son basados en algo real? (Bien sea si son de tu parte o de parte de tu pareja). ¿La expresión de los celos es justificada —es decir, si por ejemplo se vio algún tipo de flirteo con alguien más, o alguien se acercó a ti o tu pareja con intenciones de conquista, etcétera— y no simplemente algo que surgió de la imaginación de alguno de los dos?

2. ¿Los celos que existen entre mi pareja y yo son manejables o se han salido de la manos? Es decir, ¿se le hace entender a la pareja que existe una incomodidad con la situación? ¿O se ha llegado a tener una explosión emocional de algún tipo?

3. ¿Los celos son generados por situaciones puntuales o, por el contrario, son constantes en la vida de la pareja?

Para poder definir si esta expresión emocional tiene una base real, está controlada y puede seguirse controlando, es importante que analices si su causa se dio realmente en la relación o es imaginaria, si fue aprendida durante la infancia —es decir, si hay algún tipo de patrón de celos en la familia que pudo haber ejercido algún tipo de influencia sobre tu personalidad (o la de tu pareja)—, y si es algo que sientes que puede ser controlado o, en cambio, sientes que ya se convirtió en una obsesión. Como es obvio, dependiendo del nivel de celos y del grado en que este afecte tu relación, podrás concluir si es necesaria una ayuda profesional externa o si por el contrario es algo que crees que puedes solucionar con tu pareja.

Como alguna vez me dijeron los ángeles en un mensaje, lo importante es reconocer si hay o no una situación que requiere tu atención. Es como cuando se sufre de algún tipo de adicción: para que la persona pueda comenzar su proceso de sanación, debe primero reconocer con humildad que tiene la enfermedad y buscar ayuda; la negación y la resistencia son las principales causas de la falta de éxito en un proceso de sanación emocional. Si te niegas y te resistes a reconocer que tienes un defecto o aspecto de ti que necesitas cambiar, el alcance del tratamiento que desees aplicar va a ser muy limitado.

Por lo tanto, la aceptación y la humildad son dos factores a tener en cuenta para poder comenzar un proceso de cambio en tu vida. Lo importante es tomar la decisión de aceptar y reconocer. En lo que acabas de leer, las palabras más importantes son "tomar la decisión", porque hasta que no haya una toma de decisión real de parte tuya o de tu pareja, las cosas no van a cambiar; puede haber un cambio temporal, pero será solo así, temporal, pues la decisión real y que no se echa de para atrás es la que realmente permite ver un cambio duradero en las situaciones y retos que se presentan en la vida.

----------&----------

El amor no se impone; el amor nace y fluye con libertad y naturalidad. El amor es libre y vuela sin ningún esfuerzo, hasta llegar fácilmente a su destino.

----------&----------

"¿Qué pasa cuando sí hay razón para desconfiar de la pareja, cuando ha habido, por ejemplo, infidelidad o se han dicho o hecho cosas que sembraron esa semilla de desconfianza en la relación?", puedes estar pensando en este momento. El primer paso es decidir si deseas perdonar o no a la persona (y cuando digo persona no solo es a tu pareja sino a ti mismo). Como ya te lo mencioné, el perdón es el punto de arranque para poder sobrepasar los retos en una relación. Luego, es importante definir si la falta fue aislada (algo que sucedió una sola vez) o si por el contrario forma parte de un patrón de conducta (hábito o incluso adicción).

Otro punto fundamental es confirmar si la pareja desea continuar junta o si la infidelidad es una manifestación de una necesidad o deseo de estar con alguien más. Es decir, si el amor aún existe entre los dos o si ya se acabó, y por eso la persona está creando situaciones que hacen que su pareja obviamente desconfíe de ella.

En la medida en que haya amor y ese sentimiento genere en la persona creadora de los celos un deseo real de cambio, y en quien sufre los celos un deseo real de perdón, existe una opción de salvación de la relación. Una vez más, te darás cuenta de que el amor es el antídoto que lo cura todo, si se desea tomar. Si no hay amor, superar las barreras creadas por acciones, pensamientos o actitudes incorrectos o inadecuados se convierte en un gran reto.

Hasta que no haya un reconocimiento real y una voluntad real de cambio, los resultados no serán definitivos o constantes, sino temporales, pues la base no es firme, así que se puede volver a caer en el error. El reconocimiento real de lo que pasa y la voluntad firme de cambio son componentes que llevan al cambio verdadero. Si tú eres quien sufre de celos en la relación, haz el ejercicio de reconocer que los tienes y pregúntate con sinceridad si estás dispuesto a trabajar en cambiar ese sentimiento. Si tus celos tienen una base real, es decir, si tu pareja te ha sido infiel y por eso es inevitable para ti sentirlos, pregúntate si eres capaz de perdonarla para salvar tu relación, si ese perdón lo harías llevado por un amor verdadero (pues si no lo es, recuerda, el proceso puede ser más desafiante y el resultado podría ser solamente temporal y no a largo plazo), y si hay amor de verdad entre ustedes (es decir, si la infidelidad se debe más a un tema que necesita de un apoyo para poderlo cambiar y no es causada por falta de amor entre ustedes).

PARTE II

Cuando una puerta se cierra, otra se abre

Capítulo 4

Cómo nos ayudan Dios y los ángeles en nuestras relaciones

Dependiendo de cuánto creas que Dios y tus ángeles pueden ayudarte, dicho apoyo se hará más o menos manifiesto en tu vida. Como lo dice la Biblia, todo radica en la fe, así que si crees que ellos están a tu lado y te acompañan, para ti será muchísimo más fácil sentir su soporte, comparado con otra persona que no crea en su existencia. Con esto no quiero decir que esa persona no reciba ayuda celestial; Dios no distingue ni discrimina. La diferencia está en la capacidad de percepción de cada quien, así que si alguien no cree, va a tener un reto más grande para poder sentir y percibir el apoyo que está recibiendo del Cielo.

Ahora bien, asumiré que tú crees en Dios y en tus ángeles y por eso estás leyendo este libro, pues quieres saber cómo ellos te pueden ayudan en el amor. Te puedo responder diciéndote que Dios y sus seres de luz nos ayudan en absolutamente todo, si se lo permitimos. Sí, en todo, desde lo más superficial hasta lo más profundo.

Te lo voy a explicar en más detalle. Una vez Dios y los angelitos me dijeron: nosotros te queremos ayudar a escoger el color con el que te vas a vestir hoy. No te niego que en ese momento me sorprendí, pues ¡pensaba que ellos se ocupaban de cosas más serias o menos triviales que el color de mi ropa! Pero la explicación que me dieron fue tan simple y a la vez tan profunda, que me convenció: Dios quiere ser parte de nuestra vida, y esta se compone de detalles, unos simples y otros más complejos. Somos seres humanos, materiales, que vivimos en un mundo material. Tenemos un cuerpo físico que necesita ser cubierto con ropa, ¿verdad? Pues bien, la ropa forma parte de nuestro proceso diario y es una expresión de lo que somos. Aquí es importante aclarar que mientras no demos más relevancia o importancia a lo material sobre lo espiritual, estamos viviendo en equilibrio; el lío se forma cuando comenzamos a vivir de la manera contraria, pues con esa actitud nos estamos alejando de Dios.

¡Dios y los angelitos quieren demostrarnos constantemente que son nuestros mejores amigos! ¿Tú qué haces con tu mejor amigo o amiga? Se van de compras, cada uno le pide consejo al otro sobre qué pantalón o blusa le luce mejor para la cita del viernes, etcétera. Pues bien, ¡Dios y tus ángeles quieren ser esos cómplices que comparten contigo hasta esos momentos triviales de tu vida! No te sientas mal o culpable por pensar en ellos de esta manera. ¡Ten la seguridad de que los hace muy felices! A Dios le encanta sentir que cuentas con Él para todo, ¡y no solo para apagar los incendios de tu vida!

Pasando al tema del amor, Dios y los ángeles son los mejores confidentes. Ellos nunca te van a defraudar ni le van a contar a nadie tus secretos. No te van a juzgar si sientes algo negativo en algún momento, sino que por el contrario buscarán corregirte con todo el amor. Te harán entender lo que es mejor para ti y lo que no te conviene, sin obligarte o presionarte a que tomes una decisión, pues respetan tu libre albedrío. Te acompañarán en cada paso que des y nunca te defraudarán o abandonarán.

Si mantienes esta creencia en tu mente y corazón, va a ser mucho más fácil para ti ir percibiendo con mayor claridad la manera en que Dios y tus ángeles te están guiando para llevarte al camino en donde encontrarás la felicidad y equilibrio emocional.

Los deseos de Dios para ti

En estos momentos, al escribir estas líneas, recuerdo un mensaje que recibí por parte de los ángeles sobre el amor de pareja: *"En la medida en que en tu corazón sientas un deseo muy fuerte de compartir tu vida con otro ser humano, existirá para ti alguien con quien compartir el amor que hay en él".* ¡Nunca olvidaré la emoción —¡y el alivio!— que sentí al recibir este mensaje!

De hecho, años después, Dios complementó esta enseñanza con una frase que escuché en la que alguien mencionaba que cuando un deseo te apasione profundamente, te haga feliz y te llene de emoción, es porque esa es la voluntad de Dios para ti o, dicho en otras palabras, es algo que Dios quiere que realices en tu vida.

Por lo tanto, si deseas con todas tus fuerzas tener una pareja a tu lado y compartir tu amor con alguien especial, ten la fe de que Dios quiere eso para ti y por lo tanto, Él te lo dará. Fíjate bien en lo que acabo de decirte: ten fe. Es fundamental que *creas* que así será, pues solamente si tu fe está sintonizada con tus deseos podrás verlos materializados. Si por un lado oras y pides a Dios por una pareja pero al mismo tiempo en tu interior estás diciendo "Es muy difícil", estarás neutralizando el poder de tu oración y consecuentemente estarás bloqueando su manifestación.

La voluntad de Dios vs. tu libre albedrío

Esta es una de las "preguntas del millón" que recibo constantemente, y de hecho ha sido una de las motivaciones que me han inspirado a escribir mis libros. ¿Cómo entender si lo que estoy viviendo forma parte de la voluntad de Dios o es algo que solamente yo he creado con mis propias decisiones?, ¿cómo saber si lo que pienso hacer es mi libre albedrío o es un mensaje que Dios me está enviando para que lo haga?, ¿cómo confirmar que no me estoy equivocando?

Yo no puedo decirte que las respuestas a estas inquietudes son únicas e infalibles; lo único que pretendo es compartirte las enseñanzas que he recibido al respecto por parte del Cielo y que me han ayudado, no solo a nivel personal, sino para poder guiar y orientar a otros seres humanos en su proceso.

Cómo identificar cuándo es Él quien te está guiando:

- La respuesta se siente clara y firme.
- El mensaje es el mismo y no cambia a pesar de que se sienta en diferentes momentos.

- En tu interior se siente una certeza de que esa es la solución al asunto que te inquieta, así no sepas por qué o de dónde proviene esa sensación de seguridad.

- En el fondo del corazón sabes que esa respuesta es lo que más te conviene, así no sea lo que quieres que se dé en la situación.

- Si no entiendes el mensaje que Dios te está enviando, Él se encarga de entregártelo por varios medios —varias personas te dan el mismo mensaje en diferentes momentos y circunstancias, a través de una película, un libro, una canción, etcétera—.

- Empiezan a suceder coincidencias que señalan a una misma respuesta o conclusión.

- Las situaciones que llevan hacia lo que más conviene fluyen fácilmente, mientras que la solución que tu voluntad u orgullo quiere imponer es forzada.

En el tema del amor, y especialmente en aquellos casos en los que se está iniciando una relación o no está funcionando, la pregunta que recibo con más frecuencia es: ¿cómo saber si esta persona/relación forma parte de la voluntad de Dios o es solo mi voluntad? La respuesta única no existe, pero los ángeles la resumieron así: *"Tú tienes la respuesta en tu interior; Dios te la entrega. Él te hace sentir si una relación es o no es; el secreto para entenderla claramente es prestar atención a la voz de tu interior y no evadirla. Sucede muy frecuentemente en los seres humanos que sienten algo pero no le prestan atención, lo cuestionan y siguen actuando y tomando decisiones basados en sus pensamientos e ideas. Allí es donde surge la confusión y lo que ustedes llaman errores, pues no están dejándose guiar por lo que Dios les está diciendo".*

La voluntad de Dios se siente en el corazón; tu libre albedrío, cuando no está alineado con la voluntad de Él, se siente en tu mente. El escenario ideal se da cuando sintonizas tu libre albedrío con la voluntad divina, y lo haces cuando escuchas la voz de tu corazón y tomas decisiones para actuar basado en ella. Si tomas decisiones y actúas solamente basado en lo que tu mente te está diciendo, sin considerar lo que la voz de la conciencia te está tratando de mostrar, corres el riesgo de equivocarte y tomar el camino más largo y espinoso para llegar a tu destino.

Cuándo es destino y cuándo no lo es

Esta es otra gran inquietud: ¿cómo saber si las personas que llegan a nuestra vida forman parte de nuestro destino o si simplemente son coincidencias? Las diferencias entre los conceptos de destino, voluntad de Dios y libre albedrío son pequeñas y, por lo tanto, pueden generar un poco de confusión. Tanto es así, que a veces se llega a pensar que todas se refieren a lo mismo, pero en realidad existen detalles diferenciadores entre ellos.

El destino es lo que vienes a hacer, es el plan o propósito que Dios creó para ti; esto quiere decir que su voluntad está plasmada en tu destino. Ahora bien, como ya lo sabes, Él te regaló el libre albedrío para que tú fueras cocreando dicho destino con Él. ¿Cómo? Con las decisiones que vas tomando durante tu vida; en la medida en que vas decidiendo una cosa o la otra, continúas recorriendo ese destino o tomas otras rutas, que te llevan a vivir experiencias diferentes.

Aplicando lo anterior a la parte afectiva, te lo ilustraré con un ejemplo: supongamos que el destino que Dios tiene para una persona es que encuentre una pareja y se case con ella en su adultez. Sin embargo, la persona sufre de una gran impaciencia y no soporta pensar que debe esperar a que las cosas se vayan dando en el momento perfecto para ella, así que su deseo de tener pareja la lleva a iniciar relaciones con personas que no son la mejor opción (aquí está aplicando su libre albedrío). Una y otra vez, su afán y ansiedad la llevan a comenzar relaciones dolorosas con personas que no la valoran o que no buscan un compromiso duradero aún. Dios y sus ángeles, a través de diversas señales, le dan a entender que ese no es su destino y que si espera con paciencia y con fe a la persona que es para ella, evitará tantos sufrimientos innecesarios. A pesar de esas manifestaciones, sigue actuando de la misma manera y, por lo tanto, sigue sufriendo. Finalmente, al llegar a su etapa de adultez, un día "por coincidencia" (señal de Dios) se encuentra con una amiga que no veía hace años, quien la invita a una reunión en su casa, y allí termina conociendo a alguien muy interesante con quien inicia una amistad, y luego de un tiempo, se comprometen y se casan.

———————∞———————

Lₐ terquedad en tus decisiones puede desviarte del camino y demorar el proceso para llegar a ese destino que Dios planeó para ti.

———————∞———————

Ahora, ¿cómo saber cuándo es su plan y cuándo es el tuyo? Presta atención a las "coincidencias", pues son señales importantes que tu Padre Celestial está usando para darte a entender que vas por el camino correcto; en otras palabras, que estás actuando acorde a su voluntad para tu vida. Así mismo, cuando estás recorriendo tu destino de la manera adecuada, te sientes tranquilo con lo que estás haciendo, esa situación te proporciona alegría, te ayuda a sentirte bien, a crecer, y fluyes con ella. Igual sucede en el sentido contrario: cuando algo se siente forzado, que no fluye, te hace sufrir, y sientes que no creces espiritualmente con esa experiencia, puede ser un indicador fuerte de que no forma parte de tu destino.

Los ángeles del amor y cómo podemos sentir su compañía en el proceso

Hay angelitos para todo: para el trabajo, la salud, la familia, la fe, la espiritualidad, las finanzas y, obviamente, para el amor. Ahora bien, no olvides que los seres de luz únicamente hacen lo que Dios les ordena; ellos no tienen voluntad propia ni son los que nos conceden lo que necesitamos o deseamos. Esta es una de las grandes confusiones que han surgido con el *boom* del tema de los ángeles en los últimos años, pues muchas personas creen que si le rezan a un ángel específico van a recibir el milagro. Dios es el único que lo puede hacer; Él es quien responde las peticiones y ordena a los ángeles que nos ayuden y guíen hacia el camino en el que vamos a encontrar la solución o respuesta.

Los ángeles me enseñaron a pedir su ayuda de la siguiente manera:
1. Dar gracias a Dios por permitirnos recibir sus bendiciones a través de los ángeles.

2. Pedirle que envíe a los ángeles del amor a nuestro lado para que nos guíen y muestren el camino que nos va a llevar hacia el amor verdadero.

3. Pedirle que nos permita sentir su compañía de manera clara, es decir, que podamos entender sus señales y mensajes.

4. Prometerle que no cuestionaremos su guía y que la obedeceremos. Este punto es crucial, pues no te dejas guiar. ¡De nada servirá que tengas cientos de angelitos a tu lado mostrándote el camino si tu resistencia, duda o terquedad te hacen ir por otro!

Cómo se involucran tus ángeles en tu vida afectiva

Esto que te voy a contar no se lo he contado a nadie más; tú eres el primero al que se lo comparto: cuando comencé a trabajar en este libro, además de las experiencias que he podido acumular a lo largo de los más de treinta años que llevo canalizando mensajes del Cielo, pedí a los ángeles que me dieran información nueva que complementara lo que ya conocía. Fue así como un día, en mi momento de oración y meditación matutina, recibí un mensaje a través del cual me explicaron que en el Cielo existen lo que en la tierra sería el equivalente a los ministerios. Hay un ministro de Finanzas, ministro de Medio Ambiente, del Trabajo, y por supuesto, ¡hay un ministro del Amor!

A pesar de que he tenido contacto con los ángeles desde mis cinco años de edad, este fue un concepto totalmente nuevo para mí. ¿Ministro del Amor? ¡Así es! Existe un ser en el reino celestial que está a cargo de todo lo referente a la manera en que el amor se expresa en el planeta Tierra y cómo los humanos aprendemos y evolucionamos a través de este sentimiento.

En un gobierno, los ministros reportan al presidente del país sobre cómo el sector por el cual son responsables está funcionando, ¿verdad? Pues bien, en el ministerio del Amor en el Cielo, el ministro del Amor lleva a cabo las órdenes que el presidente (Dios) le ha designado y lo mantiene actualizado sobre cómo los humanos estamos trabajando en nuestro amor hacia el Padre Celestial, hacia nosotros mismos y hacia los demás.

¡Tú puedes tener acceso a la maravillosa energía del ministro del Amor en tu vida! Ya te compartí los puntos básicos a tener en cuenta cuando contactes a los ángeles en general. Con el ministro del Amor puedes aplicar los mismos pasos; la única diferencia es que este ser tiene un poco más de autoridad que los ángeles, la cual le fue otorgada por Dios, y por lo tanto tiene un acceso más directo al Padre Celestial comparado con ellos. Por lo tanto, puedes pedirle que entregue tu petición afectiva a Dios y que te dé la sabiduría necesaria para entender las señales que Él te va a enviar para que puedas alcanzar tus sueños en el amor.

Como ya te lo indiqué, los ángeles únicamente actúan de acuerdo a las órdenes que reciben por parte de Dios. De tal manera, si por ejemplo tú le pides que te ayude a encontrar a esa persona especial en tu vida, Él te escuchará y enviará a su ministro del Amor, quien a su vez delegará ángeles que te llevarán hacia esas circunstancias en donde el encuentro pueda darse. Te lo ilustro con el caso de una persona que vino a consulta hace un tiempo: ella llevaba varios años sin tener una relación estable; ya había pasado de los treinta años de edad, así que sentía que ya era el momento de encontrar una pareja con la cual organizar su vida. Salía con diferentes personas pero nada se concretaba. Comenzó a orar a Dios con mucha más fe y le pidió que enviara a sus ángeles para que la orientaran hacia ese camino que Él tenía para ella en el amor.

Con el paso de los días, fue sintiendo un deseo cada vez mayor de cambiar de gimnasio; un día de camino a su casa luego del trabajo, "por coincidencia", vio un aviso de promoción en un gimnasio de su barrio que ofrecía la membresía a un excelente precio (los ángeles la hicieron voltear su mirada para que pudiera ver el aviso). Entró y se inscribió. Un día, mientras hacía ejercicio, se cruzó con un chico que también se había inscrito aprovechando la promoción (otra "coincidencia") y comenzaron a conversar. De allí surgió una amistad, y... dedujiste bien: iniciaron una relación amorosa, ¡y al año se casaron!

Así es como actúan Dios y sus angelitos: respondiendo a la petición de esta persona, Dios envió seres de luz que la guiaron hacia ese gimnasio en donde iba a encontrar el amor de su vida. El deseo que ella sintió de cambiar de gimnasio fue parte de la guía que ya estaba comenzando a recibir por parte del Cielo. Afortunadamente para ella, la escuchó y actuó.

Los angelitos se involucran en tu vida afectiva a través de sensaciones, intuiciones, ideas repentinas y otros tipos de señales que te quieren mostrar la solución y la respuesta a tus oraciones a Dios (en mis libros *¿Por qué pido y no recibo?* y *El cielo te habla* describo los distintos métodos de comunicación en forma más detallada). El secreto radica en que cuando recibas esas señales, no las cuestiones, porque si lo haces, estás rechazando la ayuda que te quieren dar para que puedas recibir lo que deseas más rápida y fácilmente.

Cómo contactar a los ángeles de la persona que amas

Antes de explicarte cómo puedes entrar en contacto con los ángeles de tu pareja, es muy importante aclarar lo siguiente: no busques dicho contacto con el objetivo de violentar el libre albedrío de la otra persona. ¿Qué quiero decir con esto? Que no vayas a buscar la ayuda del Cielo para tratar de forzar una respuesta o actitud por parte de tu pareja si no es algo que ella por voluntad propia quiere hacer.

De hecho, si en algún momento has visto que alguien pidió a los ángeles que su pareja cambiara o volviera a su lado luego de marcharse y eso se dio, ten la plena seguridad de que no fueron realmente los ángeles los que respondieron a esas peticiones, sino que fue otro tipo de energías con las que es mejor no involucrarse. Como ya te lo expliqué, los ángeles no conceden lo que pedimos sino que simplemente son obreritos u operarios de Dios, haciendo exclusivamente lo que Él les ordena que hagan. Es súper importante que nunca olvides esta premisa, pues es la base para una relación fluida y adecuada con los seres de luz.

Tú puedes pedirle a Dios que los angelitos de tu pareja la ayuden, la guíen y la protejan en todo momento según sea Su voluntad para ella, y así no violentarás su libre albedrío. Te explico: está bien pedir al Padre Celestial por salud, amor, fortaleza, fe, sabiduría, protección, compañía, guía, paciencia y otras virtudes más, al igual que oportunidades en los diferentes aspectos de la vida de la persona que amas; con esto no estás forzando su libertad de decisión. Pero si por ejemplo le pides a Dios que haga que esa persona te vuelva a amar como antes, pues has notado un cambio en sus sentimientos hacia ti, o que haga algo que tú quieres que haga, en este caso sí estarías violentando su libre albedrío, pues básicamente estás pidiendo que actúe según tu voluntad y no la de ella. De hecho, permíteme decirte que Dios no responde ese tipo de peticiones, así que, en pocas palabras, estarías desperdiciando tu energía en una súplica que no va a obtener una respuesta por parte del Cielo.

El método para pedir por otra persona y entrar en contacto con sus ángeles guardianes es el siguiente:

1. Ponte en la presencia de Dios, dándole gracias por permitirte vivir ese momento de encuentro con Él y con sus seres de luz.

2. Con amor, respeto y humildad, pídele que te permita entrar en contacto con tus ángeles guardianes así como con los ángeles de la otra persona.

3. Pide a tus ángeles guardianes que te rodeen con su energía y su luz y te ayuden a conectarte con la energía de los ángeles que acompañan a tu pareja.

4. Siempre en la presencia de Dios, pide a tus ángeles que te ayuden a sentir y entender lo que los ángeles guardianes de tu pareja te digan o muestren.

5. Di: "Señor Dios, a través de tu ministro del Amor, te pido que me permitas sentir a los ángeles guardianes de (puedes decir su nombre aquí) y así saber si desea recibir la ayuda que pido para ella". Quédate en silencio por un momento y espera una respuesta, la cual puede llegar en forma de una sensación, una imagen, un sonido o una idea repentina.

6. Presta atención a cómo te sientes; si sientes una tensión o incomodidad, o incluso escuchas o ves un "no", es porque la persona te está diciendo que no quiere que te involucres en sus decisiones; si, por el contrario, percibes una sensación, sonido, imagen o palabra que te haga sentir que es un "sí", es porque te está permitiendo interceder y está abierta a recibir la ayuda que deseas enviarle a través de tus oraciones.

7. Como es obvio, si sentiste un "no", lo mejor es no continuar con la práctica; si recibiste un "sí", pasa al siguiente punto.

8. Manteniendo tu sentimiento de humildad y diciendo a Dios en todo momento que sea siempre Su voluntad la que se manifieste, pídele si puede ordenar a los ángeles guardianes de tu pareja que le entreguen paciencia, amor, alegría, salud, claridad, etcétera (o lo que sientes que la persona necesita en este momento de su vida).

Como ves, lo importante del proceso es siempre confirmar primero si el alma de la persona desea recibir ayuda o no, y si la desea, pide por cualidades que la ayuden a avanzar y ser mejor, no lo que tú quieres que ella haga o diga.

Los santos y el amor

En las diferentes religiones del mundo existen hombres y mujeres que por sus grandes virtudes se les ha declarado santos, esto es, protectores e intercesores de los humanos ante Dios.

Se dice que existen más de diez mil santos y beatos, pero no hay una lista definitiva o única con la que se pueda confirmar esta cifra.

En la religión católica específicamente, existen varios santos y santas a los que se les atribuyen cualidades especiales de intercesión ante Dios para los temas del amor y la pareja. Fíjate que hablo de intercesión, esto es, que se le pide apoyo al santo para que ore por nuestras necesidades ante Dios y no se le está adorando. Esta es otra confusión común, que es la de pensar que el santo es quien hace el milagro, cuando el único que puede hacerlo es Dios. El santo intercede y ora por nosotros, pero, recuerda, es Dios el que ejecuta la acción de responder a nuestras peticiones.

Algunos santos a los que se les conoce por interceder ante el Señor por los temas del amor son:

• San Antonio de Padua. Es conocido también como Antonio de Lisboa y es uno de los santos más populares. Se dice que es el santo de los enamorados, los matrimonios, los noviazgos y las parejas. Acuden a él principalmente quienes desean encontrar novio/a. Su festividad se celebra el 13 de junio.

- San Expedito. Aunque no es un santo oficial en la religión católica, es muy popular pues se le conoce como el santo de las cosas urgentes y de los imposibles. Esto hace que muchas personas acudan a su intercesión para lo relacionado con el tema afectivo y de pareja. Su festividad es el 19 de abril.
- San Judas Tadeo. Es también conocido como patrono de causas muy difíciles, por lo cual es muy popular entre los creyentes. Su festividad es el 28 de octubre.
- Santa Rita. Se le conoce también como Margarita y se dice que es la santa de los problemas matrimoniales, la familia, las madres, los abusados y causas desesperadas. Su fiesta se celebra el 22 de mayo.
- San Alejo. Se le conoce como el santo de los afectos. Se dice que intercede por armonía en las relaciones de pareja y para los amores imposibles. Su festividad se celebra el 17 de julio.
- Santa Catalina de Siena. Santa muy popular, los creyentes piden por su intercesión en asuntos relacionados con los problemas de pareja, como los conflictos, las infidelidades y, en general, las relaciones tormentosas. Se dice que ayuda a una mejor comunicación entre la pareja y a que la relación sea estable y duradera. Su festividad es el 29 de abril.

En la lista de seres de luz que son relacionados con el tema del amor, no quisiera dejar de mencionar a un arcángel: Samuel —o Chamuel—, quien se dice es el arcángel de las relaciones amorosas, las amistades y, en general, de todo tipo de relaciones interpersonales.

Capítulo 5

Cómo ayudarte a ti mismo a romper los patrones negativos

Cuando pasé por el túnel oscuro de la negatividad y la depresión en mi adolescencia, Dios y los ángeles me enseñaron que si bien era cierto que podía buscar ayuda en libros, terapias y otros recursos, al final la verdadera solución para salir de ese túnel radicaba en mí y en mi propia capacidad de decisión. En ese momento aprendí que las varitas mágicas no existen y que, para ver cambios reales en mi vida, debía comenzar por tomar la decisión de querer hacer esos cambios en mí y atraerlos con mis actitudes, sentimientos, pensamientos y acciones, y que en la medida en que mi ser vibrara de esa manera positiva, llegaría a sentir de una forma clara y contundente la ayuda del Cielo en mi proceso.

No estoy diciendo que las ayudas externas no funcionen; pueden funcionar, y mucho. Pero el asunto está en no depender solamente de ellas para que nuestra vida mejore, sino en verlas como lo que son, pautas y guías que recibimos para hacer ajustes y cambios en nosotros mismos y, de esa manera, ver cambios positivos en las experiencias que se nos presentan.

Dios te muestra los patrones negativos que afectan tu vida emocional y afectiva a través de tu propio sentir —esto es, cuando comienzas a darte cuenta de que tu forma de ser o actitud te causa inconvenientes—, o a través de experiencias difíciles, que buscan darte a entender que estás recorriendo un camino distinto al que Dios tiene para ti y no te conviene.

Ejemplo: eres una persona malgeniada, y tu mal genio siempre te ha creado situaciones difíciles con los demás. Es un hábito y un defecto que has tenido desde joven, y en tu adultez aún te acompaña. Debido a tu mal carácter, tus relaciones de pareja terminan abruptamente, pues las personas se aburren de ese temperamento tan fuerte que tienes. Tus padres y tus mejores amigos te dicen "Cambia, ese mal genio no te sirve", pero tú dices "Así soy desde que nací y es muy difícil cambiar", o respondes diciendo "He tratado de cambiar mi temperamento muchas veces y no lo he logrado".

Sea cual sea la razón que encuentres para justificar tu falla en el intento, la verdadera razón es que no has tomado la decisión *definitiva* de erradicar ese defecto de tu ser. Esta ha sido una de las enseñanzas que he recibido por parte de Dios y los angelitos y realmente ha cambiado mi vida. Cuando entendí que hasta que yo no decidiera cambiar algo de corazón y me comprometiera a dicho cambio con acciones, mi vida iba a seguir siendo igual. La decisión fue mi varita mágica y cada vez que la utilizo, ¡funciona a las mil maravillas!

A continuación te comparto en detalle las preguntas y los pasos para lograr romper los patrones negativos que te han impedido hasta el momento experimentar la vida afectiva que sueñas.

¿Qué tan abierto o dispuesto estás al amor?

Al leer esta pregunta, el primer pensamiento que quizás está llegando a tu mente es "!Pues claro que estoy abierto al amor! Si no lo estuviera, ¡no estaría gastando mi tiempo leyendo este libro!". Pues bien, esta fue efectivamente la primera pregunta que recibí por parte del Cielo cuando tomé la decisión de vivir una vida emocional distinta y mejor. ¿Por qué esta pregunta? Porque en muchas ocasiones los seres humanos creemos que tenemos claridad sobre lo que queremos cuando realmente no es así.

Te lo explico con un ejemplo: en alguna ocasión conversé con una persona en consulta que se sentía muy triste pues no lograba establecer una relación estable y duradera; conocía personas, salía con ellas, pero luego de varias citas se desvanecían como si se las hubiera tragado la tierra. "¿Qué tengo que espanto a los hombres? —me decía—. ¿Qué me falta? ¿O es que acaso tengo una brujería encima y por eso ninguna relación me dura?".

El mensaje que recibí fue que ella, a nivel inconsciente, le tenía mucho miedo al compromiso y, por lo tanto, aunque salía con las personas dando a entender que le interesaban, al mismo tiempo sus actitudes estaban enviando el mensaje "No me quiero comprometer". Esto, obviamente, también se percibía en su energía.

Por eso esta pregunta es el punto de partida en el proceso de cambio en tu vida emocional. Lo primero que debes confirmar contigo mismo es si *realmente* estás abierto y dispuesto al amor o, por el contrario, tienes miedos en tu interior que te hacen evadirlo sin darte cuenta.

Cómo entender la respuesta

Como siempre lo enseño en mis charlas y talleres: "El que piensa, pierde", y menciono esta frase en este punto pues, para que puedas entender la respuesta a esta pregunta tan importante, es fundamental que no la pienses sino que la sientas, esto es, que luego de hacértela te quedes en silencio y te enfoques en lo que sientes. Fíjate cómo reacciona tu cuerpo a la pregunta: ¿lo sientes tenso?, ¿sientes nervios o ansiedad? O, por el contrario, ¿estás tranquilo y sientes una certeza de que la respuesta es un "¡Sí!" rotundo? Confía en lo que sientes y no te juzgues por no haber sentido algo diferente. Es vital que creas en lo que percibes, pues a partir de allí es que comenzarás a delinear el mapa o derrotero que te llevará a la meta de una vida emocional mejor.

¿Tienes claridad en cuanto a lo que quieres y lo que *no* quieres?

Cuando una relación no funciona, la mayoría de las personas lo ven como un fracaso y una derrota. Dios y los ángeles me enseñaron que en realidad no es una pérdida sino una ganancia.

¿Cómo puede una decepción, rompimiento o separación amorosa representar una ganancia? Porque nos ayuda a ver lo que no nos conviene hacer en una relación o lo que no queremos vivir o compartir con otra persona. Si, por ejemplo, tu último noviazgo terminó porque hubo muchos celos y cantaleta entre ustedes, las enseñanzas lógicas —y provechosas a futuro— son: 1. ¡Ser celoso y dar cantaleta aburre a cualquiera! y 2. Ya sabes que no quieres estar en una relación con una persona que te va a celar o echar un sermón por tonterías, así que te vas a fijar más en esos detalles antes de establecer una relación seria.

¡Tener claridad sobre lo que no quieres es súper útil! Es el 50% del proceso para alcanzar la total claridad. Si lo analizas por un momento, la mayoría de las personas piensan solamente en lo que quieren y luego, cuando están en una relación, se dan cuenta de que había cosas que no querían y esas cosas pueden llevar al fracaso. Por lo tanto, si tienes claro tanto lo que buscas como lo que no, te vas a dar cuenta de que vas a poder definir mucho mejor el tipo de persona que llega a tu vida y con quien realmente puedes sentir una compatibilidad emocional.

Cómo tener claridad

Toma una hoja y un lápiz y divídela en dos columnas. Una de ellas tendrá el título "Lo que quiero en una pareja" y la otra se llamará "Lo que no quiero en una pareja". Siempre pon cada práctica que realices en las manos de Dios para que sea Él y su Espíritu Santo quien te ilumine para entender las respuestas, y pide la asistencia y compañía de tus ángeles en ese momento. No te presiones, toma el tiempo que sea necesario —hasta puedes hacerlo durante varios días—; lo importante es que la lista contenga todo lo que tienes en tu corazón con respecto a aquello que deseas vivir y encontrar en una pareja, así como lo que no deseas vivir. Tienes todo el derecho a decir lo que no quieres; ¡Dios nos da la opción de decirle eso también! En un mensaje me dijo: *"¡No te dé miedo pedirme con claridad! Por el contrario, ¡eso es lo que necesitas hacer!"*. Por lo tanto, no temas escribir todo lo que sientes en la lista. Dios está contigo y Él siempre lo ha sabido; solo está esperando que te confrontes a ti mismo y aceptes con amor y humildad lo que eres y lo que deseas vivir. En la medida en que estés basado en el amor y la humildad, sin egoísmos, estarás haciendo una práctica muy benéfica para ti, y con el tiempo verás que te traerá resultados maravillosos, pues te ayudará a atraer el tipo de persona que realmente quieres en tu vida y no lobos con disfraz de oveja que parecen una cosa pero terminan siendo otra muy distinta.

¿Qué estás buscando en el amor y en dónde?

La primera parte de esta pregunta complementa la práctica anterior —lo que quieres y no quieres en una pareja—, pues busca ayudarte a tener claridad sobre lo que estás buscando realmente cuando vives el sentimiento del amor con otro ser. Este punto es también fundamental, pues he visto como muchas personas pueden tener claro el tipo de pareja con quien desean compartir su vida, pero tienen un concepto distinto de lo que el amor representa para ellas, generando un conflicto entre lo que sienten es el amor y lo que la realidad les está mostrando a través de cómo ese sentimiento se expresa en la persona con la que están.

Si tienes claro el tipo de persona con quien deseas compartir tus sentimientos, es también importante que sepas en dónde la estás buscando. Obviamente, siempre hay una excepción a la regla, pero hablando de manera general, si, por ejemplo, deseas encontrar una persona que esté buscando una relación que pueda llevar al matrimonio, a crear un hogar, una familia y que dure toda la vida, pero te la pasas frecuentando los bares donde van los universitarios a rumbear, las posibilidades de conocer una persona con ese perfil son bajas. O para darte otro ejemplo, si deseas establecer una relación seria, de compromiso real, pensando en formalizarla con el matrimonio, pero lo que haces es tener citas con personas que son veinte años menores que tú, probablemente tu objetivo tenderá a retrasarse un poco —o mucho— más de lo que deseas.

Hay una frase que recuerdo constantemente que afirma: "Dios dice ayúdate que yo te ayudaré"; por lo tanto, es fundamental que tus acciones estén alineadas con tus deseos. Si estás buscando el amor en lugares o situaciones en donde las opciones son mínimas, lo que estás haciendo es demorar la manifestación de aquello que anhelas.

Descubre qué te falta

Seamos honestos: a nadie le gusta que le digan sus defectos, ¿verdad? No te preocupes, ¡no te estoy diciendo que tienes que salir ahora mismo para pedir a quienes te conocen que te digan tus defectos! Puedes hacer este ejercicio contigo mismo y será igual de efectivo —si lo haces con honestidad, por supuesto—. Va a exigir de ti pero, créeme, vale la pena.

Con papel y lápiz a la mano, respira lenta y profundamente y poco a poco comienza a recordar las relaciones afectivas más significativas que has tenido en tu vida. Puede ser una sola, o dos o tres; lo importante es que te enfoques en aquellas relaciones que sientes que te marcaron y dejaron una huella en ti, tanto positiva como negativa.

Ahora, pregúntate a ti mismo qué te faltó dar/hacer/decir para que de tu parte la relación funcionara mejor. Sé honesto contigo mismo así te duela reconocer los errores que cometiste. No te preocupes, nadie te está juzgando; el objetivo de este ejercicio es tener claridad sobre aquellos aspectos que hasta ahora han impedido la expresión completa del amor en tu vida, ¡así que es con un fin muy positivo!

¡Mi propósito no es que te sientas peor de lo que te has sentido luego de ver lo que te faltó en tus relaciones anteriores! Quizás, al leer la lista, esa sea la primera sensación que tengas, y por eso es que aquí te quiero decir que en la medida en que tengas claros los aspectos en tu interior que están frenando tu exterior, realmente podrás superarlos y ver un cambio maravilloso en tu vida. Esto fue lo que los ángeles me enseñaron, lo apliqué y vi los resultados favorables de pasar de ser una adolescente solitaria a encontrar mi alma gemela a quien llamo "mi regalo de Dios".

Si luego de hacer el ejercicio te das cuenta de que quizás te faltó hacer algo —o dejarlo de hacer—, el siguiente paso es aceptarlo con humildad; no con rabia hacia ti mismo o con sentimiento de culpa, sino con compasión. Recuerda que eres un ser humano como todos, imperfectos y en proceso de aprendizaje y evolución, y recuerda que en la medida en que Dios vea un corazón realmente arrepentido, Él da una nueva oportunidad.

¿En dónde estás bloqueado?

Aquí la pregunta a formularte es: ¿en dónde (sea un tema, momento, experiencia o sentimiento) me quedé estancado? Por ejemplo, ¿hay un resentimiento hacia tu última pareja que aún continúa en tu corazón y no has logrado superar?, o ¿aunque hace ya un buen tiempo que terminó tu última relación, no has podido cerrar ese ciclo y sigues atado a ese pasado?

Como pudiste observar en la primera parte de este libro, la lista de bloqueos en el amor es bastante amplia y, en muchos casos, las personas sufren de más de un bloqueo en sus relaciones. Lo importante es identificarlos y tomar la decisión de eliminarlos de tu vida.

En términos generales, los bloqueos surgen por miedo y falta de fe. Analízalo por un momento: cuando te sientes estancado en algo es porque te da miedo enfrentar la situación —bien sea por el temor a la incertidumbre o el temor al fracaso—, o porque no crees que las cosas van a salir bien y esa falta de confianza te frena y no te permite avanzar.

Recuerda: para encontrar lo que te está bloqueando es importante que te preguntes a qué le estás ejerciendo resistencia, a qué le tienes miedo, y qué tanta fe tienes en ti mismo y en lo que Dios puede darte.

Revisa nuevamente la lista de bloqueos y analiza cada uno de ellos con calma. Esto te ayudará a identificar aquellos sentimientos o actitudes que están limitando la manifestación del amor en tu vida.

El amor es de adentro hacia afuera

Este es otro de los grandes aprendizajes que he recibido por parte de Dios y los angelitos en mi vida. Ellos me ayudaron a entender que la mayoría de los seres humanos esperamos que el amor nos llegue de algo o alguien más, es decir, que provenga de algo externo que llega a nuestra vida y en ese momento podremos sentirnos felices. Esto es lo que genera dependencia hacia otras personas, pues pensamos que ellas son la fuente del amor y que por lo tanto, sin ellas moriríamos.

Si bien es cierto que recibimos amor de las otras personas y que esto alimenta nuestra alma y nuestro espíritu y contribuye a nuestra felicidad, también es importante entender que la verdadera felicidad surge de nosotros mismos. Quizás has escuchado esta teoría en muchas ocasiones y sí, es mucho más fácil decirlo y leerlo que practicarlo. Pero, luego de analizarla y entender de qué se trata, concluí que si no siento amor en mi corazón primero hacia mí misma, es difícil que pueda realmente sentir la verdadera felicidad si solo me dedico a esperar que algo o alguien más sea quien me lo proporcione.

A lo largo de los años he recibido cientos de mensajes en los cuales Dios desea recalcarme que para que nuestra vida emocional y afectiva sea equilibrada y armónica, debemos comenzar por querer lo que somos. Es así como en la medida en que los sentimientos que irradies hacia ti mismo estén llenos de amor real y transparente y aceptes con alegría lo que eres y como eres, tanto interna como exteriormente, esa linda energía se propagará hacia afuera y llegará a las personas que te rodean.

La energía no se puede ver con los ojos físicos, pero existe y se percibe. En todo momento la estamos irradiando y sintiendo de manera inconsciente. Tú estás hecho de energía, así que no es posible decir "Voy a dejar mi energía en casa hoy pues estoy de mal genio y no quiero que los demás se den cuenta"; ella va contigo a donde tú vas, y así no lo quieras, las personas la notan. Precisamente por esto, si tú no te quieres a ti mismo, directa o indirectamente estás enviando ese mensaje al mundo, el cual responde con base en dicha información.

La clave para poder hacer un mejor uso de tu energía es ser consciente de la manera en que la estás utilizando para beneficio tuyo, es decir, si estás irradiando una vibración positiva y de amor hacia el mundo exterior, o si, por el contrario, reconoces que el amor que sientes hacia ti mismo no es muy fuerte y más bien tiendes a ser muy duro y crítico hacia lo que eres y hacia como te ves. Entre más amor sincero sientas hacia lo que Dios creó en ti, el universo te regalará más amor, pues verá lo agradecido que eres con lo que te ha dado.

Revisa tu historia familiar

Este tema es extenso, pero te lo resumiré en los puntos principales que tienen que ver directamente con cómo tu pasado familiar tiene una influencia sobre tus relaciones emocionales y a veces puede afectarte durante toda tu vida. Con esto último no quiero decir que no tengas chance de encontrar el amor si hay una historia familiar difícil; por el contrario, tener claridad sobre tu pasado familiar te puede ayudar a corregir y cambiar aspectos que te han estado afectando y quizás hasta el momento no tenías idea de ello.

Conocer de una manera más clara tu historia familiar desde un punto de vista espiritual te puede ayudar enormemente a eliminar ataduras y a corregir aspectos de tu personalidad que han impactado tus vínculos afectivos. A continuación te comparto los pasos principales que desde esa perspectiva puedes llevar a cabo para alcanzar dicha claridad:

La influencia de tus padres en tu vida emocional

Es bien sabido que la imagen materna y paterna deja una huella en cada persona que puede acompañarla durante toda su vida. Expertos en la materia indican que lo que hayamos vivido en nuestro ambiente familiar marca lo que serán nuestras relaciones interpersonales. Dicha influencia puede ser tanto beneficiosa como perjudicial, dependiendo de la manera en que la pongamos en práctica.

La huella de los padres en la vida de un ser humano se puede manifestar de dos maneras:

- **A nivel grupal.** Todos los miembros de la familia reciben una influencia general por parte de los padres sobre sus emociones. Ejemplo: el papá es un hombre machista y esta manera de ser repercute en las creencias de los hijos de que el hombre es el que manda y la mujer solo debe obedecer y acatar sus órdenes.
- **A nivel individual.** Cada padre, a través de las enseñanzas que le da a su hijo/a, influye en sus creencias espirituales y en el manejo de sus emociones. Ejemplo: al hijo se le inculca que los hombres no lloran y por ello no está bien visto que exprese sus sentimientos, y a la hija se le enseña que debe ser obediente con el hombre y por lo tanto no es correcto que exprese su punto de vista o dé su opinión.

Para tener una idea más clara sobre el tipo de influencia que tus padres han tenido a nivel espiritual y emocional sobre tu vida afectiva, te invito a responder las siguientes preguntas. Mi sugerencia es que lo hagas con calma, y si necesitas varios días para sentir que respondiste todo a cabalidad, no importa. Tómate el tiempo que sea necesario, pues este paso es absolutamente crucial para entender qué ha bloqueado tu vida afectiva.

1. ¿Viviste en un ambiente familiar donde las creencias religiosas eran bastante fuertes?

2. ¿Alguno de tus padres —o ambos— fue o es bastante rígido en sus enseñanzas?

3. ¿Viviste en un hogar feliz y armónico?

4. ¿Observaste amor verdadero entre tus padres?

5. Si pudieras describir la relación afectiva que viste entre tus padres con una sola palabra, ¿cuál sería?

6. ¿Tus padres te dieron libertad para expresar tus creencias religiosas, o por el contrario, te impusieron las suyas?

7. ¿Las creencias espirituales inculcadas por tus padres fueron basadas en el amor de Dios hacia los seres humanos o fueron las de un Dios que nos castiga cuando cometemos pecados?

8. ¿Tus padres te enseñaron la importancia de amarte a ti mismo y valorar lo que eres?

9. ¿Qué enseñanza recibiste por parte de tus padres con respecto al matrimonio y al amor de pareja?

10. ¿Qué cualidad espiritual (por ejemplo: fe, fortaleza interior) y emocional (por ejemplo: buen genio, paciencia) heredaste de cada uno de tus padres?

11. ¿Qué defecto o hábito espiritual (por ejemplo: envidia, falta de fe) y emocional (por ejemplo: baja autoestima, celos) heredaste de cada uno de tus padres?

¡El objetivo de esta práctica no es que eches la culpa a tus padres si no te ha ido bien en el amor! Por el contrario, lo que busca es que logres ver con mayor claridad aquellos aspectos heredados o aprendidos, tanto positivos como perjudiciales, que han tenido una influencia sobre la manera en que has manejado tus relaciones afectivas, para que así puedas, por un lado, fortalecer los que te han beneficiado y, por el otro, eliminar los que han generado obstáculos.

Encontrar estas respuestas te ayudará a darte cuenta de que tu forma de comportarte es una combinación de enseñanzas: aquellas que provienen de algo o alguien más y aquellas que tú mismo te has impuesto. En la medida en que tengas cada una de ellas identificadas, podrás, si lo decides, tomar acciones concretas que te permitan hacer ajustes en la manera en que te sientes con respecto a ti mismo y con respecto a los demás.

El karma heredado o la influencia de acciones pasadas en nuestra vida presente

Se escuchan muchas teorías sobre cómo las acciones de nuestros antepasados —incluso cuatro generaciones atrás— pueden tener un efecto sobre nuestra vida actual. Es lo que comúnmente se denomina "karma" (el cual te expliqué en detalle en un capítulo anterior) o en términos un poco más escuetos, "maldiciones generacionales".

Como sucede por lo general en estos temas de interpretación de los libros sagrados y las enseñanzas espirituales, existen varias teorías sobre lo que son las maldiciones que pasan de generación a generación. He aprendido a través de los mensajes que he recibido del Cielo que esto no significa que si tu tatarabuelo cometió una mala acción durante su vida, ¡tú termines pagando por ella! Sería más que normal pensar que en un caso así Dios no estaría siendo muy justo contigo, ¿verdad? Lo que significa es que la influencia que nuestros antepasados tienen sobre lo que nos sucede puede ser a través del aprendizaje de conductas, es decir, si por ejemplo los padres tienen comportamientos y hábitos incorrectos y constantes, es muy probable que sus hijos y los hijos de sus hijos aprendan esos mismos hábitos y terminen actuando de manera similar.

Así mismo, el karma de lo que hicieron nuestros antecesores tiene que ver también con cómo dichas acciones pueden efectivamente tener una consecuencia sobre nosotros. Te lo ilustro con un ejemplo: si en una familia el padre sufre de una adicción fuerte al alcohol o las drogas, las acciones o comportamientos incorrectos en los que incurra llevado por esa dependencia tendrán un efecto directo sobre su esposa e hijos.

Otra influencia del pasado son las palabras que se dicen. ¿A qué me refiero con esto? A que si por ejemplo tus padres o abuelos te repitieron constantemente "¡Eres feo y gordo!", esas palabras tendrán una influencia sobre ti, sugestionando tu mente subconsciente, y terminarás convencido de esa "verdad". Así no seas feo y gordo, te verás y sentirás feo y gordo y, a menos que tomes la decisión de cambiar tu forma de pensar y de sentir, ese karma te acompañará durante toda tu vida.

Recuerdo el caso de una chica que vino a consulta pues sentía que su vida afectiva estaba bloqueada. Estaba convencida de que tenía una maldición familiar pues tanto ella como su hermana —ambas ya tenían más de treinta años— no habían logrado hasta el momento encontrar una pareja estable. "¿Será que tenemos una maldición o estamos pagando algún karma?", preguntó. Al pedir a Dios, el Espíritu Santo y los ángeles por una respuesta a su inquietud, sentí la figura materna como parte de la situación. Le compartí que estaba sintiendo que su mamá tenía de alguna manera —que yo no entendía aún en ese momento— una participación o influencia en su vida emocional.

No estaba dándole a entender que fuera culpa de su mamá que ella y su hermana estuvieran aún solteras, sino que la figura materna jugaba probablemente algún papel en como ellas manejaban su vida emocional.

Cuando le dije eso, ella me respondió: "Mi mamá siempre nos ha dicho que el matrimonio no sirve y que uno sufre mucho casándose. Desafortunadamente ella ha tenido una relación difícil con mi papá, ha sufrido bastante y está llena de resentimientos en su corazón. Desde hace años la he escuchado diciéndonos eso a mi hermana y a mí y ambas en cierta forma tenemos miedo de casarnos".

Este caso refleja perfectamente lo que te he explicado sobre el efecto de las acciones hechas y las palabras dichas. La mamá de esta chica tomó la decisión de mantenerse en un matrimonio doloroso y eso le trajo como consecuencia el dolor y el resentimiento, y estos, a su vez, se han manifestado en forma de palabras negativas hacia el matrimonio y las relaciones de pareja. Ambos elementos han tenido una consecuencia directa sobre sus dos hijas, quienes han sido testigos directos de una mala relación entre sus padres y por lo tanto tienen temor a vivir la misma situación. Es así como, aunque en el fondo quieren encontrar pareja, existe un patrón mental, emocional y espiritual que las frena y no les ha permitido alcanzar ese sueño.

En la Biblia Dios nos dice que cada uno será juzgado solamente por sus propias acciones (Deuteronomio 24:16: "Los padres no morirán por sus hijos, ni los hijos morirán por sus padres; cada uno morirá por su propio pecado"). ¡Esta promesa significa que no estás condenado a sufrir por las faltas que quienes conforman tu árbol genealógico hayan cometido! Al final, cada uno tendrá que rendir cuentas por sus propias acciones y no por el apellido que tengamos o la familia en la que hayamos nacido.

Cómo romper las ataduras del pasado

Ahora bien, supongamos que luego de leer las páginas anteriores identificas que en tu familia existe algún tipo de patrón o hábito, bien sea en palabra o acción, que podrías definir como una influencia sobre tu vida afectiva y emocional. ¿Qué hacer para romper esa atadura?

- **En el caso de acciones que tus antepasados hayan realizado y sientas que han tenido un efecto directo sobre ti.** La recomendación que he recibido por parte de Dios y los angelitos es orar por ellos. Por ejemplo, si tu abuelo sufrió de falta de lealtad hacia tu abuela, pide a Dios que tenga misericordia de esa alma y perdone cualquier error que pudo haber cometido por una carencia de madurez emocional, y pídele que a través de su Espíritu Santo elimine y corte cualquier lazo mental o emocional que te esté atando a ese tipo de creencia o comportamiento.

- **En el caso de palabras o creencias erróneas.** En términos generales, cualquier tipo de atadura o lazo a nivel espiritual se puede romper con el poder de la oración. Hablando puntualmente de las ataduras emocionales creadas por palabras o ideas erróneas de otros que han influenciado tus comportamientos y actitudes en el campo afectivo, puedes pedir a Dios y a tus ángeles que te ayuden a eliminar esas palabras que has dicho y esas ideas que elegiste adoptar como creencias que te han impedido hasta el momento tener la vida emocional que tu corazón anhela.

Un ejemplo de oración es el siguiente: *"Señor Dios, te pido que en el nombre de tu hijo Jesús perdones mi alma por haber hablado palabras necias y creído ideas erróneas. Perdóname por haberme dejado llevar por ideas y conceptos de otras personas en lugar de haber creído lo que Tú me estabas diciendo en mi corazón, Señor. Te pido con toda la fuerza que limpies mi mente y mi lengua para evitar volver a caer en la tentación de volver a seguir patrones incorrectos. Perdóname, Señor, por no haber utilizado el poder de la palabra y del pensamiento de la manera que Tú deseas que lo haga. En el nombre de tu hijo Jesús te pido que me liberes en este instante de cualquier atadura que yo haya creado y que a partir de este momento sea tu Espíritu Santo el que guíe mis acciones, mis palabras y mis pensamientos. Gracias, Señor Dios, por tu piedad y misericordia y por la nueva oportunidad que siempre me das para mejorar y encontrar la paz interior. Amén".*

Para terminar, quisiera compartirte una afirmación positiva muy poderosa para romper ataduras y atraer bendiciones: *"Soy bendecido en todo momento. Mis palabras, pensamientos, emociones y acciones están en total sintonía con la voluntad de Dios para mi vida. Atraigo solo lo bueno, pues decreto solo lo bueno para mí y para quienes me rodean. Mi vida es maravillosa. Gracias, Señor Dios. Amén".*

Lo correcto vs. lo incorrecto

Cada persona tiene un concepto sobre lo que es correcto e incorrecto; lo que para alguien puede ser normal y lógico, para otro puede ser impensable y hasta pecaminoso. La conveniencia de una situación en el tema emocional depende de tus creencias espirituales, religiosas y sociales que te hacen sentir si estás actuando correcta o incorrectamente y, por lo tanto, es muy difícil generalizar estos conceptos.

En culturas en que el factor espiritual es marcado, el peso de si una acción es correcta o incorrecta puede ser bastante grande. Muchas personas sienten que desean hacer algo, que su corazón les está gritando que tomen alguna acción, pero si les fue enseñado que llevarla a cabo es incorrecto, se frenan y no continúan. Se genera, pues, un conflicto interno y emocional fuerte entre lo que se quiere y lo que se debe hacer.

¿Cómo identificar cuando algo es correcto o incorrecto para tu proceso de crecimiento espiritual y de acercamiento a Dios? ¿Cómo saber a ciencia cierta si cuando haces algo o dejas de hacerlo estás actuando como Dios quiere o, por el contrario, te estás alejando de Él? Cuando te veas enfrentado a una situación y sientas la necesidad de confirmar si es buena para ti, haz lo siguiente:

- Busca un momento diario para encontrarte con Dios y tus angelitos. No es muy probable que vayas a encontrar la respuesta en un solo intento, así que mi sugerencia es que apartes un momento diario para poder dialogar con el Cielo. Entre veinte y treinta minutos es suficiente (es el mínimo, pero, si quieres más tiempo, ¡adelante!)

- Concéntrate y enfócate en el momento. Puedes lograrlo más fácilmente dirigiendo tu atención a tu respiración, la cual debe ser lenta y profunda.

- Ponte en la presencia de Dios, dándole las gracias por ese encuentro y pidiéndole que envíe a sus ángeles para que puedas entender claramente la respuesta que te vaya a entregar.

- Piensa en la situación puntual sobre la que deseas confirmar si es conveniente para tu vida o no. Pregúntale a Dios directamente y sin rodeos: "Señor Dios, ¿esta situación me conviene? ¿Estás de acuerdo con ella o debo alejarme (dejarla, eliminarla, etcétera)?".

- Quédate en silencio y presta mucha atención a cualquier sensación que tengas en tu cuerpo. Fíjate si sientes algún tipo de tensión, angustia, nervios, o si, por el contrario, te sientes alegre, tranquilo y en paz contigo mismo. Los primeros síntomas te indicarán que la respuesta es "No conviene" y los segundos, que es "Sí conviene".

- Es muy probable que la respuesta que sientas en tu corazón esté en contradicción con lo que tu mente te dice. Este es el punto álgido del proceso, pues es cuando la confusión se puede presentar y al final no sepas qué hacer. Lo importante es que aquello que sientas salga de lo más profundo de ti y te ayude a sentirte tranquilo contigo mismo, para evitar que la culpa controle tus decisiones. La mente te dice "Tienes que hacer esto", mientras que el corazón te habla en términos de "Esto es lo mejor para ti". La mente habla en forma de pensamientos, mientras que el corazón lo hace en forma de sentimientos. No siempre lo que la mente considera que es lo correcto es lo más conveniente para uno o, dicho en otras palabras, no siempre lo que queremos es lo que más nos conviene. Recuerda: la voluntad de Dios, que es lo mejor para nosotros, se expresa a través de sentimientos de paz en nuestro interior, alegría y claridad. Lo que no es conveniente para nuestra vida crea estrés, angustia, una sensación de que está siendo forzado para que suceda y falta de paz interior.

- El paso final y más importante es no cuestionar la respuesta. Este es el secreto para poder entender los mensajes del Cielo. Si tu intuición te habla, escúchala y déjate guiar.

¿Es perseverancia o terquedad?

No te niego que existe una línea muy delgada entre estos dos aspectos, y por lo tanto es fácil confundirse entre el uno y el otro. La siguiente es la manera que aprendí para identificarlos:

La perseverancia es esa fuerza que sale de tu corazón para no dejar de luchar por ese objetivo que él desea alcanzar. Tu corazón sabe que es una meta buena para ti, y que no debe dejarse vencer por las dificultades para alcanzarla, pues al hacerlo, te llenará de alegría, satisfacción, paz y autoconfianza. La perseverancia está impulsada por ese sentimiento de "sí es", que es difícil de explicar con palabras, pero que a nivel de las emociones se percibe como una certeza en tu interior.

Por el otro lado, la terquedad se percibe como un sentimiento de esfuerzo desgastante, de estar yendo contra la corriente, de estar caminando en el sentido contrario a todo lo demás. Es un capricho que surge en tu mente y que confunde tu alma, haciéndola creer que *tienes* que conseguir y alcanzar dicho capricho. Es un sentimiento basado en el orgullo y la soberbia, pues cuando piensas que no lo vas a alcanzar, te sientes inferior, derrotado, y que otras cosas o personas te ganaron. Es una sensación de competencia contigo mismo o con otros, y por lo tanto no está basada en el amor y la verdadera fe. Hay algo en tu interior que te dice que no te conviene, pero no lo escuchas, sino que por el contrario lo ignoras y sigues forzando la situación para que se dé como tú quieres y no como te conviene.

Como te puedes dar cuenta, la diferencia entre perseverar y forzar que algo se dé es amplia si se revisa en detalle. Fíjate que siempre, siempre (repito la palabra a propósito) hay algo dentro de nosotros que nos dice cuándo la respuesta es "sí" y cuándo es "no". Lo que sucede es que en la mayoría de las ocasiones nos dejamos confundir por la mente y los pensamientos, generando duda, temor y falta de claridad.

Así pues, puedes distinguir cuándo es perseverancia y cuándo es terquedad, porque en la primera, la motivación a actuar te llena de energía positiva, te impulsa, te emociona haciéndote sentir alegre, mientras que en la segunda, sientes que estás empujando una pared enorme y pesada, que por más que intentes avanzar metros avanzas solo centímetros, y sientes un desgaste físico, mental y emocional.

Lo curioso del caso, si puedo decirlo de esta manera, es que, al final, siempre sentimos cuándo es algo que sí es para nosotros y cuándo estamos nadando contra la corriente, pero en muchas ocasiones nos hacemos los locos y evadimos o ignoramos el mensaje y nos obsesionamos con el resultado que queremos alcanzar.

En el campo del amor, la terquedad es una de las actitudes que más se interponen entre la persona y su felicidad. He visto cientos de casos en los cuales, a pesar de que las circunstancias le dicen a alguien que esa relación no le conviene, aun así la persona sigue empecinada y no da el brazo a torcer, pues quiere que sea esa relación, ¡y punto! Luego de mucho intentarlo —y, por lo general, luego de mucho sufrimiento—, termina dándose cuenta de que lo que la vida le mostraba era lo mejor para ella, pero su actitud obstinada le impidió aceptarlo con humildad y ceder para darle paso a algo que realmente es mejor para su vida.

Para poder entender los mensajes de Dios y tus ángeles es necesario contar con una buena dosis de humildad, pues el ego ciertamente puede opacar la comunicación entre Él y tú. En la medida en que tengas la disposición de escucharlo, podrás entender más claramente lo que te quiere decir y de esa manera confirmar si es tu terquedad la que te está empujando a hacer su voluntad o si, por el contrario, estás fluyendo con la guía divina del Cielo.

Tú atraes lo que piensas

¡Podría escribir todo un libro sobre este punto! A nivel personal, esta frase es uno de mis eslóganes de vida, pues la recibí como un mensaje angelical en mis años de adolescencia, cuando era una chica depresiva y negativa, y me sacudió de tal manera que comencé a trabajar en mi manera de pensar desde el instante en que la recibí.

Siempre se ha hablado del poder de la mente, pero aun así, es sorprendente como los seres humanos continuamos permitiendo que "la loca de la casa" —como describió la mente la escritora sor Juana Inés de la Cruz— domine nuestra vida y nuestra forma de actuar.

En la Biblia se pueden encontrar conceptos que la ciencia comenzó a estudiar muchos años después; uno de ellos tiene que ver con el poder de la mente: "Cuida tu mente más que nada en el mundo, porque ella es fuente de vida" (Proverbios 4:23). Los pensamientos, junto con las palabras que decimos, son las herramientas que Dios nos regaló para cocrear nuestra vida con Él.

El primer capítulo de tu historia personal en el amor se relaciona con la manera en que piensas sobre ti mismo. Dependiendo de qué tan fuertes o débiles sean las raíces de tu autoestima, así mismo será el árbol de tu vida afectiva. Es así como en el campo del amor, el punto de partida para atraer aquello que realmente deseas radica en lo que piensas sobre ti a todo nivel. Sea lo que creas que eres —feo o guapo, inteligente o ignorante, agradable o fastidioso—, eso será lo que los demás verán en ti.

El segundo capítulo de tu historia tiene que ver con lo que piensas sobre lo que percibes del mundo exterior, es decir, aquello que aprendes por parte de otras personas o situaciones. Dios te dio el discernimiento para que puedas analizar lo que ves y escuchas y adaptarlo a tu experiencia particular. Dicho en otras palabras, tú decides si quieres pensar positiva o negativamente sobre lo que te rodea y sobre las experiencias que vives.

El tercer y último capítulo —esta es una versión resumida, pues obviamente la historia de vida tiene muchos capítulos más— consiste en las decisiones que tomas basado en la manera en que calificas o ves las experiencias que vives. Aquí es donde verdaderamente comienzas a escribir tu historia de vida, pues tus decisiones marcan tus acciones y estas marcan tu destino.

Aquello en lo que enfocas tu atención, es decir, el poder de tu mente, es lo que atraes con mayor facilidad, sea positivo o negativo. La mente tiene la capacidad de dar el mismo poder a un pensamiento negativo que a uno positivo, así que en ti radica dar más fuerza a uno o al otro.

¡Tú eres el autor de tu propio libro del amor! No lo olvides: tú atraes lo que piensas, ¡así que tú decides si quieres que tu historia tenga un matiz de tragicomedia, horror, suspenso e intriga o de novela rosa!

Todo es un proceso

Cuando recibo esta frase como un mensaje para alguien, no te niego que muchas personas me hacen el gesto de "Sí, yo sé", con un tono de semiaceptación, pues a los seres humanos no nos gusta esperar, sino, por el contrario, ¡quisiéramos que todo se diera ya! Sin embargo, con el paso de los años aprendí que por más afán que se tenga y resistencia que se imponga a una situación, no va a darse en el tiempo que uno quiera, pues tiene su propio proceso de desarrollo. En otras palabras, el acelere y la ansiedad solo generan un desgaste innecesario de energía en uno mismo.

También aprendí y confirmo continuamente a través de las experiencias de vida que la impaciencia y querer forzar que una situación se dé generan el efecto contrario, es decir, que en lugar de lograr una manifestación más rápida, se crea una demora en el proceso, pues la presión impide que la situación se desarrolle libremente y la bloquea.

No te niego que cuesta un poco de trabajo —¡o mucho!— aceptar los tiempos de cada proceso y soltar; pero Dios y los ángeles me enseñaron a manejarlo viéndolo de una manera práctica, es decir, concluyendo que no saco nada positivo forzando a que algo se dé en mis tiempos; en la medida en que lo suelte, podrá fluir mejor y manifestarse más rápidamente.

Como ves, una vez más tiene que ver con tu forma de ver cada situación y la decisión que tomes de acuerdo a dicha visión. En ti radica el poder de permitir que las cosas fluyan y se vayan manifestando en tu vida en el momento justo o presionarlas para que se den como tú quieres y en el momento en que tú las quieres, exigiendo mucha más energía y esfuerzo emocional, mental y físico de tu parte.

Deja que el amor te derrote

¡Esta es quizás la única batalla que amerita perder! Dejarte derrotar por el amor significa permitir que sea este sentimiento el que comande tu vida y dirija tus actos. Si le das la batuta al amor, te sentirás mejor contigo mismo y verás las experiencias que vives con otros ojos, pues podrás notar mucho más lo bonito que hay en cada persona y no te enfocarás en lo que no te gusta o no te parece.

Dejarse derrotar por el amor no es señal de debilidad; por el contrario, es señal de sabiduría y fortaleza interior. El amor es la fuerza más grande que existe y es el motor que nos permite sobrellevar las experiencias de vida en este planeta. Logras dejarte llevar por este sentimiento cuando dejas en el pasado experiencias tristes o negativas, pues tienes confianza en que Dios te ama y por lo tanto te dará nuevas y mejores oportunidades para ser feliz; cuando no dejas de creer en lo que eres y tienes para ofrecer, y por lo tanto sabes que mereces recibir mucho; y cuando mantienes en tu corazón la confianza y la fe en que la felicidad en el amor existe para ti.

Si superas el miedo a dejarte vencer por el amor y te dejas guiar por él, verás como podrás sentir de una manera más palpable la presencia y la guía de Dios en tu vida. Cuando uno hace las cosas con amor y por amor se siente muy bien, ¿verdad? Así que arriésgate, ¡y dale el mando de tu corazón!

Busca nuevas maneras de amar

Si luego de intentarlo muchas veces te das cuenta de que tus relaciones afectivas no están funcionando, es una señal de que quizás es conveniente cambiar tu estrategia de amar. ¿Qué significa esto? Que aunque es bien sabido que el amor es uno, existen muchas maneras de expresarlo, y, por lo tanto, puedes adaptarlas a tus propias experiencias para que su efecto sea más fuerte y efectivo.

Dicho en otras palabras, buscar nuevas maneras de amar significa ajustar tu idioma emocional para que la comunicación con la otra persona fluya mejor, y esto se logra escuchando primero al otro y entendiendo su idioma. Con esto no me refiero únicamente a las palabras que esa persona diga, sino también a las actitudes con que expresa sus sentimientos y emociones. Así, cuando tienes una mayor claridad sobre las señales que tu pareja te envía, puedes adaptar las tuyas para que hablen el mismo idioma.

Te ilustro lo anterior con un ejemplo personal, el cual llena todos los requisitos incluidos en este punto. Como ya te he contado, mi esposo y yo somos de diferentes nacionalidades; su idioma natal es el inglés y el mío, el español. En nuestro matrimonio, no solo hemos tenido que pasar por la etapa de entender el lenguaje hablado del otro, sino también el cultural y emocional, que son bien distintos en muchos aspectos.

Por ejemplo, a mí me gusta expresar mis sentimientos y emociones tanto con palabras como con actitudes; soy muy cariñosa y consentidora con mi pareja. Él, por su cultura y forma de ser, no lo es tanto como yo. Al comienzo esto me dolía, pues la interpretación que hice de esa actitud era que él no me amaba con la misma intensidad que yo a él; me ponía brava y le reclamaba y, como es obvio, terminábamos en disgusto. Su respuesta era: "Yo no soy igual a ti; el hecho de que yo no te diga las mismas palabras que me dices tú o te abrace con la misma frecuencia con que tú me abrazas a mí no significa que yo no te ame por igual. Cada uno expresa su amor de manera diferente".

Dios y los angelitos me ayudaron a entender el mensaje que esas palabras traían: la importancia de aprender mejor el idioma emocional de mi esposo. Comencé a prestar mayor atención a los detalles bonitos que él tenía hacia mí, como cocinar si yo estaba ocupada trabajando, o armar una repisa especial para sus instrumentos (él es músico) con el fin de desocupar el armario en donde los guardaba para que yo almacenara cosas mías en él. Entendí que en su idioma emocional no está usar palabras tiernas como sí lo está en el mío, sino que expresa su amor con acciones, por ejemplo consintiendo mi cabello; siempre lo hace cuando estamos viendo televisión y al final termino con unos nudos grandísimos ¡pues lo enreda de una forma que no he logrado descifrar! Los nudos en mi cabello se convirtieron en un símbolo de su amor hacia mí, así que, aunque me cueste trabajo desenredarlos, no me importa; los nudos son parte de ese idioma emocional del amor entre los dos, ¡y me encanta!

Aunque al comienzo fue difícil, con el paso del tiempo ambos aprendimos a ver nuestras diferencias no como un reto duro sino como algo manejable, ¡y hasta divertido! ¿Cómo lo logramos? Con flexibilidad y aceptación. Yo llamo a estas dos características mis diccionarios del amor, pues han sido los principales conceptos que me han ayudado a tener una relación armónica con mi esposito.

Como ves, el secreto para encontrar nuevas maneras de amar está en entender mejor el "idioma emocional" con que la otra persona te está hablando y, luego de entenderlo, tomar la decisión de cambiar y adaptarse para ver resultados concretos y positivos.

Capítulo 6

¿Qué personalidad tiene tu corazón?

Expertos en el comportamiento humano dicen que nuestras actitudes y acciones están basadas en el tipo de temperamento y personalidad al que pertenecemos, los cuales han sido moldeados por el hogar en el que nacimos, nuestro entorno familiar y, en general, por las experiencias que vivimos.

Los ángeles me explicaron que nuestro corazón tiene también lo que se podrían denominar "personalidades". A continuación te explicaré las personalidades más comunes a nivel interior y espiritual que, dependiendo de la manera en que se expresan, pueden convertirse en bloqueos afectivos. Te sugiero que luego de identificar cuál puede ser tu personalidad, revises nuevamente la lista de bloqueos del Capítulo 3 y analices cuáles podría provocar, para que así tengas aún más claros los pasos que te conviene seguir para romperlos. Después de la explicación de cada personalidad encontrarás su contrario. Finalmente, te comparto una afirmación positiva que si repites de forma diaria y como mínimo dos o tres veces al día, te ayudará a eliminar los patrones mentales negativos que te bloquean a nivel emocional.

El dador

Este tipo de persona se caracteriza por ser, como su nombre lo indica, dadora, generosa, y que piensa primero en los demás que en ella misma.

De hecho, por lo general ella está en el último lugar de la lista de prioridades.

Es un modo de ser hermoso pues es amplio y da basado en el amor; pero corre un riesgo cuando se olvida de sí mismo, pues genera un desbalance energético que se termina manifestando a nivel emocional e incluso físico.

Cuando existe un desequilibrio en la manera en que das en una relación, esto puede ser causado por los siguientes enemigos del amor:

- Sumisión. Este enemigo consiste en ceder a todo lo que el otro quiere, dar todo de uno mismo por complacer u obedecer al otro.
- Apegos. Hay quienes, por sufrir de dependencia emocional hacia alguien, le dan en exceso para no perderlo.
- Miedo. Al igual que el anterior, el miedo a perder a la pareja hace que la persona dé sin medida y sin pensar si es bueno para ella hacerlo.
- Baja autoestima. La persona no se ama y por lo tanto nunca piensa en lo que merece, quiere o necesita, sino que siente que su deber es dar a los demás y nada más. Se siente culpable si en algún momento desea algo para ella.

Por el otro lado, cuando hay una armonía en la manera en que das, indica que tienes una autoestima fuerte, amas sin apegos y reconoces que como ser humano y espiritual, mereces también recibir sin sentirte culpable por ello.

Desde una perspectiva espiritual y energética, he aprendido que para poder dar de una manera armónica a los demás, es importante darse primero a uno mismo, a través del amor propio y la autoestima. Quiérete mucho, pues en la medida en que lo hagas, podrás dar más a quienes amas.

La personalidad contraria es el receptor: aquel que solo quiere recibir y no se esfuerza por dar pues cree que así es como las cosas deben ser. Los enemigos de este tipo de personalidad son el egoísmo y la inmadurez espiritual.

Te comparto la siguiente afirmación positiva para atraer un balance a este tipo de personalidad:

Amo dar y amo recibir. Doy y recibo con amor.
Doy, pues mi pareja merece, y recibo, pues yo merezco.
Soy totalmente feliz, pues vivo el amor en total armonía.
Gracias, Señor Dios, por tantas bendiciones. Amén.

El protector

Esta personalidad se caracteriza por ser una especie de mamá gallina, como se describe coloquialmente al tipo de persona que cuida mucho a quienes ama.

En el caso de las relaciones afectivas, se da un desbalance cuando es tanto lo que la persona quiere cuidar a su pareja que esta siente que "no puede respirar": se siente ahogada e, incluso, atrapada, lo cual puede generar lo que yo llamo "efecto Pepé Le Pew" (que te expliqué en el Capítulo 3) o el deseo de huir o alejarse para volver a sentirse libre.

Posibles enemigos de esta personalidad:

- Miedo. Temor a perder a la pareja y por eso se protege en exceso.
- Celos. Inseguridad en uno mismo, que genera el miedo de perder a la pareja y por lo tanto, lleva a ser celosa en exceso.
- Rigidez y exigencia. La protección excesiva de la pareja puede ser en realidad una excusa para no permitir que la otra persona actúe libremente.

Personalidad contraria: el vulnerable, que es aquel que busca en las relaciones de pareja a un protector pues siente que no puede cuidarse a sí mismo. Los enemigos de este tipo de personalidad son baja autoestima, miedo e inmadurez espiritual.

Afirmación positiva de los ángeles para el equilibrio en este tipo de personalidad:

Confío en lo que soy y en como soy.
Dios y los ángeles me protegen, guían y ayudan.
Comparto mi camino con mi pareja y ambos lo recorremos
tomados de la mano apoyados el uno en el otro por igual.
Mi pareja y yo somos el complemento perfecto.

Somos felices y doy gracias infinitas a Dios
por esa bendición tan grande en mi vida. Amén.

El maestro

Esta personalidad tiene un contexto espiritual marcado. Cuando se habla de una persona que es maestro para otra, se entiende que es alguien que le ayuda a crecer a nivel interior y espiritual. No te niego que a veces puede traer una connotación un poco negativa, pues cuando se piensa en aprendizaje se conecta inmediatamente con una prueba o un reto. Sin embargo, no necesariamente es así; tú puedes tener una relación afectiva muy bonita y tranquila, y aun así, aprendes y maduras muchísimo a través de ella. Que haya un maestro en una relación no significa que vaya a hacer sufrir al estudiante para que este aprenda. A la hora de la verdad, como los seres de luz me explicaron, depende del estudiante aprender fácilmente o resistirse a recibir dicha enseñanza. Eso también determina que la lección sea más corta o larga, fácil o difícil.

Como todo en la vida, los extremos no son buenos; por lo tanto, si esta personalidad de maestro está en desbalance, puede generar en la pareja un cansancio o agotamiento emocional y espiritual, ¡pues es como estar en la universidad veinticuatro horas al día, siete días a la semana, recibiendo enseñanzas a toda hora!

Posibles enemigos de esta personalidad:

- Orgullo. El ego de la persona le hace creer que es superior a su pareja, así que busca enseñarle todo.
- Desconfianza. Duda de lo que la pareja es o puede y sabe hacer.
- Rigidez y exigencia. Tiene una tendencia a decir a la pareja qué hacer y cómo hacerlo.

Personalidad contraria: el alumno, que es aquel que siente que le falta mucho por aprender y por lo tanto inconscientemente busca a su maestro para poder ser alguien.

Enemigos de este tipo de personalidad: baja autoestima, apegos, sumisión, miedo.

Si tú sientes que en tus relaciones afectivas tienes personalidad de maestro, un consejo que te comparto de parte del Cielo es que enseñes sobre todo con el ejemplo, más que con el sermón. Sé un espejo para tu pareja. He puesto en práctica esta táctica en mi matrimonio, ¡y me ha funcionado muy bien!

Afirmación positiva de los ángeles para el equilibrio en este tipo de personalidad:

> Sé, y lo que sé, lo comparto con mi pareja con amor.
> Aprendo, y lo que me es enseñado, lo recibo con amor.
> Mi pareja y yo aprendemos y nos ayudamos a crecer mutuamente
> con total amor y respeto. Ambos nos sentimos felices por el apoyo
> tan grande que hay en nuestra relación.
> Gracias, Dios, por darme el amor verdadero. Amén.

El maternal

Esta personalidad es similar a la del maestro, con la diferencia que en un tipo de relación como este, los sentimientos pueden confundirse entre amor de pareja y amor fraternal.

¿Cómo distinguir el uno del otro? Aunque en ambos casos, quien ocupa el rol de maestro o mamá siente que tiene la tarea de enseñar al otro a crecer o ser mejor, en el segundo la persona puede ver a su pareja más como un hijo que como hombre/mujer.

En varias oportunidades he tenido consultas con personas que viven este tipo de relación y las escucho decir: "Quiero mucho a mi pareja, no quiero que le pase nada malo o que sufra, pero no me puedo imaginar teniendo relaciones íntimas con ella". Es, como ves, un tipo de amor fraternal, que crea una especie de codependencia emocional y, aunque no es lo que cada quien desea experimentar a nivel afectivo, en muchas ocasiones permanecen en la relación para no ocasionar sufrimiento a la pareja —en el caso de quien ocupa el rol maternal— o por miedo a enfrentarse al mundo solo/a —en el caso de quien ocupa el rol filial—.

Posibles enemigos de esta personalidad:

- Miedo
- Resistencia (a soltar)
- Autocastigo (sentimiento de culpa).

Personalidad contraria: el alumno, quien, como ya mencioné, siente que le falta aprender y solo lo puede hacer permaneciendo con su pareja. Raíces de esta personalidad: baja autoestima, miedo al cambio, resistencia.

Afirmación positiva de los angelitos para vivir una relación de pareja y no una relación maternal:

Mi relación es una relación de pareja en la que
el amor que ambos sentimos es un amor de pareja.
Nuestros sentimientos, metas y objetivos son claros
y los compartimos con alegría.
Mi pareja es esa alma gemela que siempre había soñado,
con quien me siento totalmente pleno y realizado como ser
humano y ser emocional. Gracias, Señor Dios, por haberme
enviado este regalo tan maravilloso. Amén.

El estable y comprometido

Dentro de las diferentes personalidades que Dios y los angelitos me explicaron, esta es, quizás, la que tiene más características de armonía y balance, pues es aquella que expresa una madurez emocional en la persona a través de un deseo de compromiso y de mantenerse estable en sus relaciones.

Es una persona que no le tiene temor a estar en una relación y a pesar de las dificultades, se mantiene firme en ella. Creo que aquí tú y yo coincidimos en que es el tipo ideal, ¿verdad?

La madurez espiritual, la fe y un amor propio fuerte permiten desarrollar este tipo de personalidad. Quien la posee ha logrado un nivel de crecimiento interior que le permite dejarse guiar por Dios en el tema del amor, sin miedos y con la confianza de que recibe lo bueno pues es lo que merece recibir, y lo quiere compartir con alegría.

Personalidad contraria: el alma viajera, que es la persona que le tiene miedo al compromiso pues ama demasiado su libertad y, por lo tanto, su deseo es viajar y moverse constantemente, sin ningún tipo de ataduras.

Raíces de esta personalidad: miedo, resistencia, inmadurez espiritual.

Afirmación positiva de los angelitos para atraer estabilidad en el amor:

Amo y recibo amor. Comparto sin temor pues, al compartir,
así mismo recibo y soy feliz. Mi pareja me complementa y yo a ella;
compartimos nuestra vida con alegría y libertad.
Somos totalmente felices el uno con el otro.
Gracias, Señor, por tantas bendiciones. Amén.

Capítulo 7

¿Existe el alma gemela?

El concepto del alma gemela se ha entendido como esa relación de pareja en la cual tú encuentras a esa persona perfecta, que te complementa al cien por ciento y con quien, por lo tanto, vas a vivir una vida color de rosa. No quiero bajarte el ánimo ni mucho menos, pero debo decirte que el alma gemela tiene una connotación mucho más amplia, al menos a nivel espiritual, y dependiendo de los ojos con que la veas, ¡puede ser muy positiva para ti!

Lo importante es que si estás en la búsqueda de tu alma gemela, creas que existe, ¡porque así es! Existe, ¡y tú puedes vivir esa relación! No olvides que la fe es la que permite ver los sueños materializados, así que depende de la certeza que mantengas en tu interior sobre esta posibilidad para que le abras la puerta a su manifestación.

¿Solo hay un alma gemela, o hay más posibilidades de encontrar a esa mitad?

Antes de responder esta inquietud, quisiera entregarte la definición que recibí por parte del Cielo de lo que es un alma gemela:

———— ❦ ————

Es aquella alma que llega a tu vida para ayudarte a crecer y evolucionar a nivel espiritual, emocional y humano. Es un alma que ha contraído ese compromiso con la tuya, basado en el amor. Es un alma con la que has acordado compartir y ayudarse mutuamente y de la cual recibes ayuda y guía de manera abierta y humilde. Un alma gemela es aquella que llega a tu vida con un propósito definido y se siente feliz de cumplirlo para ayudarte, pues el amor es el motor que la impulsa.

--------∞--------

Como puedes ver, la misión en una relación de alma gemela es ayudarse mutuamente a evolucionar. Es decir que, para explicarlo en términos cotidianos, una persona que conoces en un bar una noche, flirtea contigo, te invita a tomar unos tragos y terminan bailando y pasando la noche juntos, para luego no volver a verse nunca más, ¡no es precisamente un alma muy gemela para ti!

Otro punto importante a destacar es que esa misión no necesariamente es cumplida por una sola alma. ¡La primera buena noticia es, pues, que tú puedes tener más de un alma gemela en tu vida! Ahora, debo anotar que este concepto no solo aplica a la vida romántica de una persona sino que también un profesor tuyo, un jefe o un familiar pueden cumplir ese rol en tu vida. ¡Espera! ¡No te estoy diciendo que tengas relaciones afectivas con estas personas! Lo que quiero decir con ello es que a nivel espiritual, un ser que te ayude a evolucionar y deje una huella importante en tu vida, pues te ayudó efectivamente a crecer y ser mejor, es un alma gemela.

Hablando puntualmente del tema de pareja, también puedes tener varias relaciones de alma gemela y no solo una, como es la creencia popular. Por tu vida pueden pasar varias parejas que te ayudan a crecer, evolucionar y madurar como persona. Aquellas relaciones que sientes en tu corazón que te han transformado para bien, así no todo lo que hayas vivido con ellas haya sido color de rosa, se pueden incluir en esta categoría.

¿No se supone que una relación de alma gemela es perfecta? Si no lo es, ¿significa que esta persona no es mi otra mitad?

Sin temor a equivocarme, ¡diría que estoy formulando la misma inquietud que tú te estás planteando en este instante! Si por "perfecta" tú y yo estamos pensando en una relación en la que nunca hay una pelea, todo es maravilloso y se vive constantemente en una luna de miel, pues bien, la respuesta a la primera pregunta es "No". ¿Por qué? Por varias razones:

1. Porque tu libre albedrío y el de tu pareja pueden hacer el proceso de crecimiento más desafiante. Por ejemplo, si tu pareja te quiere ayudar a madurar interiormente pero tú tienes un orgullo fuerte y no te gusta que te digan lo que tienes que hacer, esta actitud va a generar roces entre ustedes; o, si tú quieres darle a entender a ella que su impaciencia no le ayuda pero esa misma intolerancia no le permite escucharte y te evade, también va a haber un reto para lograr la misión que existe entre ustedes.

    El libre albedrío puede hacer el camino más fácil o más retrechero en la vida de una persona, no solo a nivel afectivo, sino a nivel general. La manera en que tú manejas el tuyo es tu decisión y de nadie más, así que depende de ti qué tanto contribuyes a que tus relaciones sean más o menos llevaderas.

2. Porque lo perfecto en nuestro plano terrenal ¡no existe! Los seres humanos somos imperfectos y por eso estamos en este planeta: para aprender, crecer y mejorar. Para quienes somos espirituales y creemos en Dios, sabemos que Él es el único perfecto; por lo tanto, la palabra "perfecto" no aplica. Ahora bien, no significa que las relaciones de alma gemela sean iguales a pelea, dificultad y aprendizaje por las malas. ¡Uno puede aprender por las buenas también! Como te expliqué anteriormente, depende mucho de cómo tu libre albedrío maneja dichas lecciones para hacerlas más fáciles o más difíciles. Si vences la resistencia al aprendizaje, te aseguro que el proceso será mucho más sencillo.

Teniendo en cuenta todo lo anterior, la respuesta a la segunda parte de la pregunta es también un "No". Si tu pareja y tú tienen momentos de reto o discuten, no necesariamente significa que no sean almas gemelas, ¡y tengas que salir corriendo!

¿Cómo reconocer a tu alma gemela?

No te niego que puede llegar a ser un poco confuso determinar cuándo una relación es de almas gemelas, pues, como te mencioné anteriormente, si tú y tu pareja discuten no quiere decir inmediatamente que deba descartarse como una relación de este tipo. Y, en el otro extremo, no quiere decir que como es relación de alma gemela entonces pelear como perros y gatos está bien, ¡pues así están creciendo espiritualmente!

Para reconocer una relación de alma gemela verdadera es importante considerar los siguientes aspectos:

- Hay amor entre las dos personas. Este punto es el que marca la verdadera diferencia entre, por ejemplo, el caso de una pareja que discute pero supera el momento pues hay amor entre ambos, y otra que pelea porque simple y llanamente no se soportan el uno al otro. Es normal tener una diferencia de opinión con tu pareja y que dicha diferencia genere cierta tensión entre ustedes; pero, si hay amor, ese momento se superará y cada uno seguirá viendo las cualidades que el otro tiene y por las cuales lo ama.
- Esa relación te marca. Muchas personas pueden pasar por nuestra vida, y podemos tener muchas relaciones, pero por lo general se cuentan con los dedos de una sola mano aquellas que realmente han dejado una huella en nuestro corazón. Esas personas que, a pesar del tiempo que hayan estado en tu vida, sientes que te ayudaron a cambiar para bien, son almas gemelas.
- Esa relación te ayudó a ser mejor ser humano. Ves el aporte que esa persona te entregó y al final, a pesar de las dificultades que puedan haberse presentado o sigan haciéndolo, reconoces que eres mucho mejor gracias a esa relación.

Mi actual esposo es definitivamente un alma gemela para mí, y no te niego que a veces tenemos nuestros roces o que a veces me saca tanto el mal genio, ¡que siento que quiero meterlo en la licuadora (en sentido figurado), y sé que a veces él quisiera hacer lo mismo! Pero, a pesar de esos momentos difíciles por los que hemos pasado, el amor gana y se pone por encima de cualquier diferencia. En estos años que llevamos juntos me doy cuenta de que gracias a él he madurado mucho, he crecido y he aprendido una gran cantidad de cosas valiosas para mi vida, y sé que yo también le he aportado cosas a él —lo digo con humildad—.

Tipos de alma gemela

Puedo resumir las clases de relación de alma gemela en dos categorías: la primera, en la que una de las personas es el maestro y la otra el alumno, y la segunda, en la que ambas almas están a la par y van creciendo paralelamente.

Cada tipo de vínculo tiene sus retos y requiere compromiso por parte de cada miembro de la pareja para que el aprendizaje pueda ser recibido y, principalmente, tenga un efecto productivo tanto a nivel individual como a nivel de la relación. Hablando a un nivel amplio y general, los requisitos para permitir que los aprendizajes tengan un efecto positivo en una relación de alma gemela son aceptación, humildad y decisión. En la medida en que cada persona esté abierta a recibir las enseñanzas que su pareja le está entregando y a tomar la decisión de aplicarlas —lo cual le permitirá crecer espiritualmente y como ser humano—, tendrá una relación mucho más armónica y feliz.

Si te das cuenta, dentro de la lista incluí la palabra "humildad", pues para entender y aceptar lo que el otro quiere enseñarnos es imprescindible dejar el ego y el orgullo a un lado. A muchas personas no les gusta que les digan lo que tienen que hacer, pues creen que ya saben cómo hacerlo. Sin embargo, es importante recordar que absolutamente todos estamos en un proceso de evolución y que, así lo parezca, no lo sabemos todo. Si en tu corazón sabes que tu pareja te ama y que por ese amor quiere ayudarte a mejorar, sé humilde, escúchala y acepta sus consejos y sugerencias. Al final, el más beneficiado con esos cambios serás tú.

Capítulo 8

Sin acción no hay reacción, así que ¡manos a la obra!

¡Tú puedes crear la relación que anhelas!

Muchas personas creen que basta con pedir a Dios que les dé el amor de su vida y sentarse a esperar a que les llegue caído del Cielo. Lamento decirte que no es así; por el contrario, para que veas una respuesta a tu oración o tus peticiones, debes actuar. ¿Recuerdas que al inicio de este libro te dije que tú eres cocreador de tu destino con Dios? Pues de eso precisamente se trata; pides, pero también por tu parte debes tomar acciones que te faciliten llegar a ese destino que deseas alcanzar. Dios te guía hacia donde debes ir, y es importante que te dejes orientar. Él necesita que pongas tu libre albedrío a funcionar a través de la acción. Si no actúas, es difícil que las cosas lleguen pronto a tu vida. Recuerda, es un trabajo en equipo entre Él y tú.

No importa si ya estás en una relación o si aún estás esperando que llegue esa persona especial a tu mundo; los consejos de este libro pueden ser aplicados en cualquier fase de tu vida emocional. El mensaje principal que deseo entregarte es que Dios te dio el poder y la capacidad de crear aquello que deseas y que en la medida en que sea conveniente para ti, lo verás materializado, ¡incluso de una manera mucho mejor de la que pensabas!

Espera de manera inteligente

En los capítulos anteriores te expliqué las posibles causas de los bloqueos en tu vida afectiva, porque para poder eliminarlas es indispensable que tengas claridad sobre cuáles son, la raíz que tienen y la manera en que las expresas a través de tus actitudes y comportamientos. La claridad es el punto de partida para alcanzar cambios verdaderos y, sobre todo, duraderos en las experiencias que vivimos, así como para poder ver nuestros sueños materializados. Por lo tanto, si aún sientes que no tienes total claridad sobre cuáles son los enemigos del amor que han creado bloqueos espirituales y emocionales en ti, te invito a que vuelvas a leer esas secciones del libro y cuando tengas la respuesta, continúes con este capítulo.

Debo recordarte que todo es un proceso y por lo tanto, la calma, la paciencia y la fe son los ingredientes fundamentales para no arruinarlo. Te entiendo; es mucho más fácil decirlo que practicarlo, pero por más "berrinche" que hagamos, el orden de las cosas no va a cambiar, así que es mejor no desgastar tu energía quejándote y más bien utilizarla de manera productiva hacia el logro de tus anhelos. Ahora bien, si te sientes preparado para manifestar tus sueños emocionales, ¡sigamos adelante!

Primer paso: limpiar

Si compras una casa, antes de mudarte la limpias de pies a cabeza para que todo lo que vas a colocar se vea lindo y, sobre todo, para que tú y tu familia se sientan cómodos y felices, ¿verdad? Igual con un carro; antes de usarlo por primera vez, muy seguramente lo limpias interior y exteriormente para así comenzar a disfrutarlo. Pues bien, lo mismo sucede con nosotros y el ambiente que nos rodea. Para darle cabida a lo nuevo es fundamental eliminar lo viejo y lo sucio, es decir, hacer un barrido o limpieza tanto a nivel espiritual como energético y físico para que así des cabida a ese ciclo positivo que deseas vivir.

Limpia tu entorno físico

Aunque a primera vista pareciera que no tiene relación, lo que te rodea físicamente tiene una influencia en la manera en que vibras energéticamente. Dejando a un lado las creencias en lo intangible e inexplicable, si el ambiente en donde te encuentras está sucio o desordenado, eso crea una sensación de estrés, incomodidad y de embotamiento en ti, ¿no es verdad? A esto es a lo que me refiero: esa energía de desorden tiene un impacto sobre ti, que de una forma o la otra te desarmoniza e incluso te dispersa. Por eso es muy importante que para dar inicio a un nuevo ciclo destines un tiempo a realizar una limpieza a tu entorno, y así dejar el pasado atrás.

Di "chao" a las memorias del pasado

En el aspecto emocional, un paso importante es deshacerte de cualquier recuerdo o memoria que tengas de relaciones anteriores. Si guardas la foto del primer novio que tuviste hace veintiocho años y medio, de manera inconsciente estás aun manteniendo ese lazo con la energía de esa relación. O si, por ejemplo, aún guardas la argolla de compromiso de tu primer matrimonio, ese anillo, aunque no lo creas, guarda la energía de esa relación, y te está enviando un mensaje subliminal de estar aún atado a tu pasado.

¿Esto quiere decir que si guardo la ropita de mis hijos cuando eran bebés estoy bloqueando mi vida emocional? Alguien me hizo esta pregunta hace un tiempo; la respuesta es "No". Cuando hablo de deshacerse de memorias del pasado me refiero específicamente a aquellos recuerdos de experiencias pasadas que ya cumplieron su ciclo y no forman parte de tu vida. Guardar el primer mameluco de tu hijo es una memoria linda que, al verla, te genera amor y alegría; pero guardar la argolla de tu primer matrimonio que fue un desastre pues tu pareja te maltrató sicológica y emocionalmente o te dejó por la vecina es obvio que te crea otro tipo de sentimiento, ¿verdad? Pues bien, de eso se trata, de eliminar recuerdos o memorias que ya no cumplen ninguna función en tu vida para que así tu alma y corazón se liberen y den paso a sentimientos más bonitos y positivos que personas y experiencias nuevas puedan traer.

Teniendo en cuenta todo lo anterior, te doy la siguiente tarea:

- Revisa los cajones, cajas o baúles donde guardas recuerdos de relaciones pasadas como fotos, postales, tarjetas, muñecos de peluche, flores disecadas, el corbatín rosado que nunca usaste y, en general, cualquier regalo o detalle que hayas recibido por parte de tus ex-parejas.

- Separa los objetos por grupos: por ejemplo, lo que sientas que quisieras regalar a una persona con menos capacidades económicas que tú, lo que quieres eliminar del todo y lo que quieres reciclar.

- Si lo deseas, antes de salir de esos objetos y recuerdos, mentalmente dales las gracias por la alegría que te trajeron en su momento, y despídete de ellos.

- ¡Manos a la obra! Regálalos, destrúyelos, bótalos, véndelos o recíclalos.

Rodéate de la energía de dos

Ya has creado más espacio energético y físico a lo nuevo; ahora, es el momento de rodearte de la energía de dos o de pareja.

Existen diversos métodos que te pueden ayudar, como por ejemplo el feng-shui, cuya práctica se basa en el uso armónico del espacio para que tenga una influencia positiva sobre las personas que lo ocupan. Técnicas como esta hablan de la influencia que la energía de lo que nos rodea tiene sobre nuestra mente subconsciente, y nos ayudan, hablando específicamente del tema de amor, a sintonizarnos con la energía de dos o de pareja.

Algunas maneras en que puedes aplicar la energía del dos son:

- Pon fotografías tuyas con tu pareja (en que solo salgan los dos) en tu habitación y alrededor de tu casa. Si aún no tienes pareja, usa imágenes de parejas —pueden ser personas o incluso animales: dos pajaritos, dos gatitos, etcétera—. Si ese tipo de imágenes no te llama la atención, puedes utilizar imágenes que para ti representen el amor de pareja, como por ejemplo un corazón, una llama encendida, un cupido, etcétera.

- Trata que en tu habitación los elementos decorativos estén en parejas, por ejemplo, que haya dos lámparas de noche, dos cuadros, dos cojines, dos almohadas, etcétera.

- Si te gusta leer la Biblia, déjala abierta sobre tu mesa de noche en un versículo que hable sobre el matrimonio y el amor, y léelo todas las noches en tu cama antes de irte a dormir.

- Rodéate de elementos que para tu mente subconsciente representen el amor: por ejemplo, si el color rojo simboliza para ti ese sentimiento, pon flores rojas en tu habitación, o si es el color rosado, vístete ocasionalmente con una prenda de este tono.

- Sea cual sea la manera en que te rodees de esa energía de pareja, lo importante es que te sintonices con ella; esto quiere decir que en tu interior vibres con la energía positiva del amor y sepas que te está rodeando, pues al dejarte contagiar por ella, ¡te convertirás en un imán muy magnético para ese sentimiento!

Límpiate energéticamente

Para que el proceso sea completo, es fundamental que también realices una limpieza a nivel energético y espiritual. En el nivel energético, hay varios pasos que te voy a compartir a continuación que te ayudarán a vibrar de una manera más liviana y armónica, para conectarte mejor con la energía del amor. En el caso del nivel espiritual, es un trabajo constante y permanente, y no solo como parte del proceso de limpieza interior en la búsqueda del amor. Lo que quiero decir es que durante toda tu vida es fundamental que trabajes en mantener tu alma limpia de sentimientos negativos que te bloquean y frenan. Durante todos estos años he podido aprender que si mantengo en lo posible mi alma libre de negativismos y malos sentimientos, mi vida física en todos los sentidos progresa más fácil y rápidamente. Sí, ¡he podido comprobar que incluso mi vida material progresa más si mantengo mi corazón limpio!

Volvamos al tema que nos interesa en este caso, que es el emocional. Para que nuevas experiencias, personas o situaciones puedan llegar a tu vida con mayor facilidad y fluidez, es importante hacer una limpieza de aquello que nos ha bloqueado hasta el momento. A continuación te entrego algunas indicaciones para llevarla a cabo.

Despierta tu centro del corazón

Para que las energías que te rodean puedan tener realmente un efecto sobre ti, es fundamental que tu corazón esté dispuesto a recibirlas. El siguiente ejercicio te ayudará a limpiar y abrir tu centro del corazón a nivel energético y espiritual, para que puedas sentir con mayor certeza el efecto positivo de las acciones que estás llevando a cabo en el proceso de atracción del amor:

- En actitud de interiorización y concentración, ponte en la presencia de Dios y dale las gracias por el momento que estás viviendo y por permitirte entrar en contacto con su luz divina y poderosa.
- Pídele que permita a tus ángeles guardianes ayudarte en el proceso.
- Imagina una hermosa luz blanca que baja del Cielo; esa es la luz de Dios que se posa sobre ti, y comienza a limpiar tu interior y tu exterior, de cabeza a pies.
- En la medida en que esa luz va recorriendo tu cuerpo, siente cómo se va llevando con ella cualquier suciedad energética y emocional que haya en ti.
- Cada vez te ves más blanco y transparente; quedas totalmente limpio en tu cuerpo energético y en tu cuerpo emocional.
- Esa luz baja hasta tus pies y ves cómo llega hasta el centro de la tierra, en donde se transmuta y vuelve a subir al Cielo a través de ti, recorriéndote nuevamente como luz blanca totalmente pura, hasta salir por la coronilla de tu cabeza.
- Luego de que sientes que estás totalmente limpio en tu energía, vas a imaginar como otro rayo de luz baja del Cielo, pero en esta ocasión es de color rosado.
- Esa luz ingresa por tu coronilla y luego baja a tu frente. Allí se va a detener por un momento y vas a imaginar una especie de círculo que gira alrededor de tu cabeza —siempre a la altura de la frente—, sin parar. Vas a verla girar por varios minutos, como mínimo tres. Esta energía está llenando tu mente de la luz de amor de Dios, para que tus pensamientos estén basados en ese sentimiento.
- Luego de los tres minutos, imaginarás que la luz rosada continúa su trayecto, y llega a tu corazón. Allí se va a detener y vas a imaginar que tu alma se llena de esa luz rosada maravillosa. Esta luz es la representación de la energía divina de Dios, de su amor y su poder. Él te está llenando de sus bendiciones a través de ella, para que esa fuerza guíe tus pensamientos, emociones y acciones de ahora en adelante.
- Pide a Dios y a tus ángeles o al Universo —de acuerdo a tu creencia sobre ese ser superior— que te muestren un símbolo que para

ti represente el amor verdadero; espera la respuesta. Puedes sentir algo, ver una imagen en tu mente o escuchar una palabra. Puede ser, por ejemplo, una flor, una pluma, un corazón, una palabra como "amor" o una luz de cualquier color. Sea lo que sea, no lo cuestiones; ese será el símbolo que de ahora en adelante, cada vez que necesites reforzar tu sentimiento del amor, recordarás como parte de la promesa de Dios para ti.

- Imagina que colocas ese símbolo sobre tu corazón y déjalo allí.
- Da las gracias a todos los seres de luz por haberte guiado durante este ejercicio y abre tus ojos lentamente.
- Cada vez que te sientas bajo de nota o que estás perdiendo la fe, recuerda ese símbolo y visualízalo; esa es la promesa de Dios para ti.
- Como siempre lo aconsejo, ten un cuaderno especial en donde puedas escribir los ejercicios que realizas con el Cielo y así llevas un registro de las respuestas y mensajes que recibes.

Limpia tu campo electromagnético

Quizás has escuchado hablar sobre el aura; pues bien, en palabras sencillas, este término se refiere a esa energía de la que todos estamos compuestos y que rodea el cuerpo físico. Con el paso de los años ha crecido el interés en descubrir la conexión que existe entre esa capa energética con nuestro cuerpo físico, emocional y espiritual.

Sumado a lo anterior, existe la creencia, proveniente de las filosofías orientales, de que en nuestro cuerpo hay varios centros de energía denominados *"chakras"*, una palabra sánscrita que significa rueda. Se dice que hay siete *chakras* mayores y cientos de *chakras* menores, pero los expertos en el tema se centran más que todo en los primeros, los cuales influyen sobre nuestra estabilidad emocional, y la afectan positiva o negativamente en la medida en que estén o no balanceados.

Ya sea que se entienda desde esta perspectiva oriental, que se centra en que los seres humanos estamos formados principalmente de energía, o desde una perspectiva más occidental, en la que se habla del alma y del espíritu para referirse a esa energía interior, no se puede negar que entre ambas existe un punto en común, que es esa fuerza intangible e invisible dentro de cada uno que brilla como una luz y que es la verdadera esencia del ser.

Sea cual sea la creencia con la cual te sientas más identificado, es importante tener siempre presente que eres luz y energía, y que, por lo tanto, también debes cuidarlas. Hay muchas maneras de hacerlo y a continuación te comparto algunas de ellas:

- Sentir amor. En la medida en que vibres con la altísima vibración del amor, tu energía va a brillar enormemente y va a estar en balance.

- Como es importante ser realistas, es difícil que el cien por ciento del tiempo el ser humano vibre con total amor, pues hay circunstancias que pueden influir en sus emociones y debilitar el sentimiento temporalmente. Para esos momentos en los que la energía del amor pierde su fuerza, el remedio es darle un suplemento vitamínico en forma de energía y de luz. ¿Cómo? Imagínate una luz que baja del Cielo; puede ser blanca, o puedes verla como un arcoíris. Siente que te baña por completo, como si estuvieras bajo una ducha de luz. En la medida en que va bajando, siente como se lleva consigo cualquier suciedad que haya en tu aura, y quedas completamente blanco, brillante y liviano. Puedes hacer esta visualización diariamente si lo deseas.

- Si crees en el poder de Cristo, visualiza esa misma ducha de luz con su sangre. Se dice que, además de limpiar, la sangre de Cristo tiene un gran poder protector contra lo negativo.

- Si crees en la teoría de los *chakras* y sientes el deseo de limpiar estos centros de energía, una manera de hacerlo es canalizando la energía poderosa de Dios a través de tus manos. Siéntate derecho en una silla, con la espalda recta y sin cruzar piernas ni brazos. Cierra tus ojos y respira lento y profundo varias veces para relajarte. Suelta todos los músculos de tu cuerpo en la medida que vas respirando. Ponte en la presencia de Dios, dándole las gracias por ese momento y pidiéndole que te guíe. Pídele que permita a tus ángeles guardianes participar en el encuentro. Luego, con amor y fe, pídele que te envíe su luz todopoderosa, sanadora y limpiadora, para limpiar tu cuerpo y tu alma de cualquier energía de baja vibración que los ha ensuciado o contaminado.

Imagina que una luz blanca radiante baja del Cielo y entra por tu brazo izquierdo y de allí, pasa a tu brazo derecho; déjate guiar por tu intuición y permite que tu mano se mueva libremente y se vaya ubicando sobre diferentes partes de tu cuerpo. Si deseas seguir el orden en que están distribuidos los siete *chakras* mayores, estos son: corona (situado en la coronilla), tercer ojo (ubicado en el entrecejo), garganta (centro de la garganta), corazón (centro del pecho), plexo solar (centro del tórax, a la altura del final de las costillas), sacro (a unos dos centímetros hacia abajo del ombligo) y base (a la altura del coxis). Puedes hacer el movimiento comenzando de abajo hacia arriba o viceversa; no hay diferencia. Sin embargo, mi sugerencia es que confíes en la manera en que el Cielo te guía y sueltes tu mano para que sean los seres de luz los que estén a cargo del proceso.

- Existen creencias que utilizan baños con hierbas y plantas. Como suele suceder con estos temas de espiritualidad y energías, hay opiniones encontradas al respecto, pero menciono esta opción para que si tú crees en ella, la utilices.

Un baño muy popular en nuestra cultura se hace utilizando la planta de la ruda. Lo mejor es usar la planta fresca, pero si no la consigues así, puedes conseguir la planta seca que venden en supermercados. Con una bolsa es más que suficiente. Pon a hervir unos dos litros de agua. Cuando hierva, apaga el fogón y pon la ruda en ella. Luego, bendice esa agua con la señal de la cruz e imagina una luz dorada en forma de círculo que la cierra o envuelve. Pide a Dios con mucha fuerza que esa planta que Él creó actúe sobre tu energía y la limpie de cualquier suciedad que pueda tener. Tapa la olla y deja enfriar el agua hasta que esté a una temperatura tibia; va a tomar varias horas. Cuando ya esté tibia, cuela el agua; puedes botar la ruda en la basura. Lleva la vasija con el agua de ruda al baño; dúchate como lo haces todos los días y al terminar, toma la vasija con el agua y báñate con ella de cabeza a pies. Hay quienes dicen que debe ser del cuello para abajo, pero no es así; tu aura te cubre completamente, no desde el cuello, así que aplícate el agua desde la parte superior de tu cabeza y que caiga completamente hasta tus pies.

Deja que el agua sea absorbida por tu cuerpo; pásate la toalla luego de ver que esto ha sucedido.

Se dice que la energía de la ruda es bastante fuerte, así que la sugerencia es no utilizarla demasiado seguido, sino una vez cada tres o seis meses.

Ruptura de lazos

En una sección anterior toqué el tema de cómo el pasado puede tener una influencia, si se lo permites, sobre tu presente y tu futuro. En la medida en que reconozcas los ciclos del pasado que aún no están cerrados en tu vida y tomes la decisión de cerrarlos, podrás recorrer con mayor libertad y fluidez el camino que Dios tiene para ti hacia el cumplimiento de tus sueños.

El arma más poderosa para romper ataduras con el pasado es el perdón. Si, por ejemplo, has llegado a la conclusión de que aún estás atado a tu última relación, perdona a esa persona y perdónate a ti mismo. O si, por ejemplo, te das cuenta de que aprendiste ciertos comportamientos en tus relaciones afectivas durante tu infancia viendo la relación de tus padres, trabaja el perdón hacia ellos.

Perdonar es, obviamente, un proceso y no algo que sucede de la noche a la mañana, pero lo importante es tomar la decisión de hacerlo y comenzar a actuar.

A continuación te comparto una forma de practicar el perdón; simplemente, ajústalo a tu caso particular, con el nombre de la persona involucrada (o pueden ser varias) y de acuerdo a la situación vivida con ella.

Imagina que estás en un lugar totalmente rodeado de naturaleza; en frente tuyo hay una gran fogata hermosa. Ves y sientes el fuego que emana de ella. Te sientes muy bien y tranquilo, pues estás acompañado por Dios y por tus ángeles. Luego, ves como va apareciendo la figura de la persona (o personas) a quien deseas perdonar, y se ubica al otro lado de la fogata. Ese fuego está entre ustedes dos, pero alcanzan a verse perfectamente. La observas, y sientes que hay algo que las ata aún a pesar del tiempo que ha pasado. Puedes imaginar esa unión como un cordón que une los corazones de ambos. Esto es lo que se conoce como un cordón o lazo energético.

Tú citaste a esa persona en ese lugar y momento; háblale (en tu mente) y dile lo que has sentido. Cuéntale cómo ha sido su influencia durante todo el tiempo que ha estado presente en tu vida y tus sentimientos. Desahógate, de manera respetuosa y calmada. Esa persona te escucha y no reacciona; está allí para permitirte expresar tus sentimientos y lo hace de manera objetiva y sin juzgarte.

El propósito de este ejercicio es perdonar, recuerda, así que luego de expresar abiertamente tu sentir, llénate de la energía del perdón. Primero, pídele a esa persona que te perdone por cualquier actitud o comportamiento equivocado que hayas podido tener y por no haber entendido antes lo que debías aprender a través de tu experiencia con ella.

Luego, si sientes que ella te enseñó algo que no era lo mejor para ti o te lastimó, dile que la perdonas por cualquier mensaje desvirtuado que pudo haberte entregado y que ahora entiendes que así como tú, ella está en un proceso de aprendizaje interior. (Paso opcional: si deseas, puedes preguntarle qué enseñanza quería Dios entregarte a través de ella, y escucha su respuesta).

Dile que deseas liberarla y deseas liberarte, y que por lo tanto, en este momento, pides a Dios que se manifieste enviando a su arcángel Miguel para que corte cualquier lazo que aún los mantiene atados y no les ha permitido avanzar libremente. Ahora, imagina que llega Miguel y con su espada corta ese cordón de energía que los une a ti y a esa persona.

Ya separados, dale las gracias a la persona por lo que Dios te quiso enseñar a través de ella y observa como se levanta y lentamente va alejándose hasta que desaparece de la imagen.

Quizás sea necesario llevar a cabo esta práctica varias veces; no te preocupes, es normal. Hazla cuantas veces quieras, hasta que sientas de manera clara la liviandad que genera la liberación del perdón. Pide a Dios que le permita al arcángel Miguel estar junto a ti constantemente y recuerda la imagen en la que él cortó ese lazo que unía a esa persona de tu pasado y a ti.

Si lo deseas, lee un versículo de la Biblia pidiendo la ayuda de Dios en el proceso. Uno de ellos puede ser: "Nuestra alma ha escapado cual ave del lazo de los cazadores; el lazo se rompió, y nosotros escapamos" (Salmos 124:7).

Recárgate y límpiate con la energía de la naturaleza

No es un descubrimiento nuevo decir que la energía presente en la naturaleza puede recargarnos y limpiarnos de una manera maravillosa. Todos de alguna manera hemos sentido su efecto positivo en algún momento: ¿no te ha sucedido que luego de pasar un día en la playa o luego de una caminata por un parque te sientes más liviano y relajado? A pesar de la manera en que la humanidad la ha tratado, la madre naturaleza sigue siendo tan generosa, que aun así continúa entregando su poderosa energía a los seres que la habitamos.

Cada vez que me siento baja de nota o cargada emocionalmente, Dios me dice "Sal a la naturaleza y recárgate". Así que así sea yendo a un parque cercano o simplemente saliendo al patio de mi casa, me pongo en contacto con su energía y pido a Dios —o al Universo— que me llene de su luz a través de ella.

Hay formas infinitas de recargarte con la energía de la naturaleza y la riqueza que posee a nivel vegetal, animal y mineral, así que la puedes sentir al oler la esencia de una flor, caminar descalzo sobre el prado o la arena, respirar profundamente y llenar tus pulmones de aire puro, abrazar un árbol, bañarte en un río, lago u océano, observar los pajaritos, sostener un cristal de cuarzo en tus manos, tomar agua pura o simplemente pararte bajo el sol abriendo las palmas de tus manos para que absorban su energía. Estas son prácticas sencillas pero muy efectivas que te permitirán sentirte mucho más equilibrado energéticamente.

Si por alguna razón te es difícil entrar en contacto con la naturaleza, puedes adaptar la práctica utilizando elementos de tu casa. Por ejemplo, puedes tomar una ducha refrescante y mientras lo haces, tener encendido un pebetero con esencias naturales; puedes tener cristales de cuarzo cerca de ti o flores (especialmente rosas) alrededor de tu casa.

Una última recomendación: bebe mucha agua. No solo porque es fundamental para tu salud física, sino porque a nivel energético también te desintoxica y limpia.

Utiliza los colores del amor

Hablando de energía y vibración, también se ha comprobado el poder de los colores sobre nuestras emociones, tanto así que existen técnicas como la colorterapia o cromoterapia que analizan específicamente cómo los colores pueden ayudarnos a sanar deficiencias emocionales y hasta físicas.

Dios creó los colores, y basta con que observes la naturaleza para confirmarlo. Él nos manda mensajes a través de ellos; por eso es importante que si en una meditación o sueño ves colores, les prestes atención. Puedes encontrar una explicación más detallada en mi libro *El cielo te habla*.

Pasando al tema puntual del amor, hay colores que por su vibración tienen una conexión más fuerte que otros con este tipo de emoción. Si te das cuenta, utilicé el término "fuerte", lo cual no significa que ciertos colores sean mejores que otros. Simplemente quiere decir que su vibración puede sentirse con mayor intensidad y, como ya sabemos que los humanos somos energía y por lo tanto vibramos, al absorber la energía de ese color podemos elevar nuestra frecuencia vibratoria, que nos permite brillar más, lo cual se traduce en un mejor estado anímico, más autoconfianza y más amor.

Antes de entregarte la lista de colores, quisiera anotar que es siempre fundamental dejarte guiar por tu intuición, así que si en algún momento sientes que para tu caso o situación particular un color diferente puede tener una mejor influencia sobre ti, ¡adelante, utilízalo!; por alguna razón Dios te está dando a entender que es ese color y no otro.

- Para mejorar la autoestima y la autoconfianza: rosado, amarillo, naranja, dorado, azul.
- Para eliminar resentimientos, para el perdón hacia otros o hacia uno mismo: azul, morado, violeta.
- Para aplacar un temperamento compulsivo (para personas que se dejan llevar impulsivamente por sus emociones sin analizar las consecuencias): tonos tierra, amarillo oscuro u opaco, naranja.
- Para sentirse en armonía y calmar la ansiedad: azul, rosado, amarillo pálido o claro.
- Para cuando se está bajo de nota (cuando uno se siente desmotivado emocionalmente): verde, rojo (no muy fuerte), amarillo sol.
- Para elevar la energía física: rojo (no muy fuerte).
- Nota: el blanco es el color universal, pues es la sumatoria de todos los colores. Lo puedes usar para cualquier caso.

Puedes utilizar estos colores en tu ropa o en elementos decorativos alrededor de tu casa.

Los cristales y el amor

Otra teoría que ha tomado fuerza en los últimos años es que los cristales tienen influencia sobre nuestras emociones y, en general, sobre la manera en que vibramos. Es importante anotar que no es conveniente tomar los cristales como amuletos, pues no tienen la capacidad o poder de crear algo que deseamos. Su influencia se debe a que son creaciones de Dios —forman parte del reino mineral— y tienen una energía propia y una vibración. Nosotros, como seres que formamos también parte de la creación divina de Dios, nos podemos conectar con esa vibración y sentir un beneficio a través de ella.

El beneficio se manifiesta en la manera en que nos sentimos, ¡y no en que un cristal de cuarzo nos vaya a conceder algo que queremos! Te lo repito: los cristales no son amuletos sino simples herramientas que podemos utilizar para elevar nuestra frecuencia vibratoria y, al hacerlo, atraer experiencias más positivas a nuestra vida. Te doy un ejemplo que ilustra lo anterior: cuando consumes un alimento sano, en el proceso digestivo ese alimento libera sustancias que tienen un efecto en tu organismo, llenándolo de energía para continuar con tus actividades diarias; pues bien, en el caso de los cristales, manteniendo la proporción de la comparación, estos poseen cierta vibración que, al entrar en contacto con la tuya, te puede ayudar a sentirte con más energía y positivismo. Ya depende de ti y tu libre albedrío cómo utilices esa fuerza que hay en ti para atraer lo que deseas.

Conclusión: los cristales son unos de los tantos elementos transmisores de energía del universo, y tú la absorbes y la utilizas según las decisiones de tu libre albedrío. Dios es el único que nos puede conceder lo que deseamos.

Algunos de los cristales que irradian una vibración especial para los temas del amor son: cuarzo rosado, turmalina rosada, topacio, danburita, rubí, selenita, rodocrosita, jaspe y venturina. Así como en el caso de los colores, el cuarzo de cristal transparente es el cristal universal, así que puedes darle el uso que desees.

Puedes utilizar los cristales como joyas (aretes, pulseras, anillos o dijes) o elementos decorativos en tu hogar, o puedes cargar uno pequeño en tu cartera o billetera. Hay personas que ponen cristales debajo de su cama para recibir su energía mientras duermen.

Antes de utilizarlos, límpialos con el agua que corre de la llave por unos minutos y, si deseas, déjalos a la luz del sol y la luna por veinticuatro horas.

¡Escribe, escribe, escribe!

Aunque no es fácil de explicar de manera lógica o científica, por alguna razón cuando algo se escribe, las palabras adquieren una energía de manifestación muy fuerte. Cuando ejerces esa acción, estás plasmando de manera tangible un pensamiento, deseo o idea. Es como si estuvieras dibujando el diseño de algo que quieres construir. Primero, tienes una idea en tu mente; hasta ahí, existe solo como una energía representada en tu pensamiento; pero si la escribes o dibujas, ya le has otorgado una energía tangible, pues tus ojos físicos pueden verla; en otras palabras, la has materializado, la has trasladado del mundo invisible al visible. A partir de allí, en la medida en que tu libre albedrío decida y actúe, podrás ver paso a paso la realización de esa idea y el producto final que imaginaste.

Todo lo que existe nació primero en la imaginación, ¿verdad? Pero, como ves en la explicación anterior, es fundamental trasladar esa energía intangible al mundo físico, y el primer paso para hacerlo es a través de su impresión por escrito. ¿Por qué? Porque al hacerlo estás dando un orden a dicho proceso, evitando por lo tanto la dispersión de tus ideas. A todos nos ha pasado que tenemos una idea buenísima, pero no la escribimos y se nos olvida la mitad de lo que pensamos. ¡A mí me ha sucedido! Por eso, cuando se te encienda el bombillo y te llegue una respuesta a una situación que estás viviendo, corre y escríbela para que no se te olvide, pues esas iluminaciones son por lo general mensajes que Dios te está enviando para guiarte hacia la respuesta que estabas esperando.

Dios quiere que le pidas, ¡y que le pidas en grande!

En muchas ocasiones he escuchado a personas decir que les da pena pedir a Dios por algo que desean, pues consideran que no son lo suficientemente buenas o porque creen que está mal pedirle a Dios por algo así. Pues bien, si tú eres una de ellas, te digo que es todo lo contrario. A Dios le encanta que nos acerquemos a Él y le pidamos por lo que queremos o necesitamos.

――――――∞――――――

Al Padre Celestial le encanta sentirse parte de tu vida; lo que lo entristece es cuando lo alejas de ti pensando que no te entiende o no te quiere.

――――――∞――――――

Siempre piensa en Dios como un papá amoroso, generoso y compasivo, que te va a complacer con lo que quieres, dándotelo de la manera que es mejor para ti. Como en alguna ocasión los angelitos me dijeron, ¡pide, y pide en grande! A Dios le encanta que le demostremos nuestra fe pidiéndole en grande, ¡y sin pena!

Cuándo pedir de manera general y cuándo pedir específicamente

Este punto genera cierta confusión, pues existen diversas teorías al respecto: unas indican que es mejor pedir de manera absolutamente detallada y específica, mientras que otras dicen que es mejor pedir de manera general para permitir al universo que se manifieste según lo que es mejor para cada quién. Lo que he aprendido es que es fundamental tener claridad sobre lo que quieres recibir; por lo tanto, la especificidad se expresa a través de la claridad sobre tu meta u objetivo. La generalidad, por su parte, tiene que ver con no querer imponer a Dios cada pequeño detalle sobre la manera en que *tiene* que manifestarse ese sueño, pues así lo estás limitando.

Te lo explicaré con el siguiente ejemplo: supongamos que has llegado a un momento en tu vida en el cual sientes que ya estás listo para establecer una relación duradera con alguien. Tener claridad en tu petición sería decir que quieres encontrar tu alma gemela, esa persona con quien deseas pasar el resto de tu vida; esta frase condensa lo que tu corazón quiere. Ahora bien, puedes detallar la petición con las cualidades que quisieras que esa persona tuviera para que haya una total compatibilidad entre ustedes y puedan ser felices: por ejemplo, que sea de buen humor, honesta, leal, trabajadora, hogareña, etcétera.

Hasta este punto, estamos bien, pues es importante saber pedir. Cuando ya se está pasando al otro lado es, por ejemplo, si pides cosas como que esa persona tenga ojos azules y mida 1,80 metros. No significa que no puedas aspirar a que físicamente tu pareja luzca así, pero si le exiges a Dios que esa persona tenga todas esas características, sin querer lo puedes estar limitando y diciéndole que no te envíe una persona absolutamente maravillosa y que puede hacerte totalmente feliz si tiene ojos cafés y mide 1,70 metros.

El ejemplo anterior es un poco extremo, pero con él busco ilustrarte cómo es bueno pedir en detalle, sin llegar al extremo. Dale a Dios la libertad de enviarte lo que Él sabe que es lo mejor para ti. En muchas ocasiones sucede que lo que uno cree que es lo mejor para uno al final no lo es. Por eso, pide claramente a Dios o al universo el sentimiento que deseas y dale la libertad de manifestarlo en tu vida de la mejor manera.

El secreto de la manifestación de los deseos es sentir lo que se quiere. Esto significa que no basta solamente con saber qué se quiere y expresarlo, sino que hay que darle vida a través de la emoción que tú sientas en tu interior cada vez que piensas en ello. En la medida en que practiques este sentir, le estarás dando cada vez más vida a tu sueño.

Qué escribir y cómo hacerlo

Primer paso: escribe sobre el enemigo y el bloqueo que deseas eliminar
El primer paso en la escritura es describir los enemigos y bloqueos que queremos eliminar de nuestra vida emocional. Si estás leyendo esta sección es porque ya los tienes claros y definidos, así que es un paso fácil de realizar.

¿Cómo escribirlos? A continuación te sugiero los siguientes pasos:
- Prepara una hoja y un lapicero.
- Busca un espacio de unos treinta minutos en los que nada ni nadie vaya a interrumpirte.
- Cierra tus ojos y respira varias veces hondo y lento (esto te ayudará a relajarte).

- Ponte en la presencia de Dios, dale gracias por este momento y pídele que te envuelva con su luz divina.
- Imagina que una hermosa luz blanca baja del Cielo y te cubre completamente de cabeza a pies, como si estuvieras dentro de una burbuja.
- Pídele a Dios que permita a tus ángeles guardianes participar del momento y guiarte (yo también pido la ayuda y guía del Espíritu Santo).
- El propósito de la carta que vas a escribir es despedir con agradecimiento a esos bloqueos y reconocer que a través de ellos aprendiste más sobre quién eres y lo que necesitabas mejorar de ti.
- Escribe lo anterior con las palabras que salgan de tu corazón. No te fijes si están gramaticalmente correctas o no; deja fluir tu voz interior.
- Luego de terminar la carta, si deseas léela y medita unos minutos sobre lo que escribiste. Imagina que es como si estuvieras terminando una relación que no te conviene por las buenas y sin pelear.
- El paso final es eliminar la carta. No la vayas a guardar, pues el simbolismo de este ejercicio es cerrar un ciclo y terminar una relación dañina que has tenido hasta el momento. Si tienes en tu casa una trituradora de papel, utilízala para destruir la hoja; si no, puedes quemarla, ¡pero hazlo con mucho cuidado para no crear un incendio!
- Como es obvio, a partir de este momento debes mantener tu palabra de haber terminado esa relación y no cometer el error de buscar a tu ex (en este caso, los bloqueos). Si sabes que es una relación nociva para ti, mantén tu compromiso de cambio y cada día recuérdate que si lo haces, el principal beneficiado eres tú. ¡Nunca mires hacia atrás! ¡Siempre hacia adelante!

Te doy un ejemplo de carta, para que lo tomes solamente como guía: supongamos que has descubierto que tu enemigo principal en el amor es la impaciencia, la cual te ha llevado al bloqueo de la falta de aceptación sobre cómo es tu pareja, trayendo como resultado grandes disgustos entre ustedes. En el papel que tienes, vas a escribir una carta de despedida a la impaciencia y la falta de aceptación. El texto puede ser algo como:

(Ciudad y fecha)
Estimadas paciencia y falta de aceptación:

Luego de analizar de manera muy profunda mi corazón, mi alma y mis emociones, con la ayuda de Dios, del Espíritu Santo y de mis ángeles, entendí la razón por la cual ustedes me han acompañado durante tantos años. Siempre las miré con ojos de reclamo, y ustedes saben que siempre terminaba culpándolas por todas las decepciones y sufrimientos en mis relaciones afectivas. Pero hoy, finalmente, me he dado cuenta de que ustedes tenían una misión muy importante: me querían enseñar que debía mejorar mi nivel de tolerancia y flexibilidad.

Entendí que durante todos estos años lo que han buscado es señalar un aspecto de mí que me ha frenado, y que me ha evitado vivir el amor a plenitud; entendí de manera consciente que hay ciclos de mi infancia que debía cerrar y dejar atrás para poder avanzar. Entendí que mi falta de humildad para aceptarlas a ustedes como maestras dilató mi encuentro con el amor en paz y verdadero.

Ahora que ya lo he entendido, quiero expresarles todo mi agradecimiento por haber cumplido su propósito en mi vida; gracias por permitirme convertirlas en chivos expiatorios y culparlas por todo lo malo que me pasó, cuando en realidad fui yo mismo quien lo permitió. Gracias por estar ahí recordándome que debía cambiar; gracias por haber cumplido con su tarea y ayudarme a entender que ustedes son solamente algo pasajero y que su destino es alejarse de mi vida; gracias por dar paso a sus opuestos, la tolerancia y la aceptación, a quienes recibo con todo amor y pido me acompañen durante el resto de mi vida.

Gracias por todo lo que hicieron por mí y por ayudarme a ser un mejor ser humano. Con amor, me despido y las dejo ir para siempre.

Adiós.
(Tu nombre)

Como te mencioné, este es solo un ejemplo de cómo puede ser el contenido de esa carta que escribas; lo importante es que permitas que sea tu corazón el que se exprese en ella y que le pongas la intención de cerrar tu ciclo de convivencia con esos enemigos y bloqueos.

Segundo paso: escribe el tipo de pareja y relación que deseas manifestar en tu vida

¡Llegó el momento de usar el poder de manifestación que Dios te dio para atraer el amor que deseas vivir! Teniendo en cuenta los conceptos que te he compartido hasta ahora, escribe una carta a Dios pidiéndole por el tipo de relación que tu corazón anhela. El siguiente esquema es un modelo que te comparto para que tomes como punto de referencia, pero siempre déjate guiar primero que todo por tu intuición, pues es la voz de Dios que te habla desde tu interior.

Los puntos principales a incluir en tu carta son:

- Si estás buscando pareja:
    - Las características emocionales de la persona (personalidad, temperamento).
    - Sus cualidades (buen humor, ahorrativa, etcétera).
    - Sus habilidades (aptitudes personales, profesionales, etcétera).
    - Sus intereses (lo que le gusta hacer, pasatiempos, hobbies, etcétera).
- Si ya tienes pareja:
  Este caso es un poco distinto al primero, no solo por el hecho de que ya tu pareja existe, sino porque es fundamental tener presente el libre albedrío de la persona y no buscar cambiarla a través de la petición que le hagas a Dios. Ya sabemos que esto no funciona. Por lo tanto, el enfoque en este caso es pedirle por la relación y no tanto por la persona como tal. Es decir, no que le quite el mal genio a tu pareja, pues eso depende del libre albedrío de ella y la decisión que tome de cambiar su forma de ser, sino, considerando la personalidad de cada uno, pedirle por aquellas características positivas que pueden llegar a darse o pueden volver a manifestarse si por diferentes circunstancias se han perdido.
  No sobra decir que la carta de peticiones se usa cuando hay amor entre las dos personas y ambas desean continuar en la relación.

Teniendo presente lo anterior, los puntos a incluir en la carta son:

- Las características que deseas que mantenga tu relación (respeto, diversión, pasión, etcétera).
- Las cualidades que sabes que cada uno de ustedes posee y podría entregar, pero que aún no se han expresado en la relación.
- La eliminación de bloqueos que pueden estar obstaculizando la expresión del amor entre ustedes. Aquí no quiero decir que escribas, por ejemplo, "Dios, quítale el mal genio a Nepomuceno", o "Dios, haz que Constantina se ría más seguido", pues si pides así estarías violentando el libre albedrío de tu pareja. Pídele al Señor que, por ejemplo, si antes ustedes se reían bastante y tenían buen humor y esto cambió, el buen humor y la alegría regresen a su relación. De esta manera estás expresando tu petición sobre la cualidad que en algún momento existió o que uno de ustedes (o ambos) tenía y que por diferentes razones se dejó perder.
- Amor. Pide por la expresión constante y permanente del sentimiento del amor en tu relación. Dios, que lo ve todo, sabrá la manera perfecta de cubrir tu relación con él.

Luego de describir esas características que consideras que te permitirían sentir una total compatibilidad con tu pareja, pasa a describir en tu carta cómo te quisieras sentir en la relación.

Recuerda, este es el punto más importante en el proceso de petición. Puede ser, por ejemplo, que te quieres sentir en total paz pues esa persona es tan transparente que no da paso a que desconfíes de ella; o quieres sentirte alegre. Piensa en las dos o tres emociones más importantes para ti que deseas sentir en una relación de pareja. Este es el enfoque principal en el proceso de atracción de un sueño.

Termina tu carta dando las gracias a Dios porque te ha escuchado y porque sabes que tu petición ya es respondida. Demuéstrale tu fe con palabras que expresen tu certeza de que confías en su poder y ya ha prestado atención a lo que le has pedido.

Guarda la carta en un lugar especial y cercano a ti. Puede ser en una cajita en tu mesa de noche o en un sobre especial en tu closet. La idea es que nadie más que tú la mire o sepa dónde está. Léela regularmente, sin obsesionarte. Puede ser una vez cada semana o cada mes; depende de ti la frecuencia, pero, te repito, no te obsesiones, pues esa energía de obsesión genera el efecto contrario en el proceso de manifestación, bloqueándolo y, por lo tanto, haciéndolo más lento.

Cambia la energía de tus experiencias

Como has podido observar a lo largo de este libro, depende de la óptica con que tus ojos vean las situaciones que vives para que estas obtengan un matiz más claro u obscuro, y por lo tanto, el futuro que veas en frente tuyo sea prometedor o deprimente.

Cuando mi esposo me corrige mi inglés, hubiera podido ver sus comentarios con ojos de ego y decirle molesta "¡No me gusta que me corrijas!". En cambio, lo veo con ojos positivos, y en lugar de sentir que me está corrigiendo porque no sé hablar inglés, siento que me quiere ayudar para que lo hable mejor, pues piensa en mí y quiere que yo sea cada vez mejor. ¿Conclusión? ¡Me encanta que corrija mi pronunciación!

El anterior es solo un ejemplo de cómo he decidido rociar situaciones en mi vida afectiva con energía positiva en lugar de dejarme llevar por pensamientos contaminados por mi ego, que me empujarían a rociarlas de energía negativa. Esta actitud me ha evitado muchos disgustos con mi esposo.

Al final, tú tomas la decisión de ver tus experiencias como un aprendizaje o como un fracaso; como una oportunidad para mejorar y crecer, o como mala suerte; como una indicación de que no estás manejando la situación de la forma más conveniente para ti, o como una injuria del destino. En tus manos está enfrentar tus experiencias con madurez y sabiduría y aceptar con humildad lo que debes aprender de ellas.

A pesar de hacer la tarea, sentimos que Dios nos falla y no nos da lo que pedimos

En el Capítulo 3 de este libro, en donde explico los diferentes bloqueos que afectan las relaciones afectivas, incluí uno al que defino como el tipo de "Dios no me quiere y por eso no me va bien en el amor", el cual tiene una vibración de queja por parte de la persona que se siente así, pues responsabiliza a Dios por su mala suerte.

El punto que te planteo aquí es un poco distinto. Me refiero a cuando alguien es totalmente consciente de su responsabilidad en las decisiones que ha tomado que quizás le han ocasionado dificultades en el amor y gracias a ese reconocimiento comenzó un trabajo de cambio y limpieza a nivel interior, pero, a pesar de hacer la tarea, Dios no le dio lo que le pidió en el amor. ¿Por qué sucede esto?

Nadie tiene la respuesta completa, pero lo que puedo decirte es que si algo no resulta como tú quieres, incluso después de lograr cambios en tu corazón, es por una de tres razones fundamentales:

1. Aún existe una resistencia en tu interior

Por lo general, cuando algo que quieres se demora en manifestarse, es porque existe una resistencia en tu interior que aún no ha sido eliminada del todo. Por lo tanto, aunque sientas que ya has hecho toda la tarea eliminando bloqueos en ti, aún hay algo escondido en el fondo de tu corazón que se resiste al cambio. Pídele al Espíritu Santo con mucha fuerza que te ayude a descubrir esa resistencia oculta que está demorando la manifestación de tu deseo.

2. Hay algo diferente que es más conveniente para ti

Digamos que una vez más exploraste todos los bloqueos de tu corazón, y definitivamente te diste cuenta de que todos están destruidos y aniquilados.

¡Felicitaciones!, ¡has hecho una excelente labor! Este paso te ayuda a confirmar que tu sueño no se ha manifestado no por el hecho de que aún te falte completar tu trabajo interior de eliminación de bloqueos, sino porque Dios te está dando a entender que mereces algo mucho mejor y eso es lo que tiene guardado para ti.

A veces nos empecinamos con algo o con alguien y creemos que las cosas tienen que darse tal cual las queremos, pero no siempre lo que consideramos que es lo mejor, lo es realmente. Nuestra visión de las circunstancias que vivimos puede estar en total contravía con lo que realmente es bueno para nuestra vida. Esto sucede porque permitimos que nuestra mente, ego y pensamientos se crucen e incluso tomen el poder, poniendo un velo sobre nuestros ojos que no nos permite ver todo en una perspectiva más amplia.

Dios no tiene esas limitaciones. Él sí sabe lo que es mejor para nosotros y, como nos ama tanto, en muchas ocasiones nos dice "Espera, pues tengo algo mejor para ti; ya verás".

3. Es un "todavía no", no un "nunca"

Hace algunos meses recibí en un mensaje esta frase que mantengo presente todo el tiempo: "Los seres humanos ven un 'todavía no' como un 'nunca'". Es muy cierta: queremos que todo se dé inmediatamente, y si no se da en el momento, damos por hecho que nunca va a suceder. La fe ayuda a aprender a esperar; por lo tanto, en la medida en que fortalezcas la convicción de que aunque aún no lo veas con tus ojos físicos, Dios está moviendo las fichas para que todo se dé en el momento justo, podrás vivir más tranquilo y con esa actitud permitirás que todo fluya libremente hacia su materialización.

Te invito a que vuelvas a leer la frase que te compartí. Verás que es una promesa de Dios, pues dice "todavía no", es decir, Él tiene algo para ti pero aún no es el momento, el lugar o la circunstancia precisos para su perfecta manifestación. Lo único que nos pide es que confiemos más en la manera en que Él actúa en nuestras vidas.

El consejo que te doy con todo mi amor, pues también lo entendí para mi propia vida, es que cuando algo no resulta como tú deseas, es porque quizás no estás viendo las cosas con la mejor perspectiva y Dios o el Universo tiene otras sorpresas guardadas bajo su manga ¡que son muchísimo mejores para ti!

Cuándo es necesario aceptar

Para muchas personas aceptar no es fácil, pues es un equivalente de fracaso, de derrota o de aprobar lo que el otro haga o diga. Quisiera dividir esta explicación en dos partes: la primera, en cuanto a la aceptación de la voluntad de Dios, y la segunda, la aceptación de que una relación no es para ti.

Aceptación de la voluntad de Dios

"El que tiene oídos para oír, que oiga", dijo Jesús. Esto quiere decir que Dios habla y muestra señales sobre aquello que nos sirve o no, pero depende de lo abiertos que tengamos nuestros oídos espirituales para entenderlo. Para lograrlo, es necesario contar con una alta dosis de humildad y flexibilidad. Si hay una situación, no solo en tu vida emocional sino en tu vida en general, que luego de intentar muchas veces no funciona, es porque quizás Dios te está enviando un mensaje de que la estás forzando y en realidad no forma parte de tu proceso. En este caso, lo mejor es aceptar el mensaje con humildad y ser flexible para permitir la llegada de algo distinto que muy seguramente será mejor.

Aceptación de algo que no puede ser

Esta es, en mi concepto, la segunda parte del proceso de aceptación a nivel emocional, pues tiene que ver con el reconocimiento de que aquella persona con la que quieres tener o continuar tu relación no es para ti. Tú y yo sabemos que este paso es muy duro, pues representa enfrentar una sensación de pérdida o derrota y de aceptar —la mayoría de las veces a regañadientes— que no hay más remedio que decir adiós.

La pregunta que aprendí a formularme ante una toma de decisión importante es: "¿Esta situación me quita o aumenta mi paz interior?". Te invito a que, si estás enfrentado a una decisión con respecto a una situación compleja en tu vida afectiva, te hagas esa pregunta y le permitas a tu corazón —no a tu mente— responderla con toda honestidad. En el fondo tú sabes si la respuesta es "Sí" o "No", lo importante es aceptarla y no evadirla o debatirla.

Ahora bien, si la conclusión a la que llegas es que esa relación no es buena para ti o para la otra persona, afróntala con madurez y fortaleza. Por más que pelees con la vida y te niegues a aceptar la realidad, muy seguramente las experiencias que vives te lo están recordando. Tu libre albedrío, sin embargo, puede decidir permanecer allí y continuar enfrentando los retos que ofrece; tú eres libre de hacerlo así, si lo deseas. Lo único que te digo es que ante todo busques tu paz interior y tu tranquilidad, pues estas son las pistas que el Cielo te está entregando para darte a entender que el camino por el que vas es el mejor

PARTE III

Los otros tipos de amor

Capítulo 9

Vivimos en un mundo de relaciones

No quisiera dejar por fuera las otras clases de relaciones afectivas que forman parte fundamental de nuestra experiencia a nivel emocional. Los seres humanos somos sociales por naturaleza, y esta tendencia nos lleva a buscar otros seres con los cuales relacionarnos y compartir nuestra vida.

A nivel espiritual, se dice que, antes de venir a este plano terrenal, las almas hacen un acuerdo o trato sobre los aprendizajes que desean compartir, y estos pueden darse bien sea porque llegan a la misma familia o son pareja, por ejemplo. Imagino que en algún momento has escuchado decir que uno escoge sus padres y viceversa; a eso es a lo que me estoy refiriendo. Quienes creemos en ese proceso del alma sabemos que Dios nos permite elegir con Él a qué familia llegar y las parejas que vamos a tener, entre otros, y cuando ya estamos en este plano, su libre albedrío nos guía para tomar decisiones sobre cómo manejar cada situación de la vida.

Desde una perspectiva religiosa, la familia, la pareja, los hijos y otro tipo de relaciones son las que Dios destinó para nosotros. Sea cual sea tu punto de vista al respecto, el punto es que Dios siempre está ahí, así no creamos en Él o no lo recordemos, y los vínculos que establecemos con otras personas forman parte directa o indirecta de nuestro crecimiento interior y humano.

Las relaciones de familia

Además de lo que ya te he explicado en capítulos anteriores sobre la influencia de los padres en tu vida emocional, quisiera agregar que las relaciones de familia son el punto de partida desde el cual comienzas el aprendizaje de lo que son las relaciones interpersonales. Por ello es que su huella es tan profunda y puede acompañarte durante toda tu vida.

A continuación te comparto unas preguntas para que puedas ver de una manera más clara y consciente el aprendizaje que las almas que escogiste como familia desean ayudarte a recibir:

- Utilizando una o dos palabras máximo, ¿cómo describirías el aprendizaje positivo que has recibido de tu familia (padres, hermanos) a nivel emocional y afectivo? Ejemplo: el amor propio, el respeto, compartir, etcétera.

- Si ya has tenido un hogar propio o lo tienes en la actualidad, ¿con qué palabra(s) describirías el aprendizaje positivo que este núcleo (pareja, hijos) te ha entregado a nivel emocional y afectivo? Ejemplo: tolerancia, paciencia, control del mal genio, etcétera.

- En una o dos palabras máximo, describe el aprendizaje tergiversado o incluso negativo que sientes que aprendiste de la familia en la que naciste con respecto a las relaciones afectivas.

- En una o dos palabras máximo, describe el aprendizaje negativo o tergiversado que consideras que recibiste de tu propio hogar (matrimonios anteriores, matrimonio actual, hijos, etcétera).

- Con respecto a los dos puntos anteriores, ¿por qué consideras que esos aprendizajes han permanecido en ti?, ¿qué te ha impedido eliminarlos de tu corazón?

- ¿Estás dispuesto a perdonar y soltar los aprendizajes que sabes que no son convenientes para tu tranquilidad emocional? ¿Estás dispuesto a perdonar a esos miembros de tu familia paterna o del hogar que has formado o tienes actualmente, para evitar que esos aprendizajes tergiversados dejen de influir sobre tus relaciones actuales?

A nivel macro o general, el aprendizaje que el alma ha de recibir a través de su familia paterna es el de sembrar las semillas emocionales que a lo largo de los años irán creciendo y dando frutos. Es una etapa de recepción y absorción de conceptos y sentimientos, así como de siembra de raíces.

En cuanto a la familia que al crecer se forma a través de la unión con otra persona y los hijos que llegan, el aprendizaje tiene que ver con la manera en que se comparten los frutos que generaron las semillas emocionales sembradas en la infancia y adolescencia. Es una etapa para compartir y, al hacerlo, crecer y evolucionar con la pareja y los hijos.

En conclusión, a nivel espiritual la relación familiar original invita a aprender y a absorber dicho aprendizaje, y en la medida en que se va creciendo y madurando, filtrar lo que se adapta a nuestro proceso individual. Y por el lado de la relación familiar en el hogar que uno forma con alguien más, la principal enseñanza espiritual tiene que ver con la oportunidad para compartir lo aprendido luego de ese proceso individual, es decir, es la ocasión para aplicar de manera práctica los frutos recogidos de la primera etapa de aprendizaje emocional.

Las relaciones con amigos

La diferencia entre las relaciones con los amigos y las relaciones con la familia es que de manera inconsciente el alma sabe que no existe un sentido de pertenencia como tal, sino que se trata más de un compartir libre y espontáneo, y este es precisamente el aprendizaje que la amistad a nivel espiritual busca entregar. El objetivo es ver las relaciones de amistad como una oportunidad de compartir y apoyar de manera libre y voluntaria.

Esta última palabra describe esa línea divisoria entre una relación de familia y una de amistad, ya que cuando tú tienes un amigo es porque te agradó esa persona y decidiste libremente junto con ella crear ese vínculo o relación; en el caso de la familia, existe un sentimiento de imposición, que para unos es agradable y para otros, no.

A continuación te comparto los consejos que recibí del Cielo para sacar el mayor provecho de tus relaciones con tus amigos:

- Míralos como seres que de manera voluntaria quieren estar en tu vida; es decir, no los mires con ojos de pertenencia.

- Antes que pensar en lo que puedes recibir de parte de ellos, pregunta a tu corazón qué misión o propósito tienes tú con esos seres, es decir, cómo puedes ayudarles a convertirse en mejores seres humanos.
- Ten siempre presente que el aprendizaje general para tu ser espiritual a través de tus relaciones con tus amigos es compartir y apoyar.

Responde con sinceridad las siguientes preguntas:

- ¿Cuál sientes que ha sido o es el principal aprendizaje que has recibido de tus mejores amigos para crecer interiormente? Descríbelo en una o dos palabras máximo.
- ¿Consideras que estás aplicando dicho aprendizaje en ti y lo estás haciendo con amor y humildad?

Las relaciones con compañeros de trabajo o estudio

A nivel espiritual, este tipo de relaciones te ayuda a practicar el respeto por los demás y por su espacio —eso es vivir en comunidad— y a aceptar el proceso de aprendizaje de los otros, así como a ayudarles a crecer y evolucionar.

Cuando estás en una empresa o institución educativa, estás rodeado de personas que en términos generales (sin entrar en el detalle de los grados o rangos en que cada quien se encuentre) están compartiendo contigo una experiencia de absorción y aplicación de conocimientos. Pues bien, a nivel espiritual, este tipo de convivencia puede generar un deseo de intervención en la manera en que otros están aprendiendo o aplicando sus conocimientos (al pensar que uno lo sabe hacer mejor que ellos y querer corregirlos o darles a entender que están haciéndolo mal); o puede ser al contrario, que sea otro el que quiere intervenir o juzgar duramente la manera en que hacemos las cosas y permitimos que esto nos haga dudar de quiénes somos o lo que sabemos, afectando nuestra autoestima.

El objetivo general a nivel espiritual de las experiencias con compañeros de trabajo o estudio es aprender a respetar, aceptar como es el otro y no afectar su autoestima —ni la nuestra— a través de la competencia guiada por el ego y el orgullo.

Responde las siguientes preguntas desde tu corazón:

- ¿Qué aprendizaje has recibido de la convivencia y el compartir con tus compañeros de estudio o trabajo a lo largo de tu vida?
- ¿Sientes que dicho aprendizaje te ha ayudado a evolucionar espiritualmente?
- Si reconoces que no ha sido hasta ahora un aprendizaje positivo, ¿cómo sientes que puedes transformar esa energía negativa en una energía productiva para ti?
- ¿Estás dispuesto a cambiar tu perspectiva del aprendizaje ahora?
- Si la respuesta a la pregunta anterior fue "Sí", ¡adelante! ¡Toma la decisión ahora!

Las relaciones con tu interior

¿Cuánto amas a tu "yo"?

Ya sabes que el punto de partida para que el amor fluya armónicamente en tu vida está en el amor hacia ti mismo. Ese amor propio no significa decir "Yo me quiero"; pregúntate qué tan fuerte es en realidad ese amor hacia tu "yo".

Quisiera detenerme por un momento en lo que quiero decir con qué tan fuerte es el sentimiento de amor hacia ti mismo. Aquí no se trata de calificar solamente qué tan "expresivo" es, sino también qué tan resistente es para no dejarse debilitar o abatir ante personas o circunstancias críticas. Por eso, te invito a que te respondas las siguientes preguntas:

- ¿Qué tan fuerte es el amor que siento hacia mí mismo?
- ¿Qué tan seguro estoy de lo que valgo y lo que merezco?

Recuerda: el amor propio no es egocentrismo o narcisismo; es honrar lo que Dios creó en ti; es respetar y apreciar con humildad las cualidades que tienes tanto a nivel interior como exterior; es agradecer por lo que eres y porque fuiste creado como un ser único e irrepetible; es adorarlo a Él a través de esa obra suya que eres tú.

———————⧖———————

Ama a tu "yo" con todo tu corazón, ¡pues es un "yo" maravilloso!

———————⧖———————

La relación con Dios y con tus ángeles

¿Qué tan cercana es tu relación con Dios y con tus ángeles? ¿Es una relación permanente o es periódica, como un árbol de navidad? ¿Alimentas esa relación como alimentas tus relaciones con los seres que amas?

Con estas preguntas no busco cuestionarte sino ayudarte a reconocer de manera consciente la forma en que manejas tu relación con tu Padre Celestial y con tus ángeles custodios. Así como en el tema de la autoestima no basta con decir "Yo me quiero mucho" sin realmente sentirlo, en este tema de la relación con el Cielo no basta con decir "Yo creo en Dios y lo quiero mucho" o "Yo creo en mis ángeles guardianes", sino que es necesario demostrarlo y vivirlo con todo tu ser. ¿Qué quiere decir esto? Que es muy importante mantener una relación fluida y constante con Dios y los seres de luz. Trátalos como tus mejores amigos —pues lo son—: tú sacas tiempo para encontrarte con ellos, compartir momentos agradables, conversar o pasear, pues esos momentos alimentan la amistad y la fortalecen, ¿verdad? Pues bien, con Dios y los angelitos es lo mismo: saca tiempo para ellos, pídeles consejo, desahógate con ellos, cuéntales lo que te pasa y cómo te sientes; hazlos partícipes de tu vida diaria. En la medida en que lo hagas, podrás sentir su presencia, guía y acompañamiento de una manera mucho más patente y clara.

PARTE IV

Prácticas y oraciones para mejorar y fortalecer tu vida emocional

Capítulo 10

Ejercicios

En este capítulo deseo compartirte algunas prácticas útiles para atraer aquello que deseas en tu vida amorosa con la ayuda de la energía divina de Dios y de los ángeles, así como para tener mayor claridad sobre lo que es mejor para ti y lo que te conviene alejar o eliminar.

Puntos importantes a tener en cuenta

Antes de entrar en materia, quisiera darte un par de recomendaciones cuando lleves a cabo los ejercicios:

Distingue entre la intención y el deseo

Es muy fácil confundir estos dos sentimientos, pero para utilizar de la mejor forma la energía creadora que Dios nos dio, es fundamental distinguirlos y separarlos. La intención es la toma de decisión clara y concreta de trabajar por tu objetivo; es un sentimiento de certeza y seguridad dentro de ti, que te impulsa a actuar para alcanzar ese sueño. El deseo, por otro lado, es una sensación de anhelo con respecto a tu meta; es un "Quisiera tenerlo algún día", es decir, no tiene aún la convicción o certeza de poder lograrlo, sino que es solamente un sueño de tenerlo y, por lo tanto, no cuenta aún con el motor que impulsa a la acción.

Dicho de otra forma, el deseo es el primer paso en la materialización de aquello que quieres en tu vida; pero para lograr dicha materialización, debes pasar luego a la intención y, de allí, a la acción motivada por la claridad y la certeza.

Una manera de identificar la energía de cada una de ellas es a través del siguiente ejercicio:

1. Busca un lugar tranquilo en donde puedas concentrarte por unos minutos; siéntate en una silla con la espalda recta y sin doblar piernas o brazos.

2. Cierra tus ojos y respira hondo y lento varias veces. Ponte en la presencia de Dios, dándole gracias por la oportunidad que te da de vivir este momento, y pide la presencia de tus ángeles guardianes.

3. Imagina que una hermosa luz blanca baja del Cielo y te cubre completamente de cabeza a pies, hasta que quedas envuelto en ella como si estuvieras dentro de una burbuja. Luego, imagina una segunda luz blanca que también baja del Cielo y envuelve toda la habitación en donde te encuentras. Finalmente, imagina una tercera luz que baja y envuelve por completo el edificio o casa en donde te encuentras.

4. Ahora, piensa en algo que deseas alcanzar en tu vida afectiva: puede ser, por ejemplo, una nueva relación o una mayor cercanía con tu pareja actual. Siente si realmente es lo que quieres; este punto es el más importante en todo el proceso, pues define el éxito o fracaso de tu intención. Si no tienes claro lo que quieres, el resultado se tardará o se dará de una manera distinta a como la esperas.

5. Si tienes claro tu sueño, pide ahora a tus ángeles que te ayuden a sentir la certeza que tu alma tiene de poder alcanzarlo. Mantén tu enfoque en el momento que estás viviendo y no permitas que tu mente se vaya de allí (enfocarte en tu respiración es una manera de evitar que la mente se disperse). Puedes expresar esa ayuda a través de una pregunta como "¿Qué tan fuerte es la certeza que tengo en mi alma de que puedo lograr mi sueño en el amor?". Paso seguido, pregunta: "¿Es una certeza fuerte, mediana o débil?".

6. Presta mucha atención a la sensación que tengas en tu cuerpo, porque muy seguramente vas a recibir la respuesta en forma de una percepción que te permita entender el grado de convicción que tienes con respecto a aquello que deseas alcanzar.

   La respuesta puede llegar también como una palabra que se aparece en tu mente, una visión o un sonido que escuches. Más que fijarte en la forma en que recibiste la respuesta, lo importante es reconocer si la vibración con la que estás irradiando tu sueño es una de fe y claridad, o si lo estás viendo simplemente como un anhelo de algo que te gustaría vivir, pero que en tu interior sientes que está demasiado lejano para que pueda convertirse en realidad.

7. Si sentiste seguridad, ¡te felicito! El siguiente paso es declarar con total certeza tu intención de manifestar ese sueño en tu vida. Si sentiste duda o que aún ves ese sueño como un anhelo o ilusión, no te preocupes; solo tienes que trabajar un poco más el tema de la certeza en tu corazón para que puedas estar realmente sintonizado con la energía creadora y de manifestación que Dios te regaló.

Utiliza el poder de tus palabras a tu favor

Puedes meditar o rezar todos los días por la manifestación del amor verdadero y hacer mil ejercicios para atraer su manifestación, pero, si luego de hacerlo continúas hablando de manera negativa, de antemano te digo que estás perdiendo tu tiempo. Es absolutamente fundamental que exista una concordancia entre lo que sientes, lo que piensas y lo que dices con respecto a los sueños que deseas alcanzar, pues solo así podrás verlos con tus ojos físicos.

En un capítulo anterior te expliqué la importancia de hablar conscientemente, es decir, no hacerlo de manera mecánica, sino poniéndole atención a las palabras que están saliendo de tus labios, pues estas poseen un enorme poder de atracción y manifestación.

Pon ese poder a trabajar en tu beneficio; decreta positivamente lo que deseas y cree en esas palabras. ¡Este es el coctel dinamita para una manifestación veloz de los sueños!

Pide, decreta y suelta

En mi lista de los retos a nivel emocional que enfrenta el ser humano, soltar se ubica en uno de los primeros lugares. Este término puede crear una cierta confusión, pero de una manera simple te lo puedo definir como la acción generada por el impulso de la fe. Sin fe, no es fácil soltar. La fe te da la fortaleza de espíritu para dar los pasos necesarios en pos de aquello que deseas alcanzar, y te da la serenidad para no forzar que las cosas se den a tu manera.

Cuando sueltas, estás abriéndole la puerta a Dios y a tus ángeles para que ellos te ayuden en la realización de tus sueños. Si no sueltas y te mantienes aferrado a que las cosas deben darse como quieres, con quien quieres y en el momento que quieres, cualquier ejercicio u oración que practiques pierde gran parte de su energía de manifestación.

Soltar es dejar fluir las situaciones y decirle a Dios o al Universo "Creo en ti y creo en que todo se dará de la manera perfecta". Si lo dices de corazón, eso será lo que verás.

El método de cierre al desamor

Este ejercicio busca cerrar o descargar las energías negativas que el desamor ha generado en ti. Es especialmente útil para ayudarte en el proceso de eliminación de los enemigos y bloqueos emocionales que has enfrentado en tu vida pero, sobre todo, para protegerte de volver a caer en esos hábitos o comportamientos dañinos que te han ocasionado sufrimientos.

Sigue los siguientes pasos:

1. Busca un lugar tranquilo en donde puedas concentrarte por unos minutos; siéntate en una silla con la espalda recta y sin doblar piernas o brazos.

2. Cierra tus ojos y respira hondo y lento varias veces. Ponte en la presencia de Dios, dándole gracias por la oportunidad que te da de vivir este momento, y pide la presencia de tus ángeles guardianes.

3. Imagina que una hermosa luz blanca baja del Cielo y te cubre completamente de cabeza a pies, hasta que quedas envuelto en ella como si estuvieras dentro de una burbuja. Luego, imagina una

segunda luz blanca que también baja del Cielo y envuelve toda la habitación en donde te encuentras. Finalmente, imagina una tercera luz que baja y envuelve por completo el edificio o casa en donde te encuentras.

4. Siente la presencia de cientos de ángeles que te rodean y te acompañan; llénate de alegría y paz.

5. Pídele a Dios la presencia del arcángel Miguel (el arcángel protector) y del arcángel Rafael (el arcángel sanador), para que te guíen durante este ejercicio.

6. Imagina una hermosa luz de color violeta que baja del Cielo y te baña de cabeza a pies, a nivel exterior e interior. Observa como te vas convirtiendo en una luz de ese color y, en la medida en que va bajando, te vas sintiendo más liviano energéticamente; es una sensación de alivio y de transformación de lo negativo a lo positivo.

7. Cuando la luz llega al centro de tu cuerpo, más específicamente a la altura del plexo solar (ubicado entre el ombligo y el corazón, en donde comúnmente se dice que se sienten mariposas en el estómago), imagina que se detiene allí y, girando de manera circular en el sentido de las manecillas del reloj, crea una especie de filtro o escudo protector del mismo color que se sitúa encima de ese centro energético. De ahora en adelante, ese escudo representará para ti un símbolo de protección y cierre a cualquier energía negativa que busque frenarte, estancarte e incluso devolverte a comportamientos o creencias dañinas a nivel emocional.

8. Repite mentalmente la frase: "Con la luz poderosa y transformadora de Dios Padre, protejo a partir de este momento mi ser y mi corazón de cualquier energía que pretenda bloquear la expresión libre del amor en mi vida. Hoy cierro la puerta al desamor y le digo adiós para siempre en el nombre de Dios. ¡Lo declaro y lo afirmo! Amén".

9. Luego imagina que la luz violeta sigue recorriéndote hasta llegar a la planta de tus pies, saliendo por allí al centro de la Tierra, en donde se transforma en luz pura y, en esa forma, vuelve a subir al Cielo o a los planos espirituales superiores.

Cada vez que sientas miedo, duda o que un enemigo o bloqueo del amor quieran atacarte, visualiza en tu mente el símbolo de ese escudo protector que creaste, y pide a los arcángeles Miguel y Rafael que sanen y protejan tu energía de esas bajas vibraciones. Y si, por ejemplo, alguna persona te dice cosas que buscan lastimarte o hacer que dejes de creer en el amor, imagina como sus palabras rebotan en ese escudo y retornan a ella sin causar ningún efecto negativo en ti.

El método de apertura al amor

Como su nombre lo indica, este ejercicio busca abrir tu energía para hacerla más magnética y que, de esta forma, se pueda alinear más fácilmente con la energía del amor.

El requisito para hacer esta práctica es que ya tengas identificados los enemigos y bloqueos que te han impedido lograr una vida amorosa armónica y feliz, y que estés trabajando en su eliminación.

Sigue lo siguientes pasos:

1. Busca un lugar tranquilo en donde puedas concentrarte por unos minutos; siéntate en una silla con la espalda recta y sin doblar piernas o brazos.
2. Cierra tus ojos y respira hondo y lento varias veces. Ponte en la presencia de Dios, dándole gracias por la oportunidad que te da de vivir este momento, y pide la presencia de tus ángeles guardianes.
3. Imagina que una hermosa luz blanca baja del Cielo y te cubre completamente de cabeza a pies, hasta que quedas envuelto en ella como si estuvieras dentro de una burbuja. Luego, imagina una segunda luz blanca que también baja del Cielo y envuelve toda la habitación en donde te encuentras. Finalmente, imagina una tercera luz que baja y envuelve por completo el edificio o casa en donde te encuentras.
4. Siente la presencia de cientos de ángeles que te rodean y te acompañan, y como esto te llena de alegría y paz.
5. Imagina que estás en el espacio y en frente tuyo tienes al planeta Tierra; lo ves de un tamaño promedio, es decir, ni demasiado grande ni demasiado pequeño.

6. Mentalmente pide a Dios y a tus ángeles que llenen todo tu ser de amor, cada molécula, célula y átomo de tu cuerpo físico, así como todo tu ser a nivel energético, emocional, mental y espiritual.

7. Visualiza una hermosa y brillante luz blanca que aparece y te va bañando por completo. Los ángeles que están contigo ayudan en el proceso, observa como ellos van aplicando esa luz sobre ti.

8. En la medida en que la luz te va llenando completamente, en tu interior y exterior, siente emoción y alegría indescriptibles que cada vez se hacen más fuertes.

9. Ahora detente por un momento en tu centro del corazón y observa como esa luz gira en el sentido de las manecillas del reloj y hace tu corazón cada vez más blanco y puro.

10. Al girar, nota como se expande, como si fuera una flor que abre sus pétalos. La alegría que estás sintiendo es maravillosa e indescriptible, pues en este momento estás abriendo tu corazón a la energía del amor.

11. Imagina que estás expandiendo tus brazos hacia los lados y con toda la emoción positiva di: "En este instante abro todo mi ser y toda mi esencia a la energía pura del amor verdadero e incondicional. Abro mi corazón completamente para dar amor al mundo y a quienes me rodean. A partir de ahora lo entrego tranquilamente, pues sé que será valorado y bien recibido. Sé y entiendo que para sentir el amor debo amar primero y por lo tanto en este momento declaro con certeza y paz que me amo completamente y amo a los demás. No me da miedo amar, pues estoy protegido y guiado por mis ángeles hacia aquellas personas y situaciones que valoran el amor completamente. Soy amor y atraigo el amor. Lo declaro y lo afirmo hoy y siempre en el nombre de Dios. Amén".

12. Imagina como esa luz blanca que está en tu corazón sale de él y se dirige hacia el planeta Tierra, cubriéndolo completamente. Siente mucho amor al hacerlo, y luego observa como la misma luz regresa a ti pero ampliada siete veces más grande en tamaño, inundando tu corazón de total amor y alegría.

Te sugiero que diariamente repitas varias veces la afirmación incluida en este ejercicio, "Soy amor y atraigo el amor", pues esto te ayudará a continuar decretando la manifestación de ese sentimiento en tus experiencias de vida.

Ejercicio para sentir si una persona te conviene

Este ejercicio no busca predecir tu futuro, sino ayudarte a escuchar con mayor claridad la guía que Dios te envía. Puede, obviamente, también complementar lo que a nivel lógico o racional puedas sentir, pero, recuerda, lo importante es no anticipar las respuestas pues, si lo haces, estarás distorsionando la señal de conexión en tu comunicación con el Cielo.

Importante: haz este ejercicio solamente si sientes que estás dispuesto a recibir la respuesta, sea cual sea, pues si por alguna razón es contraria a lo que tu corazón quiere y no estás preparado para esa información, podrías sentir confusión o tener una reacción negativa.

Estos son los pasos a seguir:

1. Busca un lugar tranquilo en donde puedas concentrarte por unos minutos; siéntate en una silla con la espalda recta y sin doblar piernas o brazos.
2. Cierra tus ojos y respira hondo y lento varias veces. Ponte en la presencia de Dios, dándole gracias por la oportunidad que te da de vivir este momento, y pide la presencia de tus ángeles guardianes.
3. Imagina que una hermosa luz blanca baja del Cielo y te cubre completamente de cabeza a pies, hasta que quedas envuelto en ella como si estuvieras dentro de una burbuja. Luego, imagina una segunda luz blanca que también baja del Cielo y envuelve toda la habitación en donde te encuentras. Finalmente, imagina una tercera luz que baja y envuelve por completo el edificio o casa en donde te encuentras.
4. Siente la presencia de cientos de ángeles que te rodean y te acompañan, y como esto te llena de alegría y paz.

5. Imagina que estás al aire libre; ves árboles, flores y el cielo está totalmente azul. Es un día soleado y cálido.

6. Vas caminando, y de repente llegas a un punto en donde encuentras dos ramificaciones de ese sendero.

7. Te detienes, y en ese instante llamas mentalmente a la persona que te gusta (o tu pareja actual), pidiéndole con amor que te acompañe. Ella aparece al lado tuyo, y se ve sonriente y tranquila. La miras a los ojos, le das las gracias por estar allí y le dices en tu mente que, respetando su libre albedrío, quisieras pedir a Dios un consejo o guía sobre si la relación de ustedes dos es conveniente para el proceso espiritual de ambos y para crecer basados en el sentimiento del amor, y si es conforme a la voluntad que Él tiene para sus vidas.

8. Pregunta en tu mente: "Señor Dios, Padre amado, con todo amor, fe y humildad me permito preguntarte, en nombre de (nombre de tu pareja) y mío, si esta relación que estamos compartiendo actualmente está acorde con tu santa voluntad y por lo tanto nos ayudará a crecer espiritualmente a través de la experiencia del amor. Te pido, Señor, que nos permitas entender claramente el sí o el no de tu respuesta. Gracias, Padre Santo". Una ramificación del sendero representará un "Sí" como respuesta a esas inquietudes y la otra un "No".

9. Quédate en silencio por un momento y presta atención a cualquier percepción que puedas tener. La respuesta puede llegar como un deseo de tomar uno de los senderos, o verás que uno de ellos se ilumina más que el otro, o escucharás una voz que te dirá "Sí" o "No", o verás una imagen que te muestra con más énfasis una de las dos ramificaciones.

Es muy importante que no sientas miedo y que estés dispuesto a recibir la respuesta, así esta sea contraria a lo que tu mente te diga; recuerda que en muchas ocasiones lo que queremos no siempre es lo que más nos conviene.

También puede ser una reconfirmación de que esa relación es positiva para ti y tu pareja, y si es así, ¡te felicito!

Ejercicio para entrar en contacto con tu alma gemela (aunque no haya llegado aún a tu vida)

Este ejercicio es muy poderoso, pues te permite conversar con tu alma gemela a un nivel astral; por eso, no importa si aún no la conoces, pues en ese plano espiritual no hay limitantes de espacio o tiempo y por lo tanto puedes encontrarte con otras almas que han formado o pueden llegar a formar parte de tu vida en el plano terrenal.

Puede sonar como un juego divertido, pero es algo muy serio, así que te pido que lo tomes de esa manera y lo hagas con mucho respeto. Mi recomendación es que no lo hagas llevado por simple curiosidad por saber cómo es tu alma gemela, sino para conocer detalles que te pueden ayudar en el proceso de lograr una mayor conexión e intimidad con ella.

Sigue los siguientes pasos:

1. Busca un lugar tranquilo en donde puedas concentrarte por unos minutos; siéntate en una silla con la espalda recta y sin doblar piernas o brazos.

2. Cierra tus ojos y respira hondo y lento varias veces. Ponte en la presencia de Dios, dándole gracias por la oportunidad que te da de vivir este momento, y pide la presencia de tus ángeles guardianes.

3. Imagina que una hermosa luz blanca baja del Cielo y te cubre completamente de cabeza a pies, hasta que quedas envuelto en ella como si estuvieras dentro de una burbuja. Luego, imagina una segunda luz blanca que también baja del Cielo y envuelve toda la habitación en donde te encuentras. Finalmente, imagina una tercera luz que baja y envuelve por completo el edificio o casa en donde te encuentras.

4. Siente la presencia de cientos de ángeles que te rodean y te acompañan, y como esto te llena de alegría y paz.

5. Imagina que estás recorriendo un camino al aire libre; a lado y lado ves árboles y flores, y al fondo alcanzas a escuchar el sonido de un río de agua cristalina.

6. Ese camino te lleva a una montaña fácil de escalar. En la cima ves un hermoso castillo (puedes imaginarlo de cristal, de piedra o de ladrillo, como más sencillo sea para ti).

7. Llegas al castillo y entras.

8. Al ingresar, comienzas a ver una gran cantidad de almitas que están reunidas conversando alegremente en una especie de plaza central (yo las imagino como copitos de algodón muy blanco, pero tú puedes crear un símbolo para representarlas).

9. Sigues caminando, y finalmente llegas a un salón, llamado el Salón de los encuentros. En él ves una decoración muy bonita y ves un sofá blanco para dos personas.

10. Te sientas en el sofá y mentalmente pides a tu alma gemela que venga al Salón de los encuentros para reunirse contigo.

11. Te quedas en silencio y esperas.

12. De un momento a otro, ves que un alma llega a la puerta del salón y entra; es tu alma gemela.

13. Sientes una gran alegría y la invitas a sentarse junto a ti, en el sofá.

14. Ella lo hace, y le das las gracias por haber aceptado tu invitación.

15. ¡Esta es una gran oportunidad que Dios te está regalando para hablar de alma a alma con ese ser! Por lo tanto, aprovecha para hablarle sin temor y decirle todo aquello que tienes guardado en tu interior sobre tu relación con ella.

16. Si en la vida real ya tienes una relación de alma gemela, este encuentro puede ayudarte para conocerla aún más: pregúntale cosas que quizás no se han atrevido a decir para evitar una discusión, o pregúntale qué quisiera que tú cambiaras en tu forma de ser para que la relación entre ustedes mejore. Este es el momento perfecto para expresar tus sentimientos, así que hazlo con libertad.

17. Si aún no conoces a esa persona en la realidad, pregúntale si ya está lista para conocerte, o si aún siente que le falta vivir algo más para que el encuentro se manifieste; pregúntale si quiere o no tener hijos, etcétera. Pregúntale lo que consideres puede ayudarte a sentir paz sobre aquello que deseas encontrar en ella.

18. Escúchala atentamente y permite que te diga lo que siente sobre la relación.

19. Cuando sientas que el diálogo termina, dale las gracias, envíale mucho amor y dile que estás feliz de haber tenido ese encuentro con ella.

20. Luego de despedirse, puedes imaginar que ella se levanta y sale del salón, o que eres tú quien sale, o que ambos lo hacen al tiempo.

21. Sales del castillo y comienzas a recorrer el camino de regreso, con toda la felicidad por haber podido tener ese encuentro íntimo con tu alma gemela.

22. Dale gracias a Dios por ese regalo tan lindo que te dio y anota tu experiencia en tu cuaderno de angelitos, con la fecha.

Capítulo 11

Oraciones para pedir a Dios por el amor

Oración para pedir a Dios por claridad sobre qué es lo que te conviene en tu vida emocional y afectiva

Señor Dios, Padre Amado, gracias te doy como siempre por cada bendición que recibo de ti cada día; gracias Señor por ese amor tan grande que me muestras en todo momento y por querer el bien y solo el bien para mí.

Señor, sabes bien que solo deseo hacer tu voluntad y ser totalmente obediente a lo que quieres que haga; por eso, con amor, fe y humildad me acerco hoy a ti para pedirte específicamente por claridad de mente y espíritu en mis emociones y mi vida afectiva, Señor Dios. Te pido que me llenes de esas virtudes a través de tu Espíritu Santo, pues mi deseo es solo actuar de la manera que tú quieres que lo haga. Muéstrame a través de tu Espíritu si aquello que deseo en el amor es lo mejor para mi experiencia en este mundo, amado Dios. Dame la claridad para darme cuenta fácilmente si un deseo es llevado por el amor verdadero o por el amor engañoso proveniente de la mente y el ego, Señor.

Muéstrame, Padre, ese camino que tú tienes por voluntad creado para mí, pues ese es el camino que me va a llevar a la felicidad verdadera. Hoy, en esta oración, te digo Señor que estoy dispuesto con humildad a aceptar ese camino y a no ejercer resistencia a tu voluntad.

Que la iluminación y sabiduría provenientes de tu Espíritu Santo estén conmigo en todo momento, te lo pido Padre Celestial. Confío en ti, en tu amor infinito hacia mí, y en que como siempre, has escuchado mi petición. Te prometo creer en tus señales y mensajes y dejarme guiar libremente por ti, para cumplir con tu voluntad a cabalidad.

Te amo y te alabo hoy y siempre, Señor. Amén.

Oración para pedir a Dios por una pareja estable

Señor Dios, Padre de todos los cielos, alabado seas. Me dirijo a ti, dándote primero las gracias por tanta generosidad y bondad hacia mí y los míos, Padre amado. Gracias, Señor, por tantas bendiciones que derramas diariamente sobre todos nosotros. Gracias, Señor, de corazón te lo digo.

Padre, tú que me amas tanto, te pido me ayudes a superar y mejorar la situación que sabes que estoy viviendo a nivel emocional. Tú, más que nadie, sabes que deseo con todo mi ser vivir el amor de pareja y compartir ese amor que tú has puesto en mí con otra alma que me complemente y con quien yo pueda seguir evolucionando para estar cada vez más cerca de ti, Señor.

Sabes, Señor, pues tú lo ves todo, que estoy listo para un amor de pareja estable; sabes que deseo entregar el amor que tengo en mi corazón a otra persona y sentirme feliz al hacerla feliz a ella. Ayúdame, Padre, a encontrar el camino que me va a llevar al encuentro con ese ser maravilloso que tienes para mí. Permite a tus ángeles de luz tomarme de la mano para guiarme en esa dirección y que la experiencia sea maravillosa para esa alma y para mí.

Te pido, Padre Celestial, que el lazo del amor entre ese ser y yo
sea fuerte y esté lleno de tu luz divina.

Me siento feliz pues sé que me has escuchado y que me
concederás lo que te pido de la manera perfecta y en el
momento perfecto. Creo completamente y doy gracias infinitas
por recibir tanto amor de ti. Alabado seas hoy y siempre. Amén.

Oración para pedir a Dios por fortaleza para tomar la decisión de terminar una relación que no conviene

Señor Dios, Padre Celestial, gracias por todas las bendiciones que
recibo de ti cada día. Gracias por la abundancia que tengo en mi
vida y por que cuento con todo lo que necesito para seguir
adelante. Gracias por tu generosidad y tu compasión, Señor.
Gracias por entender mis limitaciones y por aceptarme y amarme
como soy.

Señor Dios, una de esas limitaciones es mi incapacidad para
decidir y soltar. Sabes, Padre, que el miedo me frena y no me ha
permitido tomar decisiones convenientes para mi proceso de
crecimiento interior.

Sabes también que he pedido mucha iluminación a tu Espíritu
Santo para tener la certeza de que esto es lo mejor, y tú me lo
has hecho ver de muchas formas, Señor. Por eso, sé que lo mejor
para mí y para mi pareja es decirnos adiós, pues solo así cada uno
de nosotros puede continuar creciendo, evolucionando y
recorriendo el camino que nos va a llevar a encontrar el amor y la
paz verdaderos.

Amado Padre, a través de esta oración te pido con mucha fe y
humildad que llenes mi alma de fortaleza para decidir y actuar;
siento que debo hacerlo y que es el momento para ello. Ayúdame
a liberarme de los temores que me frenan y a confiar en mí y en

¿POR QUÉ NO FLUYE EL AMOR EN MI VIDA?

lo que viene; ayúdame a soltar con amor, Señor, y a que el proceso se dé en armonía y paz para mi pareja y para mí. Te lo pido, Señor.

Te pido que tu Espíritu Santo me dé también la sabiduría para elegir la mejor forma y momento para hacerlo y que tu presencia y energía esté en medio de los dos cuando eso suceda.

Pongo esta situación en tus manos, Padre Amado, con la confianza de que todo se dará de la manera perfecta y que tus ángeles de luz estarán presentes para apoyarnos y guiarnos.

Te doy gracias por escucharme como siempre y te entrego mi vida para que hagas con ella tu voluntad. Te amo y te alabo hoy y siempre, Señor Dios. Amén.

Oración para pedir a Dios por estabilidad en tu relación actual

Padre Celestial, Señor Dios, me dirijo hoy a ti dándote las gracias primero por ser tan maravilloso y bondadoso conmigo. Me siento tan bendecido por ti, Padre, y no puedo dirigirme a ti sin antes expresar cuán agradecido está mi corazón por tantas bendiciones que me entregas diariamente.

Señor, Padre Santo, tú sabes lo que mi alma quiere y necesita; sabes lo importante que es para mí vivir el amor estable y cuán grande es el sentimiento de amor que profeso hacia mi pareja. Amo a esa persona con toda honestidad y transparencia y sé que ella me ama también; por eso, Señor, me dirijo a ti para pedirte que nos ayudes a estar siempre guiados por tu sabiduría divina, de manera que al aplicarla podamos mantener y fortalecer la estabilidad en nuestra relación; te lo pido, Señor.

Padre Celestial, siento en mi interior y sé que mi pareja y yo somos almas gemelas, y mi alma se llena de gozo al decirlo;

262

¡gracias, Padre, por habérmela regalado! Sabes que la valoro y aprecio grandemente, y por eso te pido que me ayudes a actuar y hablar de la manera justa y apropiada con ella para hacerla feliz y para contribuir a la estabilidad de nuestra relación; ayúdame, Señor, a controlar cualquier aspecto negativo de mi personalidad, mi ego, mi inmadurez espiritual, para no caer en errores tontos. Ilumíname constantemente con la energía de tu Espíritu Santo para actuar con sabiduría y armonía, te lo pido, Señor.

Que tu mano bendita y poderosa se imponga sobre mi relación, y que ambos la sintamos en todo momento, Dios Padre.

Te doy las gracias, Señor, pues sé que me has escuchado y que cada día será más visible y patente tu presencia en mi relación. Alabado seas hoy y siempre, amén.

Oración para pedir a Dios por protección contra energías negativas tangibles o intangibles que quieran dañar o perjudicar tus relaciones afectivas

Padre Celestial, Señor Dios, me dirijo a ti para darte las gracias por permitirme vivir cada día bajo tu energía protectora y generosa; gracias por las bendiciones que recibo en cada momento de ti, por el techo, la comida, el vestido, la salud, y por cada regalo que me envías para poder tener una vida digna.

Gracias, Señor, por tus ángeles, y por la protección y compañía constantes que recibo de ellos.

Amado Dios, sé que tú y tus ángeles me protegen siempre; pero, si me lo permites, quisiera pedirte con amor y humildad por una protección especial contra energías negativas que siento que desean interponerse en mi vida emocional, Padre Santo. Te pido, Señor, que envíes a tu arcángel Miguel y su corte celestial de ángeles protectores, para que rompan cualquier lazo o cadena que energías de baja vibración deseen lanzar sobre mí y mi relación con (puedes decir el nombre de tu pareja aquí si lo deseas).

Te pido, Padre Todopoderoso, que alejes de mi relación cualquier mala influencia, mal consejo, envidia o tentación que pretenda acercarse o crear cualquier tipo de separación o discordia en ella.

Que tu poder sea el que siempre se manifieste en mi vida afectiva y que cualquier energía que no provenga de ti pierda su fuerza de inmediato, te lo pido en el nombre de tu hijo Jesús.

Sé, Señor Dios, que estoy cubierto por tu luz, que me proteges y que tus ángeles y arcángeles están cuidando mi relación en todo instante. No hay oscuridad que pueda contra tu luz. ¡Lo declaro y lo afirmo!

Gracias, Padre Celestial, gracias por tu amor eterno e infinito. Te amo y te alabo hoy y siempre. Amén.

Oración para pedir a Dios por fortaleza para eliminar el sentimiento de culpa de tu corazón

Señor Dios, Padre Celestial, gracias por ser tan bondadoso y generoso conmigo.
Gracias por cada bendición que recibo de ti cada día, alabado seas.
Señor mío, solo tú puedes ayudarme. Solo tú puedes darme la fortaleza que necesito para continuar mi día a día y para sobrellevar las situaciones que se me presentan.

Amado Dios, Padre Celestial, mi mente ha tomado control de mis emociones y ha llenado mi corazón de una gran culpa, que me está llevando a un autocastigo implacable. Hoy, con toda fuerza y fe te pido que envíes a tu Espíritu Santo para que me libere de ese lazo de condenación y represalia que está afectando mi vida

y mis relaciones. Lléname de tu luz y guíame hacia la
mejor manera en que puedo corregir las fallas que cometí,
para que la armonía y la paz retornen a mí y a mi relación.
Te doy gracias, Señor, por escucharme siempre y confío en
tu bondad infinita.

Amén.

Capítulo 12

Resumen con los *tips* celestiales más efectivos para relaciones exitosas

A lo largo de las páginas de este libro he querido entregarte lo que Dios y los ángeles me han permitido aprender sobre el amor a través de mis propias vivencias, así como de aquellas que he tenido la oportunidad de observar en otras personas. De la manera en que lo veo y siento es que todas esas experiencias han formado parte de lo que llamo mi "terapia emocional angelical".

La guía, el amor y el apoyo incondicionales que he recibido por parte de Dios y los angelitos en estos temas del corazón han sido absolutamente invaluables y por eso los llamo con respeto "mis sicólogos celestiales". Sus consejos han sido tan sabios, valiosos y efectivos, que me ayudaron a dejar de ser aquella chica negativa y con baja autoestima que fui en mi adolescencia, para convertirme en una persona positiva y que confía en que Dios quiere que sea totalmente feliz y en que las cosas siempre pueden ser mejores.

El amor que tengo hacia ti, querido lector, me impulsa a compartirte los secretos que, con la guía divina y la aplicación de mi libre albedrío, me permitieron —y lo siguen haciendo— ver transformaciones maravillosas en mi forma de amarme y amar a los demás, ¡pues deseo que tú seas tan feliz como lo soy yo!

Sé que aún estoy recorriendo el camino del aprendizaje y aún me falta mucho por entender y descubrir; pero, para llegar a donde he llegado en mi vida emocional y luego de mucho trabajo interior y de análisis de quién soy y cómo me conviene aplicar el sentimiento del amor, a continuación te resumo los *tips* que he comprobado son los más efectivos para sentirte más feliz y pleno afectiva y emocionalmente:

1. **Toma la decisión real de cambiar.** Este es el punto de arranque. Si no tomas esta decisión, no verás los cambios que quieres en el amor.

2. **Cierra ciclos que aún no has cerrado.** Si mantienes ciclos abiertos, esto retrasará la manifestación de tus sueños. Es fundamental dejar la energía del pasado atrás para que la energía nueva se exprese con libertad.

3. **Limpia tu corazón de sentimientos negativos.** Si quieres atraer el amor real pero tu corazón está taponado con vibraciones bajas y pesadas, esa manifestación va a enfrentarse a un muro duro y difícil de derribar. Esto no significa que no tengas derecho a sentir mal genio o te deprimas por algo que te sucedió; lo que Dios y los angelitos me enseñaron es que sientas ese sentimiento negativo, lo mires de frente y luego lo dejes ir. En mi caso, cuando me siento así, me doy el permiso de sentirlo por un día para que me muestre la enseñanza que desea entregarme, pero al día siguiente me levanto con la actitud de "¡No más!" y lo elimino de mi mente y corazón. En resumen, no permito que los sentimientos negativos se queden en mí por más de uno o dos días, pues eso bloquea los procesos.

4. **Piensa y habla de manera consciente y positiva.** Si hay algo que te pido que nunca olvides de lo que leas en este libro es cuán grande es el poder de manifestación que tus pensamientos y palabras tienen. Mi vida se transformó cuando comencé a reconocer conscientemente lo que estaba diciendo y pensando. ¡Antes lo hacía como un robot! Decía cosas sin pensar realmente en el efecto que tenían no solo en mí, sino en las personas que me rodeaban.

Comienza poco a poco; la manera en que los angelitos me enseñaron a hacerlo fue analizando si las palabras o afirmaciones que formulaba me hacían sentir bien interiormente, o si por el contrario me hacían sentir mal —¡o peor!—. Si, por ejemplo, decía "¡Qué boba soy!", lo cual era un hábito y repetía mecánicamente, aprendí a hacer una pausa y preguntarme "¿Cómo me siento con lo que acabo de decir?", y dejaba que mi cuerpo y mi intuición me respondieran. En un caso como ese, obviamente lo que sentía no era agradable; se manifestaba en forma de tensión en mi cuerpo y de crítica en mi intuición. De esta forma aprendí a ser mucho más consciente del daño que me estaba haciendo a mí misma expresando ideas que solo estaban atrayendo más de la misma energía negativa hacia mí. Comencé a hablar de una forma diferente, más positiva, y así fue como logré romper ese círculo vicioso de negatividad.

5. **Resalta lo positivo de tu pareja y díselo.** Este fue otro *tip* celestial que he notado nos ayuda a mi esposo y a mí a mantener presentes las cualidades que el otro tiene y que tuvieron la culpa de que nos enamoráramos. A pesar de llevar ya un buen número de años juntos, cada día le echo una flor: le digo lo rico que cocina, lo hábil que es para construir cosas o lo lindo que toca la guitarra.

   Los seres humanos necesitamos sentirnos apreciados y reconocidos; por lo tanto, felicita a tu pareja cuando haga algo bien o tenga un logro así sea pequeño, dile que ese vestido le luce bien, que su idea sobre cómo arreglar la lavadora fue muy buena, ¡o felicítala si la lasaña que preparó le quedó deliciosa! No lo hagas de forma melosa, o para quedar bien, sino desde tu corazón. Este sentimiento y esta actitud crean una energía súper positiva que se materializa en forma de amor.

6. **Si tú o tu pareja cometen un error que puede solucionarse fácilmente, admítelo, siéntete incómodo por un rato, y luego enfócate en su solución.** Una actitud dañina es quedarse por tiempo prolongado en un error cometido bien sea por ti o por tu pareja. Si es algo que no es realmente trascendente, dale ese mismo nivel de importancia y no lo aumentes. Si fuiste tú quien lo cometió, sé maduro y admítelo. Posiblemente te sentirás mal contigo mismo; es normal, pero no te quedes ahí por mucho tiempo. Si prolongas ese sentimiento, comenzarás a crear energía negativa en ti y en tu relación; pide disculpas si es necesario, y enfócate en la solución. Como ves, el secreto que Dios y los angelitos me enseñaron es siempre, en la medida de lo posible, voltear la energía negativa a positiva.

7. **No des a las cosas más importancia de la que merecen.** Este *tip* está directamente unido al anterior. Cuando comencé a aplicarlo

en mi matrimonio, noté su efecto positivo inmediatamente. Este punto tiene que ver no solamente con errores cometidos sino con maneras distintas de hacer las cosas. Por ejemplo, si tu pareja deja siempre la luz prendida en una habitación —¡como me pasa a mí con mi esposo!—, no formes un problema de eso. Los ángeles me aconsejaron que simplemente apagara la luz, y ya. No discutas con tu pareja por tonterías, no solo porque son eso, asuntos sin trascendencia, sino porque van creando una energía negativa entre ustedes que, si no frenas, crecerá y se fortalecerá, creando obviamente dificultades y retos en tu relación. No agrandes las situaciones que no merecen tanta atención. Hacer esto es un desperdicio energético tremendo.

8. **Fíjate en las cosas positivas que tu pareja tiene en lugar de lo que no te gusta de ella.** Este *tip* celestial te ayudará a evitar que la energía negativa crezca en tu relación, pues te enfocará en lo bueno y positivo que tu pareja tiene, en lugar de sus defectos. De esta forma, en vez de centrar tus pensamientos y emociones en que es incumplida y siempre te hace esperar, hazlo en como te dice que no te preocupes si tienes que trabajar pues ella se encargará de la cocina esa noche; o en lugar de fijarte en que te dice menos palabras bonitas de las que tú le dices a ella, enfoca tus pensamientos y emociones en que está pendiente de que nunca le falte la tinta a tu impresora.

   Esta actitud, además de favorecer tu relación con tu pareja, a nivel espiritual y energético muestra a Dios tu agradecimiento por lo que Él te da a través de ella y esto, créeme, genera más bendiciones para tu vida. Te lo aseguro.

9. **Respeta el espacio de tu pareja como tú deseas que ella respete el tuyo.** Esto, lógicamente, está basado también en el grado de confianza que cada uno tenga por el otro. Deja que tu pareja tenga sus momentos propios y, mientras los tiene, tú también ten los tuyos. Esto le da aire a la relación. Por ejemplo, en lugar de ponerte furiosa porque tu esposo quiere ver la final del campeonato de fútbol, o furioso porque tu esposa quiere ver el capítulo de la novela en el que Juan Guillermo del Santo Rosario busca a María Eugenia de la Trinidad para decirle que la ama, respeta ese mo-

mento y aprovéchalo para hacer algo pendiente. Es una decisión simple y de ti depende aplicarla.

10. **Si no tienes pareja aún, no permitas que la depresión o el negativismo te ganen la batalla.** ¿Recuerdas que te conté sobre la época de ostra que tuve en mi adolescencia? Pues bien, los angelitos me ayudaron a entender que esa soledad la había creado con mi actitud negativa. Créeme, ¡no fue divertido reconocer que yo misma había ocasionado mi clausura emocional! Sin embargo, no me dejé abatir aún más por ese sentimiento de culpa, sino que comencé a transmutarlo y me hice una cirugía mental y emocional para eliminar todas esas emociones densas, pesadas y nocivas de mi mente y corazón. Comencé a orar más y mejor, aprendí a interiorizarme y meditar para enfocar mis pensamientos en lo bueno, aprendí a utilizar la visualización positiva y creativa para atraer mis sueños, ¡y todo esto lo hice siempre pidiendo a Dios y los angelitos su fuerza, su energía divina y su amor!

Practiqué de manera constante y disciplinada, y se convirtió para mí en un estilo de vida que mantengo hasta el día de hoy. Salí de ese caparazón y mi vida amorosa se reactivó; comencé a tener pretendientes, novio y me casé. Si yo pude tener un cambio positivo en el amor, ¡tú también puedes lograrlo!

11. **Agradece por TODO lo que tienes en tu vida.** Dejé este punto de último, no por ser menos importante, sino al contrario, porque es el principal y por ello sentí que debía utilizarlo para cerrar este capítulo y mi libro con broche de oro.

Cada día al despertar, incluso antes de abrir tus ojos, di "Gracias" a Dios por lo que te da cada día. La energía del agradecimiento es tan, pero tan poderosa, que al usarla estás creando no una, sino muchas bendiciones en el plano espiritual que se irán manifestando progresivamente en tu vida material.

Si agradeces por todo lo que tienes, tu salud (primero que todo), tu casa, tu cama, el alimento en tu mesa, tu ropa, tu familia, tus amigos, tu trabajo, tus mascotas, ¡todo!, agradarás a Dios con ese sentimiento sincero de tu corazón y Él, como Padre que tanto te ama, te responderá enviándote muchísimas bendiciones más. Esto es algo que compruebo cada día de mi vida y que te comparto para que ojalá lo pongas en práctica y tú mismo empieces a ver la manifestación de milagros en la tuya.

Ten la fe y la certeza de que si pones tu vida amorosa en las manos de Dios y tú por tu parte vas dando pasos para corregir y eliminar sentimientos e ideas negativas que puedas tener en ti, verás una transformación espectacular en ella. ¡Cree en el amor y lo verás materializado!

¡Te mando muchas alitas de angelitos y que Dios y los seres de luz te bendigan hoy y siempre!

¡Cuéntame de ti!

Todos, en algún momento de nuestra vida, hemos sentido un reto a nivel emocional. Todos, en algún momento, hemos derramado una lágrima por amor. En mi corazón tengo un total convencimiento de que las almas que hemos decidido venir a este plano terrenal lo hemos hecho para crecer y evolucionar a través de la búsqueda del amor y su aplicación en las experiencias que vivimos.

Aunque tú y yo tengamos historias diferentes, compartimos el mismo propósito espiritual de evolución y estamos unidos energéticamente por el lazo del amor. Por eso sentí ese gran impulso de escribir un libro que tratara el aspecto más importante de nuestra experiencia como humanos y así mostrarte cómo, si te apoyas en Dios y en los angelitos guardianes que él creó para ti, puedes manifestar el sentimiento del amor, así como compartirlo con los seres que forman parte de tu mundo.

Nunca, nunca olvides que Dios desea que vivas en felicidad y armonía. Dios es amor y tú también lo eres, así que la experiencia del amor ya forma parte de ti y puedes aumentarla y fortalecerla. Ten la certeza y seguridad de que el amor existe para ti, puedes disfrutarlo y puedes manifestarlo de la manera que deseas. Lo único que necesitas es confiar en lo que eres, amar a Dios, amarte a ti mismo e irradiar ese sentimiento hacia los demás.

Tampoco olvides que los ángeles están siempre a tu lado y que en ningún momento estás solo. Si en algún momento el sentimiento de tristeza te invade por no tener una pareja a tu lado o porque tu pareja actual no te está proporcionando el amor que esperas, habla con toda sinceridad desde tu corazón y pide a los ángeles que se manifiesten a través de alguna señal. Te vas a sorprender de la manera tan linda y sutil en que te responderán.

Con todo el amor que tengo en mi corazón espero que las páginas de este libro sean de gran ayuda para ti en tu proceso de encuentro con el amor verdadero.

Te mando muchas bendiciones angelicales, ¡y que sientas su presencia y compañía en todo momento!

ANA MERCEDES

Sobre la autora

"Mensaje de ángeles" es el sello de Ana Mercedes Rueda, quien desde los cinco años de edad cuenta con la capacidad de canalizar mensajes de Dios a través de sus ángeles para todos aquellos que buscan recibirlos. Durante todos sus años de experiencia, ha sido testigo de como los consejos entregados han contribuido a que miles de personas en distintos países puedan tomar mejores decisiones en aspectos sentimentales, familiares, laborales y económicos.

Ana Mercedes ha figurado en numerosos medios de comunicación en su país natal, Colombia, así como en Estados Unidos y Latinoamérica, entre los que se cuentan *Univisión, The Huffington Post, Terra, AARP* en español, *RCN TV/Radio, Caracol TV/Radio, La Prensa, El Especial, Aló, Televisa y El Tiempo.* Actualmente tiene un blog en Univision.com (http://www.univision.com/entretenimiento/horoscopos) y escribe una columna semanal en "Mi Zona" del diario colombiano *El Tiempo.*

Ana Mercedes es comunicadora social y periodista con veintiún años de experiencia en medios de comunicación y comunicación organizacional. Actualmente se dedica por completo a su trabajo como autora de libros sobre ángeles y espiritualidad, y como transmisora de los mensajes de Dios a través de los ángeles. Vive en Estados Unidos, con su esposo y sus dos gatos.

Puedes escuchar en vivo su programa radial "Mensaje de ángeles" cada domingo en la noche aquí: http://www.blogtalkradio.com/anamercedesrueda-mensajedeangeles.

Para mayor información sobre sus actividades, visita www.mensajedeangeles.com.

También puedes contactarte con Ana Mercedes a través de sus redes sociales:
Facebook: Ana Mercedes Rueda – Mensaje de Ángeles
Twitter: @AngelesAnaMR
YouTube: Ana Mercedes Rueda
Instagram: Ana Mercedes Rueda
Google+: Ana Mercedes Rueda
Pinterest: Ana Mercedes Rueda

ANA MERCEDES